ブルーノ・タウトと建築・芸術・社会

田中辰明 著

東海大学出版会

BRUNO TAUT

Architecture Art Society

「ブルーノ・タウトと建築・芸術・社会」に寄せて

私は一九六六年に憧れていた日本に参りました。早稲田大学建築学科の吉阪隆正先生に師事し、一九七三年に博士論文をまとめることができました。ドイツ・ワイマール共和国時代の表現主義を代表する建築家ブルーノ・タウトはナチスドイツを逃れ、一九三三年に亡命のようなかたちで来日しました。三年半ほど滞在し、その間に『日本美の再発見』はじめ多くの著書を残し日本文化を世界に紹介しました。私はそのブルーノ・タウトの人柄と行動に心酔し、タウトの研究を続けました。在日中はタウト唯一の弟子と言われた水原徳言先生にお世話になり、研究のヒントを頂きました。ドイツへ帰国後はアーヘン工科大学の教授に就任し、後進の指導を行うと同時にさらにタウトの研究を続けました。タウトが設計し、今まで知られなかった建築を発見しましたし、多くのタウトに関する本を出版いたしました。とくにブルーノ・タウトが日本で行ったことをドイツ語で紹介しました。最近の著作は Gebr. Mann Verlag から出版した、タウトの日記です。これは篠田英雄先生による和訳だけがあり、ドイツ語版はなかったのです。とりあえず一九三三年版を出版いたしましたが、さらにその後を現在一生懸命に書いております。一九九四年にセゾン美術館で行われた「ブルーノ・タウト展」、二〇〇七年にワタリウム美術館で行われたタウト展の監修をさせていただけたのも望外の喜びでした。さて本書の著者田中辰明先生も早稲田大学の建築学科を卒業し、ベルリン工科大学に一九七一〜七三年の間留学、そこでブルーノ・タウトの作品と出会いました。それ以来タウトの作品を写真に収め研究を続けてこられました。アーヘンの私の研究室も何回か尋ねて下さり、情報の交換もいたしました。この度その研究成果をまとめ東海大学出版会から本書が出ることを我がことのように喜んでおります。本書は著者が専門とする建築環境工学の立場からタウトの作品を研究分析している点に新しい発見もあり、特徴となっていると考えます。ご一読をお薦め申し上げます。

二〇一三年十一月七日

東京にて

マンフレッド・シュパイデル

目次

はじめに

ブルーノ・タウトという名前はドイツ人の建築家というよりも、『日本美の再発見』（岩波新書）の著者として日本人には知られている。この本を読むと翻訳者篠田英雄先生の名訳を通じてタウトという人が如何に哲学的に物事を考え、捉え、活動したかが読者に伝わってくる。言葉の一つひとつが詩的であり、哲学的である。というと近寄りがたい人物であったのではないかとも考えられるが、実際はそうでもない。来日に際してはエリカという婦人を同伴して敦賀に上陸している。その後もエリカをタウト夫人ということで通している。しかし実際には熱烈な恋愛の末結ばれた正妻が離婚もせずドイツに残っていた。このような面もある人物である。

二〇一一年四月六日に東京都港区赤坂のドイツ文化センターで日独交流一五〇周年記念シンポジウムが開催された。この事業に先立ち織田正雄さんを中心に何度も打ち合わせが行われた。オイレンブルグ伯爵率いるプロイセンの東方アジア遠征団が江戸沖に来航したのが一八六〇年の秋である。翌一八六一年一月に両国は修交通商条約を結び。現在に至る長い友好関係の礎が築かれた。この間に多くのドイツ人が日独交流に貢献した。しかし多くの現在の日本人に知名度が高いのはやはりブルーノ・タウト（一八八〇～一九三八）

ということになり、記念シンポジウムの基調講演を筆者が行うことになった。これに合わせて中央公論新社から『ブルーノ・タウト・・日本美を再発見した建築家』という新書を出版した。筆者は一九七一〜七三年の間ベルリン工科大学ヘルマン・リーチェル研究所に在職していた。そして一九七二年からブルーノ・タウトの作品を追い続けてきた。従って多くの図面や写真を所有している。新書判では残念ながら写真を大幅にカットする必要があった。涙をのんで削除した写真が多かった。そのときに撮影した白黒写真のネガも引き出し印刷をしてみた。四十年前のネガであったが損傷はなく、本書に使用することができた。これも大きな喜びであった。当時のドイツのフィルム技術、現像技術に感謝する次第である。ブルーノ・タウトは来日し、宮廷文化である桂離宮、また代表的な神道建築である伊勢神宮を激賞した。これは当時太平洋戦争に突入しようとしていたわが国にとっては非常に好都合なことであった。国粋主義の高揚に役立ち、西欧人には文化的にも技術的にも劣等感を持っていた当時の日本人に自信と誇りをもたらせた。そのことから大政翼賛会からの出版物にもブルーノ・タウトは紹介され、高く評価された。またタウトの著作は文部省の推薦図書となり、多くの読者を得た。しかし実はブルーノ・タウトは生涯を通じ戦争反対者、平和主義者でかつ社会主義者であった。これは東海大学創立者松前重義先生の思想と合致するところであり、東海大学出版会から出版のお誘いを受けたひとつの理由でもある。そこで筆者が撮りためていた写真を豊富に使用し、仕上がったのが本書である。来日したタウトは日本では建築設計の仕事が出来ず、高崎の少林山だるま寺に籠り専ら日本文化を紹介する著述に専念した。多くの読者を得たので、日本人は「タウトを文化評論家であった、いや文化に詳しいルポライターであった」と考えている人も多い。また仙台、高崎で工芸の指導を行ったことから工芸家であったと考えている人も多い。しかし来日するまでに、ベルリンで一二〇〇〇戸の集合住宅を設計するなどすでにドイツでは有名な建築家であった。日本文化にあこがれ折角来日したタウトであったが、戦時色を強めていた当時わが国にはタウトに適した職はなく結局一九三六年十一月にはトルコへ向けて離日してしまう。時代、時局に翻弄された天才建築家タウトの生涯を本書で追うこととした。タウトについて調査すると今まで言われてこなかった「タウトは環境に配慮した建築家」、「建築環境工学を実践した建築家」ということが明らかになってきた。冒頭にタウトを「詩的な哲学者」のように書いたがその例がタウトが二年半にわたりエリカと共に住み執筆活動に専念した少林山達磨寺の洗心亭の傍らに建つ石碑に刻まれたタウトの書「我、日本文化を愛す……Ich liebe die japanische Kultur」であろう。

二〇一三年十一月三日

田中 辰明

ICH LIEBE DIE
JAPANISCHE
KULTUR
24.
8.
34
Bruno Taut

I

出生地ケーニヒスベルグと修業時代

Bruno Taut's Birth Place of Konigsberg and Early Studies

ケーニヒスベルク

兎追ひし彼の山
小鮒釣りし彼の川
夢は今も巡りて
忘れ難き故郷

人は誰でも生まれ故郷には特別の郷愁を持っている。

ブルーノ・タウトは一八八〇年五月四日にドイツの東プロイセンの首都ケーニヒスベルク(königsberg)で生を受けた。フルネームはBruno Julius Florian Tautとプロテスタントのミドルネームがついている。しかし生涯を通じミドルネームは省略して通していた。タウトはプロテスタントの家系に生まれながら、熱心な信者ではなかった。むしろ批判的な態度を取っている。来日し書いた日記からもそれが読み取れる。父親はユリウス・ヨーゼフ・タウト、母親はヘンリーテ・アウグステ・ベルタ・タウトといった。父が三十六歳、母が二十二歳のときに生まれ、タウト家では第三子であった。ブルーノ・タウトと同じく建築家となった弟のマックス・タウトは一八八四年五月十五日に生まれている。ブルーノとマックスは共同の建築設計事務所を営んだり、お互いによき理解者であり、協力者であった。しかし性格は異なっていたそうである。父親のヨーゼフ・タウトは青年時代に田舎からこの町に出てきて、この町に古くから住んでいたミュラー家の娘と結婚した。この町で商売を営んだが、事業に失敗し、ブルーノは少年時代から働いて学資を得なければならなかった。

現在ケーニヒスベルクという都市の名前を聞くことはない。現在はロシアの政権下にあり、カリーニングラードと名前を改めている。

ケーニヒスベルクが都市の体を示したのは現在のドイツの首都ベルリンよりも古い。先祖はほとんどがプロテスタントである。福音主義信条を固執するルター派教会は同時に反ユダヤ系で、ユダヤ教徒を包含することはなかった。タウト来日後、タウトユダヤ人論が流されるが、このことからもユダヤ人論は否定される。ケーニヒスベルクは、バルト海沿岸、東プロイセンのザームラントを流れるプレーゲル川の河口に一二五五年に開かれた町であるが、街を築いたのはドイツ騎士団の修道士たちで、ドイツキリスト教布教の戦士たちであった。この肥沃な土地に十二〜十四世紀にドイツ人の移民が絶えることなく送り込まれ、先住民族のスラブ人たちは従属させられるか、追放された。木材、琥珀、穀物の国際貿易で巨大な利益を上げ、街は繁栄した。一三五八年に商人組織ハ

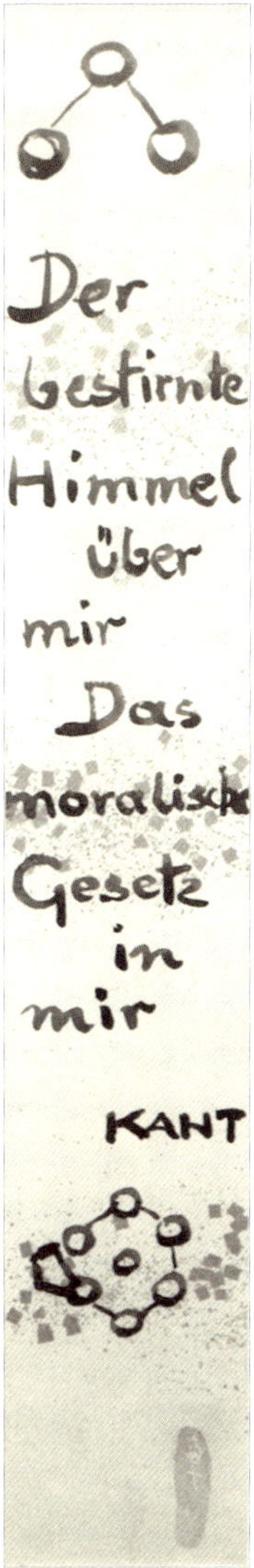

ンザ同盟ができるとケーニヒスベルクは直ちにこれに加盟している。南東バルト海地域の重要な港に発展していき、プロイセン、リトアニア大公国、ポーランド王国の商品を取り扱うようになった。またバルト海とヨーロッパとの海上貿易を管理し、資金を提供する金融センターともなった。また教育も盛んであった。

一五五四年にケーニヒスベルク大学が創設され、哲学者イマニュエル・カントもここで教鞭をとった。またプロテスタントの教えの中心地となった。この町はプロイセンにおける最大の都市であり最大の港の一つであった。ブルーノ・タウトは生涯、同郷の哲学者イマニュエル・カントを尊敬していた。カントの唱えた「恒久平和」に少年のころから感銘を受け、タウトの生涯を通じてこの考え方に変化はなかった。タウトは少年のころよく散歩をしたというケーニヒスベルクのクナイプホーフ島にあるカントの墓に記されているカントの言葉「輝ける大空はわが上に、道徳的規範は我が内に」が好きで、在日中もよく短冊にこの言葉を書いた。その一つが現在も高崎市の少林山達磨寺に保存されている。『日本・タウトの日記』では、昭和十(一九三五)年八月二十七日に群馬県から熱海に帰る列車でアインシュタイン著『私の世界観』とカントに関する本を読んだことを記している。

それからカントに関するマルクスの諸書を粉本としたフリートレンデル著『子供向きのカント、一九二四』を読んだ。ここにはどこの行にも天才カントが息づいている。全体として読みやすいとはいえないが、しかし論旨は飽くまで明快である、……確かに最上の東プロイセン的大気だ。カントについては、今日ではもちろん種々な問題が提起されるだろう。しかし彼の道徳的命題はなんといっても普遍的なものである。アインシュタインの著書ほど親しみのあるものではないが、ここには自然と調和している理性がある。とにかく偉大だ。このヨーロッパ的精神はアジア的精

1 タウトが好んで書いた同郷の哲学者カントの言葉

2 カント著：恒久平和のために

神と一致し得るものであり、いずれは両者が相寄り相挨って(数日前に初島付近で見たような)**素晴らしい巨濤を生じるに違いない。この東西両精神の合一に比すれば、自余一切の大小事はいうに足りないであろう。**

ケーニヒスベルクには十八世紀初めころから「ケーニヒスベルクの橋渡り」という問題が話題になっていた。これは「ケーニヒスベルクのクナイプホーフ島の周りを流れるプレーゲル川にかかる七つの橋を全部、しかも一回だけわたって散歩することが可能か？　スタート点は何処にとってもよい」という問題であった。いわゆる一筆書きの問題である。多くの人がこの謎解きに参加したが誰も謎を解くことはできなかった。そしてこの町の出身者で数学家・物理学者であったレオンハルト・オイラー（一七〇七〜八三）がサンクト・ペテルスブルクの学士院に論文を提出し、それは不可能であるということを証明した。タウト自身もこの橋渡りの問題に挑戦したのか、タウトの唯一の弟子といわれる水原徳言氏にこの問題を話したそうである。そして七つの橋の名前をすべて覚えていたそうである。もちろんこの問題にも落とし穴があり、プレーゲル川を源流までどんどんさかのぼり、そこを通ってケーニヒスベルクまで戻ってくれば一筆書きは可能であるという話まであり、話題はつきない。さらにこの川にもう一つ橋を架ければ一筆書きは可能になるという話もある（現在は橋が増え九つの橋が架かっている）。ケーニヒスベルクは若者に思考の訓練をするのに適した町であった。事実タウトは学生時代の数学は非常によい成績を収めていたそうである。大哲学者カントが出身している、オイラーが出身している、その他有名人がきらめく星の如く出身した都市である。ちなみにケーニヒスベルク出身のその他の著名人は、哲学者・文学者であったヨハン・ゲオルク・ハーマン、哲学者・文学者、詩人・神学者であったヨハン・ゴットフリート・ヘルダー、版画家・彫刻家であったケーテ・コルビッツ、哲学者であったハンナ・アレント、建築家であったエーリッヒ・メンデルゾーン、小説家・詩人・作曲家・音楽評論家・画家・裁判官であったエルンスト・テオドーア・アマデーウス・ホフマン、化学者であったオットー・ヴァラッハ、数学者であったダーヴィト・ヒルベルト、並びにクリスティアン・ゴールドバッハがいる。戦時中にリトアニアでユダヤ人難民に人道的見地から日本の通過ビザを発行した外交官杉原千畝もケーニヒスベルクの日本領事館に勤務していたことがある。

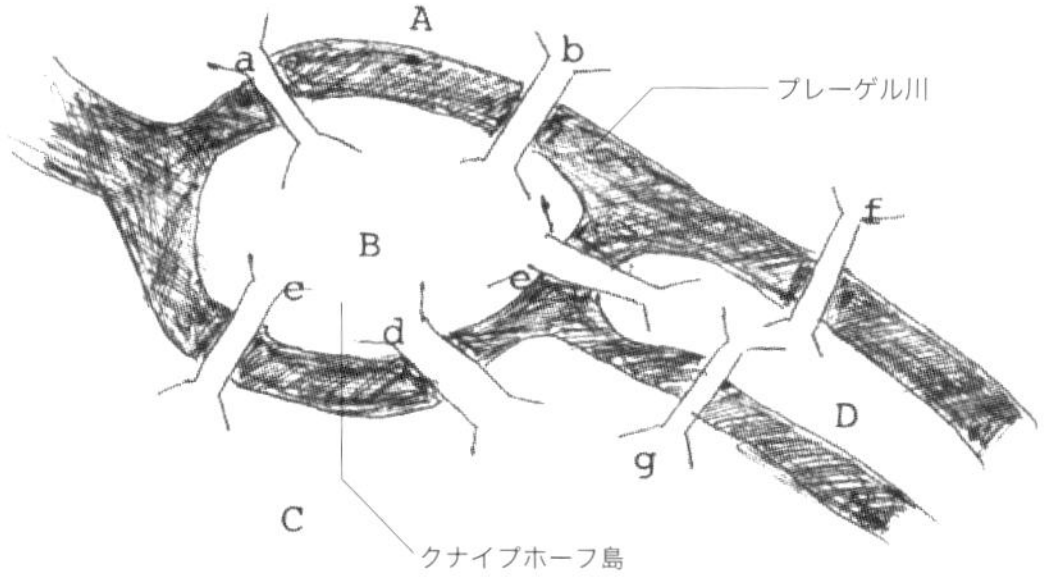

7つの橋を全部しかも1回だけ渡って散歩することが可能か？一筆書きの問題である

そのような都市にブルーノ・タウトは生を受けた。タウトは一八九七年に、カントも講義を行ったケーニヒスベルク大学の傍らにあったクナイプホーフ・ギムナジウム（日本の旧制高等学校に相当する）を卒業する。卒業後、タウトは土地の建設業であるグートツアイト社に入社し、二年間、主にレンガ工事、石積みなど壁体構造の仕事の見習いを行っている。一九〇〇年、タウトは二十歳のときにケーニヒスベルクの国立建築工学校に入学している。父親の商売がうまく行かず、タウトは建築現場で見習いとして働き、苦学をして一九〇二年に優秀な成績で卒業している。一九三九年五月十七日の国勢調査によると、ケーニヒスベルクの人口は三七万二一六四人であった。現在のオーデル・ナイセ線以東の旧ドイツ領土において、ケーニヒスベルクはブレスラウに次いで二番目に大きい都市であった。

文化的にも経済的にも繁栄していたケーニヒスベルクであったが、第二次世界大戦末期には東部戦線の激しい戦場となった。一九四四年八月末に英軍の爆撃を受け、市街地中心部は破壊され、打撃を受けた。さらにソ連赤軍が東プロイセンに進撃を始めた一九四四年十月ころからは約三七万人にのぼる市民の西部ドイツへの脱出が始まった。一九四五年四月初旬、ソ連軍は四日間にわたり南北から最後の突撃を行い、残されたドイツ軍は降伏し、ケーニヒスベルクは陥落した。ドイツの戦後処理が話し合われたポツダム会談において、東プロイセンは南北に分割され、南部はポーランド領に、ケーニヒスベルクを含む北部はソ連のロシア・ソビエト連邦社会主義共和国に編入されたのである。

戦後は西ドイツのブラント政権において東欧圏社会主義国との関係改善をはかる政策「東方政策」が進められた。一九七〇年に、西ドイツ首相ブラントとソ連首相コスイギンがモスクワで独ソ条約を調印した。この内容は①相互の武力不行使宣言、②ヨーロッパ諸国の領土保全の尊重、③すべての国境の不可侵（オーデル・ナイセ線や東西ドイツ国境を含む）、④領土要求の放棄というものであった。ポツダム会談は戦勝国のみの会談であったが、これで敗戦国西ドイツも正式に旧東プロイセンの放棄を認めたのである。同様に独ソ条約とほぼ同じ内容で、一九七〇年に独ポーランド条約が結ばれている。筆者は一九七一年から七三年末まで西ベルリンに滞在していたが、当時はまだ東プロイセン放棄に対する反対運動が根強かった。とくにドイツの有名人をたくさん輩出したケーニヒスベルクの放棄を惜しむ声は強かった。しかしブラント首相の東方政策は後の東西ドイツ合併へつながり、現在では高く評価されている。一九七二年にはアメリカ、イギリス、フランス、ソ連の四か国がベルリンの現状維持の協定を結んだ。同じ年に東西ドイツが相互に承認しあい、平等な国家関係に入る東西ドイツ間の基本条約が結ばれている。赤軍によるケーニヒスベルクの占領後、街はロシア風に「キョーニクスベルク」と呼ばれていた。ソ連の最高会議幹部会議長ミハイル・カリーニンの死後、一九四六年七月四日に、ケーニヒスベルクはカリーニングラードと改称された。ドイツ人住民は占領された西方ドイツか、シベリアの強制収容所に追放され、彼らの半数は飢餓や病気で亡くなった。筆者のベルリン滞在中にも多くの旧東プロイセンから引き揚げてこられた方と知り合いになり、引き揚げの苦労話を聞かされた。カリーニングラードの旧市民は完全にソビエト市民に入れ替えられた。生活は劇的に変わり、日常言語としてのドイツ語はロシア語に取って代わられた。破壊を免れ、いくつかの建物が残った旧アルトシュタットは再建され、カリーニングラードは工業化と現代化が行われた。カリーニングラード州はソ連の西端地域の一つとして、冷戦期には戦略的に重要な地域となった。ソ連のバルチック艦隊の本部が置かれ、その戦略的重要性のためカリーニングラードは外国人訪問者を締め出した。一九八九年のベルリンの壁崩壊により、冷戦は終結した。これに続きソ連邦崩壊後はロシアになったが、バルト海三国が独立したためにカリーニングラードはロシアの飛び島のような形になっている。現在はドイツ人を含め外国人も旧東プロイセンに旅行できるようになり、経済復興も急速に進んでいる。工業化が進められ、ドイツの大自動車産業も進出している。

　ブルーノ・タウトは一九〇二年にケーニヒスベルクを離れハンブルクやヴィースバーデンの建築事務所で修業を行っている。そして一九〇三年にはベルリンのブルーノ・メーリング、続いてアルフレッド・メッセルの事務所に勤務している。このようにして将来ベルリンを活動の拠点とする足固めを行った。この一九〇三年、タウト二十三歳のときであるが、ベルリンの北約四〇キロメートルの所にあるコリーンという村に出かけるようになる。一九〇二年タウト二十二歳のときに故郷ケーニヒスベルクを離れてベルリンに出、それ以来想いをはせる故郷ケーニヒスベルクに戻ったことはない。タウトは二十六歳のときに結婚するが、

1　ブラント旧宅
所在地：Berlin Westend Kaiser-damm 28

2　ブラント旧宅銘板

3　タウト3兄弟、左ブルーノ、右マックス、中央長兄リヒャルド

1

2

これについては八章「タウトの家族」で述べる。

修業時代の作品

ウンターレキシンゲンの教会

タウトは一九〇四～〇六年、シュトゥットガルト(Stuttgart)のテオドール・フィッシャー建築事務所に勤務し、修業を行っている。このときに手がけた作品で現存するものがシュトゥットガルトの中心部から北東約四〇キロメートルの郊外ウンターレキシンゲン(Unterrexiengen)に残っている。筆者らは二〇〇八年十月にベルリンでタウトの業績に関する調査を行った後、ウンターレキシンゲンを訪問した。エコ建築家としてシュトゥットガルトの郊外エスリンゲン(Esslingen)で活躍しているヴォルフガング・レーナート(Wolfgang Lehnert)氏に車で案内していただいた。この教会は村の教会(Dorfkirche)と呼ばれ、決して規模は大きくない。村の教会は常時施錠されていて入れない場合も多い。開いているのは日曜日の礼拝の時間と葬儀が行われる日くらいである。しかも教会に連絡の取りようもなく、アポなしでの訪問である。最悪の場合は外部からの写真撮影だけでも仕方がないとして出かけた。レーナート氏は訪問した日がたまたま土曜日であったことから、「日曜日の礼拝のために教会関係者がその準備をしているでしょう」と高を括っていた。案の定、教会に着くと隣接する牧師館で「婦人会」というものが催されていて牧師の夫人に会うことができた。来意を告げると、「それははるばる……」と歓迎してくれ、自分は「婦人会で手が離せないがまもなくたまたま外出している牧師が帰ってくるはずだから、待っていてください。」とのことであった。秋のいつ降り、いつ止むともわからない細雨が降り続

1

1 ウンターレキシンゲン教会外観

いていた。少々寒く感じながらも水溜りを避けて教会の外部写真を撮っていると、トックリ首のラクダ色のセーターを着た元気そうな男性が走ってきた。牧師とは黒いガウンをまとった威厳のありそうな人と固定概念を持っていただけに意外であったが、このジョギング帰りの人がこの教会の牧師でヨッヘン・ヘーゲレ師であった。再度来意を告げると、喜んで教会の鍵を開けて内部を丁寧に案内してくださった。

ヘーゲレ牧師によるとこの教会は歴史のある教会で、歴代の牧師が教会に記録を残しているそうである。それによると教会の母体ができたのは一四四一年になるそうであるが、当時の姿がどのようなものであったかは不明である。一六二七年に大風により鐘が壊れ、これを契機に教会を再建したそうである。後期ルネッサンスの形式で、その後も修理が行われ、一九〇六年の改修がブルーノ・タウトによって行われ、祭壇の裏に、「B.T. 1906」という銘があることから、祭壇もタウトにより設計されたと考えられるそうである。牧師は我々に当時の牧師がタウトにこの改修工事に関して送った手紙のコピーをくださった。実に一〇〇ページを超えるもので、やはり教会の上部団体から取れる予算がタウトの設計の範囲に入るかどうか、信者席の数、暖房の位置がよいか、パイプオルガンの設置等々に関するものである。また当時

2 ウンターレキシンゲン教会　信者席

3 ウンターレキシンゲン教会　パイプオルガン

4 貴族席の絵画

5 貴族席にある絵画

信者席は男性と女性で分かれていたようで、女性席のほうが、数が多かったようである。これを男女同じ数にするような交渉も行われていた。タウトは牧師に彩色したスケッチをつけた手紙を送ったようで、牧師はこれに感激し、返書の中で謝辞を述べている。

ニーデンの教会

タウトはウンターレキシンゲンの教会のほかにニーデン(Nieden)という村でやはり教会の内装改修を行っている。筆者は二〇〇九年六月二十四日にこの教会を訪問し、調査を行った。ニーデン村は旧東独のメクレンブルグ・フォアポンメルン州にあり、面積は六・四九平方キロメートル[2]、人口わずか一八七名である。この小さな村に教会がある。かつてはカトリックの教会であったが現在ではプロテスタントの教会になっている。牧師は常駐しておらず、月に一回巡回してくるとの情報を得た。どうにか内部を拝見したいとお願いし、教会の鍵を預かっている婦人の住所を得ることができた。そのかたに電話をし、鍵を開けていただくことをお願いし、訪問することができた。ドイツ鉄道でベルリンから最寄りのネクリン(Nechlin)駅へ行き、そこから一日に数本しかないバスでニーデン村へ向かった。教会にほど近いバス停で降りるとバスはもう空になって次の停留所を目指して去って行ってしまった。降り際に運転手は、このバスが終点まで行き、引き返して、この停留所に着く時間を教えてくれた。約二時間後であった。ただし、これをのがすと六時間は待たなければならない。二時間後にこのバスに乗ることを決めて教会へ急いだ。教会の玄関には約束通り、初老の婦人が鍵を持って待っていてくれた。プロテスタントの教会は飾りも少なく、地味な感じのするものがほとんどである。しかし、この教会はそうではなかった。ウンターレキシンゲンの教会もカトリックからプロテスタントに変わり、派手な仕上

1

2

1 ウンターレキシンゲン教会祭壇
2 祭壇の裏にはB.T.1906の銘がある

げになっていた。天井にもさまざまな模様があり、天使が天井から吊り下げられ、あたかも教会の内部を舞っているようである。壁面にも凝った仕上げの模様があるし、格子戸にもジャポニズムの影響を受けたのではないかと考えられる模様があった。天井にもたくさんの天使の絵が描かれているが、相当古いものらしく、損傷も進んでいる。天使は楽器を奏でている。教会の入り口に近い天井には教会の改修工事にかかわった人たちの名前が書かれていた。ウンターレキシンゲンの教会には「B.T.1906」の銘があったが、ここにはそのような記録はなかった。教会の鍵を開けてくれた初老の婦人にそれを聞くと、当時の牧師がそれを許可しなかったそうである。婦人はこの教会は十三世紀に後期ロマネスク様式で建設され、ルネッサンス時代、一六一八年にバロック様式の説教壇が建設されたと説明してくれた。天井から下げられた天使は十七世紀の作であると説明された。信者席と祭壇もふつうのプロテスタント教会とは異なり派手である。教会の入り口に二階に昇る階段があった。緩い曲線を描く階段は今までベルリンで見慣れたタウトの集合住宅の階段を髣髴させるものであった。タウトがこの改修工事を行ったのが一九一〇年であるから、ベルリンの集合住宅を大量に作った一九二〇年代よりも早い作品である。この階段の近くにある柱も太い部分と絞り込んだ部分が交互にあり、凝った作品である。教会の鍵を開けてくださった婦人に促されてこの階段を上がると、そこには実に一三五七年に鋳造されたという鐘が吊るされており、教会の歴史を物語っていた。教会の中をおもむくまま拝観するうちに時

3

3 ニーデン教会外観

1

間はあっという間に過ぎていき、バスの来る時間が迫ってきた。その間付き合ってくださった婦人にお礼を述べ、辞去することにした。教会に入ったときには気がつかなかったが、婦人が開けてくれた教会と風除け室の間には扉が設けられ、外部の風が一気に教会内に吹き込むことを防いでいた。しかもこの扉には丸い形のガラス窓が八つついており、これと調和する飾りがつけられていた。

2

3

4

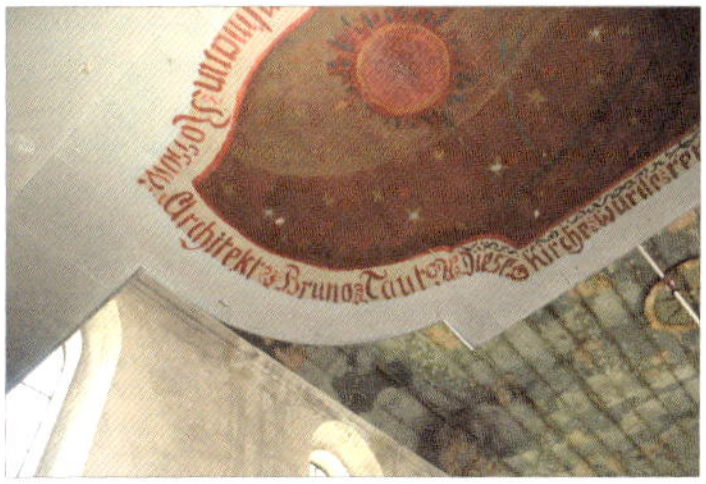
5

6

7

8

1 ニーデン教会：天使の舞う教会内部
2 ニーデン教会内部
3 ニーデン教会信者席
4 ニーデン教会説教壇
5 工事関係者の名前にタウトが記されている
6 二階への階段
7 ニーデン教会二階の手すり
8 ニーデン教会扉
（タウトは一九〇九年にフランツホフマンと共同の設計事務所を開設している。従って一九一〇年の作を修業時代の作とするのは正しくない。同じ教会の作品としてここに分類した。）

II

ドイツ表現主義とブルーノ・タウト

BRUNO TAUT AND GERMAN EXPRESSIONISM

ドイツ表現主義

ドイツ表現主義とは、二十世紀初頭にドイツで起こった一大芸術運動である。当時欧州で主流であった、物事を外面から正確に特徴を描写する印象派と対をなすものである。表現主義は絵画、建築、文学、映画などさまざまな芸術分野で起こり、感情を作品中に反映させて表現する手法を言う。第一次世界大戦でドイツは敗戦国になり、当時のヴァイマール共和国は払いきれないような多額の賠償金を突きつけられる。労働者は生活に困窮し、社会の秩序や社会生活に対する反逆を目指したものが多かった。この運動はドイツのみならず一九一〇～二五年にドイツ語圏の国で始まった。同時期にオランダでもアムステルダム派が生まれていた。彼らが目指したのは新しい材料、形式の革新であり、大衆化であった。貴族のための建築ではなく、一般人の建築を目指した。レンガや鉄、そしてとくに大量生産によるガラスの利用に着目している。ドイツで表現主義建築の旗頭となったのはブルーノ・タウトであった。一九一六年にドイツ・トルコ友好会館の設計競技にブルーノ・タウトは参加している。タウトはドイツヴェルクブンド(＊1)から招待を受けトルコへ渡った中でも二番目に若い建築家であった。

　タウトの表現主義建築芸術は決して若者の世間知らずの情熱から噴き出したものではない。第一次世界大戦が勃発する前のタウトの作品にすでに表現主義芸術に向けて邁進せんとする様子が窺われる。1章で紹介した一九〇六年に手がけたウンターレキシンゲンのプロテスタント教会の改修、一九一〇年のニーデンの教会改修工事がそれである。さらに一九一三～一六年に手がけたベルリンの田園都市ファルケンベルク、一九一三年にマクデブルク市の田園都市リフォルム(改革)の設計に従事している。一九一三年にライプチッヒで催された建築博覧会には「鉄の記念塔」を出品し一躍名声を博している。また一九一四年にはケルンで催されたドイツヴェルクブンドの展覧会に「ガラスの家」を出品しさらに名声を高めた。表現主義建築家としてのタウトはこのような実務経験に裏打ちされている。タウトは単に建築設計だけでは満足せず、多くの本を読み、識者の意見を取り入れまた執筆活動に取り組んだ。卓越した行動力を持ってつねに大胆にふるまうことを好んだ。数多くのアピールを行い、イニシアチブをとった。多くの建築家はタウトの影響を受けた。タウトの著書やアピールから情報を得たので、結果に

＊1
ヴェルクブンド(Werkbund)
一九〇七年にドイツで創立された、創造的作業と産業の協同により、産業活動の向上を目的にした連盟。わが国では従来「工作連盟」と訳されてきた。これは小中学生が本立てなどを造る工作と間違えかねない。以前の住宅は貴族のものであった。一般労働者の住宅は非常に粗末なものであった。ドイツ革命以来一般労働者も健康な住宅に住めるようにといった社会主義者の運動もこのヴェルクブンドには含まれている。簡単に工作連盟と訳すべきではないと筆者は考える。英米の文献を見てもあえて翻訳せず、German Werkbundと書いている場合がほとんどである。本書では工作連盟という訳語を使用せず、ドイツヴェルクブンドとした。

おいてタウトにより洗脳されたと言ってよい。タウトは単なる建築設計でなく、建築・芸術・社会を総合して考えていた。「建築とは素材の真価を認め精神的なものに止揚(Aufheben)することである」と述べ多くの建築家の賛同を得ている。一九一九年に『都市の冠』(Die Stadtkrone)、『アルプス建築』(Alpine Architektur)を出版し、さらに一九二〇年に『都市の解体』(Die Auflösung der Städte)を発表している。これらは三部作と言ってもよい。世界的にも多くの読者を得、日本でも分離派の建築家によく知られている。コツコツと実際の集合住宅を設計し、監理を行うことはたいへん神経を使う緻密な作業である。それをこなしつつ、一方でとても建設は不可能な夢物語の図面をタウトは描いている。単なるロマンティストなのか? しかしこれが表現主義建築家の旗頭と言われる所以である。タウトからこのような図が出てくるのは、タウトに多大な影響を与えた人がいたからである。いちばん大きな影響を与えたのはパウル・シェアバルト(Pual Scheerbart, 1863–1915)である。ブルーノ・タウトより十七歳年上である。

　シェアバルトは当時ドイツ領であったダンチヒ(現在ポーランド領グダニスク)に十一人兄弟の末っ子として生まれた。哲学と美術史を学び、一八八七年にはベルリンに出て詩人として生活するようになる。

　一八八九年には小説『楽園—芸術の故里』(Das Paradies. Die Heimat der Kunst)を出版し、注目される。一八九二年に同志とドイツ幻想出版社を設立したが、財政的困難に陥った。シェアバルトは別の出版社から『大革命』(Die große Revolution)を上梓し

2 一九一四年ケルンのドイツヴェルクブンド展覧会に出展したガラスの家[26]

1 一九二七年のドイツヴェルクブンド展覧会ポスター:ドイツヴェルクブンドが目指した貴族のための住宅を否定し、住宅の大衆化を強調

名声を博した。つねに幻想的な小説や詩作を行い、実現不可能な永久機関の小説まで書いている。それゆえに「幻想詩人」「建築詩人」とも呼ばれている。一九一三年にシェアバルトとタウトはガラスの彩色とモザイクのワークショップで出会っている。そこで二人は意気投合し、シェアバルトの意見に従いタウトはガラス建築をケルンのドイツヴェルクブンドの展覧会に出展し、一躍世界に名をなすことになる。一九一四年のことであった。シェアバルトはその間に何度もブルーノ・タウトと書簡を交換している。もともと詩人であったシェアバルトは詩でタウトに書簡を送ったこともあった。これもきれいに韻を踏んでいる。日本語に翻訳するに際し、意味を忠実に訳そうとすると韻を踏むことは不可能になる。この点はお許しいただきたい。一九一四年二月十日にシェアバルトがタウトに宛てた書簡の詩の部分は次のようになっている。

ガラスなしの幸せ、何と愚かなことよ！
レンガは消え失せていく、ガラスの色は存在する
色彩あざやかなガラスは憎しみをぶち壊す
色彩の幸せはガラス文化の中に存在する
ガラスの城がなければ、人生は重荷だ
ガラスの家は燃えない、だから消防車はいらない
害虫はヤッカイだ、でもガラスの家には入ってこない
燃える材料は実際スキャンダラスだ
二重のガラスの家の壁はダイアモンドより大きい、
光は全宇宙を通してやってきて、水晶の中に生きている
プリズマは大きい、だからガラスは素晴らしい
色彩を避ける者は世界から何も見ることができない
ガラスはすべてを明るくする、
ガラスは我々に新しい時代をもたらす　レンガは悩みをもたらす

シェアバルトはタウトに宛てた手紙で自らを「ガラスの父さん」と呼び、ガラス建築の先輩格であることを自認している。ガラス建築はグロピウスもケルン展でカーテンウォールを展示しているし、とくにミース・ファン・デル・ローエがガラス建築の先駆者のようにみられている。しかしシェアバルトとタウトも当時その先端を走っていたのである。ミースのガラス建築は「自分はここに建っている……どうだ！」という権威主義の感じがする。それに対し、タウトのガラス建築は「さあ、いらっしゃい、一緒に住もう！」という温かさを感じる建築である。ケルンのガラスの家

1

2

は外観がよく示されているが、じつは内部がすばらしい。色彩装飾が豊かであり、光と色彩の効果を巧妙に発揮している。タウトがケルンで華やかにガラスの家を発表した一九一四年七月に第一次世界大戦が勃発し、独・英の開戦となった。ガラスの家にはシェアバルトとタウトの理想と平和の思想が限りなく透明な宇宙空間として表現されていた。二人は戦争に反対した。タウトは出身地ケーニヒスベルクの哲学者カント著「恒久平和」の思想を受けていた。シェアバルトは戦争に反対して自死している。タウトは伴侶エリカとの間に生まれた娘にシェアバルトの小説『ミュンヒハウゼンとクラリッサ』(一九〇六)のヒロインの名前から「クラリッサ」と命名しているほどシェアバルトを慕っていた。そのころ、ブルーノ・タウトは社会主義者エーリッヒ・バロン(Erich Baron, 1881–1933)とも交際しており、バロンから社会主義への強い影響を受けた。バロンは新ロシア友好連盟の事務総長を務め、『新ロシア』という雑誌の編集長でもあった。一九三三年二月二十七~二十八日に国会議事堂の火災があった。そのときに警察により逮捕され、レールター通りの監獄に収監され、四月二十六日に殺害された。タウトがベルリンを脱出したのが一九三三年三月一日であったので、もう少し脱出が遅れていたらバロン同様に逮捕されていたであろうと言われている。

一九一九年に発表した『アルプス建築』はタウトの考えるユートピアを絵で表したものである。「この地球上では我々は単なる旅人にすぎない。より高い場所へ上り、そこに存在して初めて故郷がある」としている。これは一九三三年に来日し、滞日中ほとんどの時間をすごした高崎の少林山達磨寺洗心亭で読んだ松尾芭蕉の『奥の細道』の「月日は百代の過客にして……」に繋がるところがある。タウトは昭和十(一九三五)年五月に上野伊三郎と同道で日本海側の都市を旅行している。京都→岐阜→高山→白川→富山→柏崎→長岡→新潟→佐渡→鶴岡→秋田→弘前→松島を巡り、旅行記を発表している。芭蕉の奥の細道を逆に回ったことになる。この間の記録は日記に詳しい。この中で新潟を

日本中で最悪の都会だと言ってよい。何一つ興味をそそるものがない

と決めつけている。新潟大火のあとの荒廃からの復興の状況によい印象を受けなかったのであろう。平泉を通過するところのことを五月二十八日の日記に記している。

芭蕉はここで名句「夏草やつはもの共が夢の

1
シェアバルト旧宅
所在地：Berlin Lichterfelde 4, Marschnerstraße 15

2
シェアバルト旧宅の銘板：人間は自由であれ

3
ミース・ファン・デル・ローエ設計、新ギャラリー、1965–68、所在地：Berlin Potzdamerstr.50

3

あこ」を作った。だがいま汽車の中には、「**旅行鞄とルックザックを携えたいま一人の新しい芭蕉がいる**」。

と記している。それにしてもタウトは日本海側の都市を巡りながら金沢に立ち寄っていない。実際には立ち寄ったが、記録に残さなかったのか不明である。筆者もいろいろ調査したが不明のまま今日に至っている。芭蕉の旅には曾良が案内役として同行したが、タウトの旅には上野伊三郎が同行している。

　タウトが一九一八年に起草した画帳『アルプス建築』は五部三〇の図面からなっている。第一部「クリスタル・ハウス」、第二部「山岳の建築」、第三部「アルプス建築」、第四部「地殻建築」、第五部「星の建築」である。

　第一部「クリスタル・ハウス」から「クリスタル・ハウスへの登り道」「クリスタル・ハウスの内部」を紹介する。第二部「山岳の建築」からは「花咲く谷」を紹介する。第三部「アルプス建築」から「自然は尊大だ」「上部イタリアの湖畔」「リヴェリア海岸のアルプス末端部」を紹介し、第四部「地殻建築」からは「地球・アジア側」を紹介する。そして第五部「星の建築」から「星のシステム、球体、円環、車輪」を紹介する。とても実現不可能な建築を絵で示したものである。一九二〇年代に入り、社会主義住宅と呼ばれる集合住宅をコツコツと建設していったタウトとは別な作品のように思えてならない。『アルプス建築』では宗教性すら感じる。第三部「アルプス建築」には「欧州の諸民族よ！」という絵があり、詳しい解説がついている。この文章の冒頭には「欧州の諸民族よ！　神聖な財宝を造れ！　諸君の星である地球は、諸君の手により、自らを装飾されることを願っている！」とかなりハイテンションな文章も見られる。第一部「クリスタル・ハウス」はシェアバルトの影響も現れているし、一九一四年にケルンのドイツヴェルクブンドに出展した『ガラスの家』の思想と一致している。第四部「地殻建築」に「地球・アジア側」という絵があるが、これには「欧州には明るさがあるが、アジアには多彩な夜の暗黒の中にもっと明るいものがある」と解説している。当時すでにアジアへの憧れを表したものである。

　ブルーノ・タウトが表現主義の建築家であった時代の作品としてヴォルプスペーデという村に愛称ケーゼグロッケ（Käseglocke＝チーズ・カバー）と呼ばれる個人住宅を残している。タウトの作品は主に集合住宅であるので、きわめて珍しい例である。

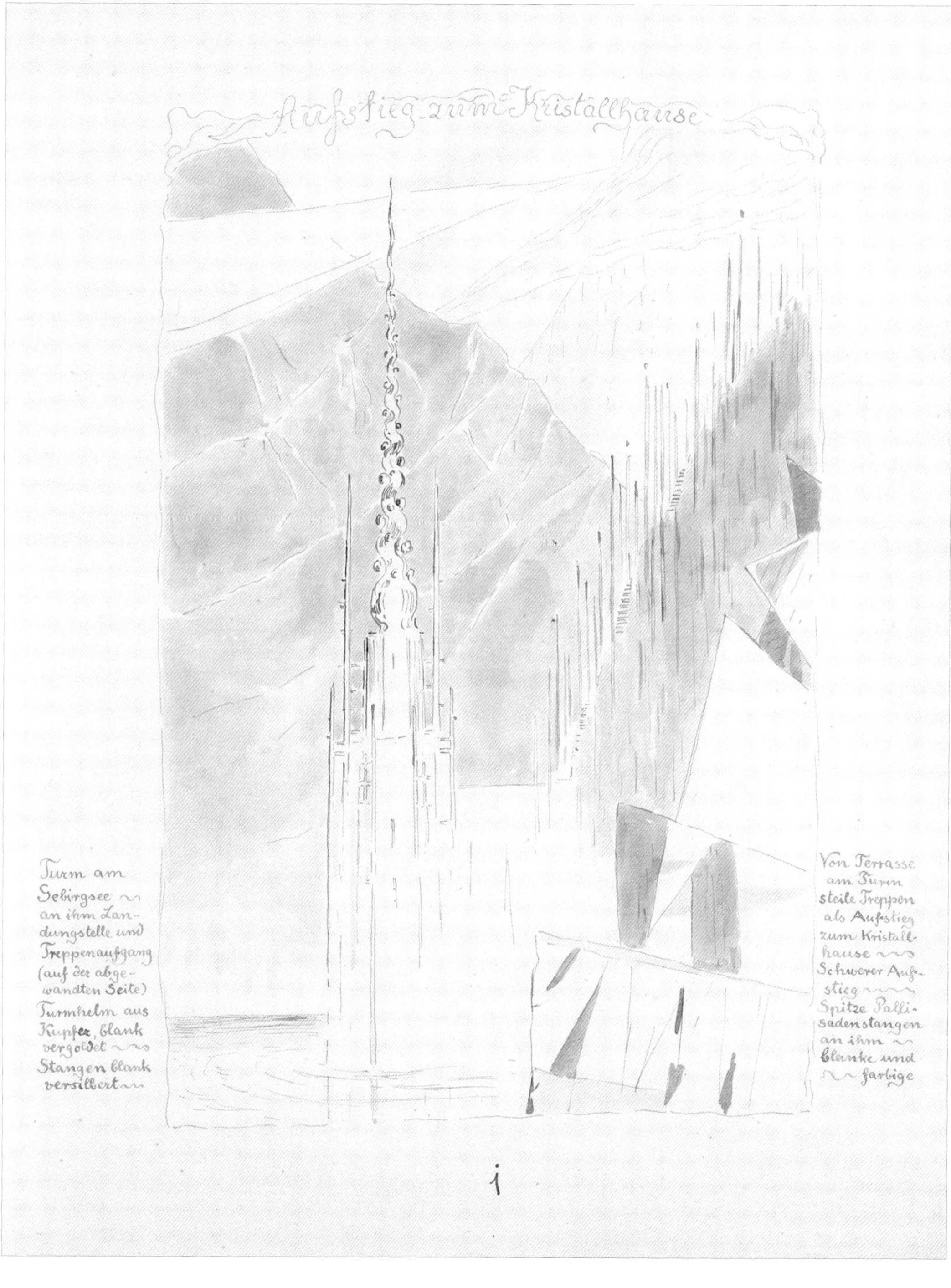
Aufstieg zum Kristallhause
Turm am Gebirgsee ~ an ihm Landungstelle und Treppenaufgang (auf der abgewandten Seite) Turmhelm aus Kupfer, blank vergoldet ~ Stangen blank versilbert ~
Von Terrasse am Turm steile Treppen als Aufstieg zum Kristallhause ~ Schwerer Aufstieg ~ Spitze Pallisadenstangen an ihm ~ blanke und ~ farbige
j

クリスタル・ハウスへの登り道［65］

Im Kristallhause
„Gesprochen darf in den Tempeln nicht werden, hineinkommen kann man immer – auch in der Nacht. Aber etwas, das unserem Gottesdienste entspräche giebt es hier nicht – sie wirken allein durch ihre erhabene Architektur und durch die grosse Stille, die nur von Zeit zu Zeit von feiner Orchester- und Orgelmusik unterbrochen wird. Ein paar grossartige kosmische Gemälde und Skulpturen sind zuweilen zu sehen – aber das Sichtbarzumachende wird immer seltener gezeigt, da es nicht in Einklang mit den überwältigenden Gefühlen der Weltverehrung zu bringen ist, wenn zu oft auf Einzelnes und Bestimmtes hingewiesen wird." (Scheerbart in Münchhausen und Clarissa)
Baumaterial ist nur Glas. Zwischen der Glashaut des Raumes und der äusseren Glashaut des Hauses ist ein grosser Zwischenraum zur Wärmung und zum Luftausgleich. Beide Häute entsprechen einander nicht. Das ist garnicht nötig. Auch am Körper erkennt man nicht von aussen die Eingeweide. Obere Wände sind ausgebaucht, darunter Galerie für Musik und Zugang zum Turm und zu den Aussichtsbalkons. Alle Nützlichkeitsanlagen im Sockelgeschoss u. Unterbau der Terrassen: Unterkunft- und Erfrischungsräume, Fliegerschuppen, Heizung u.s.w. Das Nützliche soll nur funktionieren und möglichst wenig in die Erscheinung treten
4

クリスタル・ハウスの内部[65]

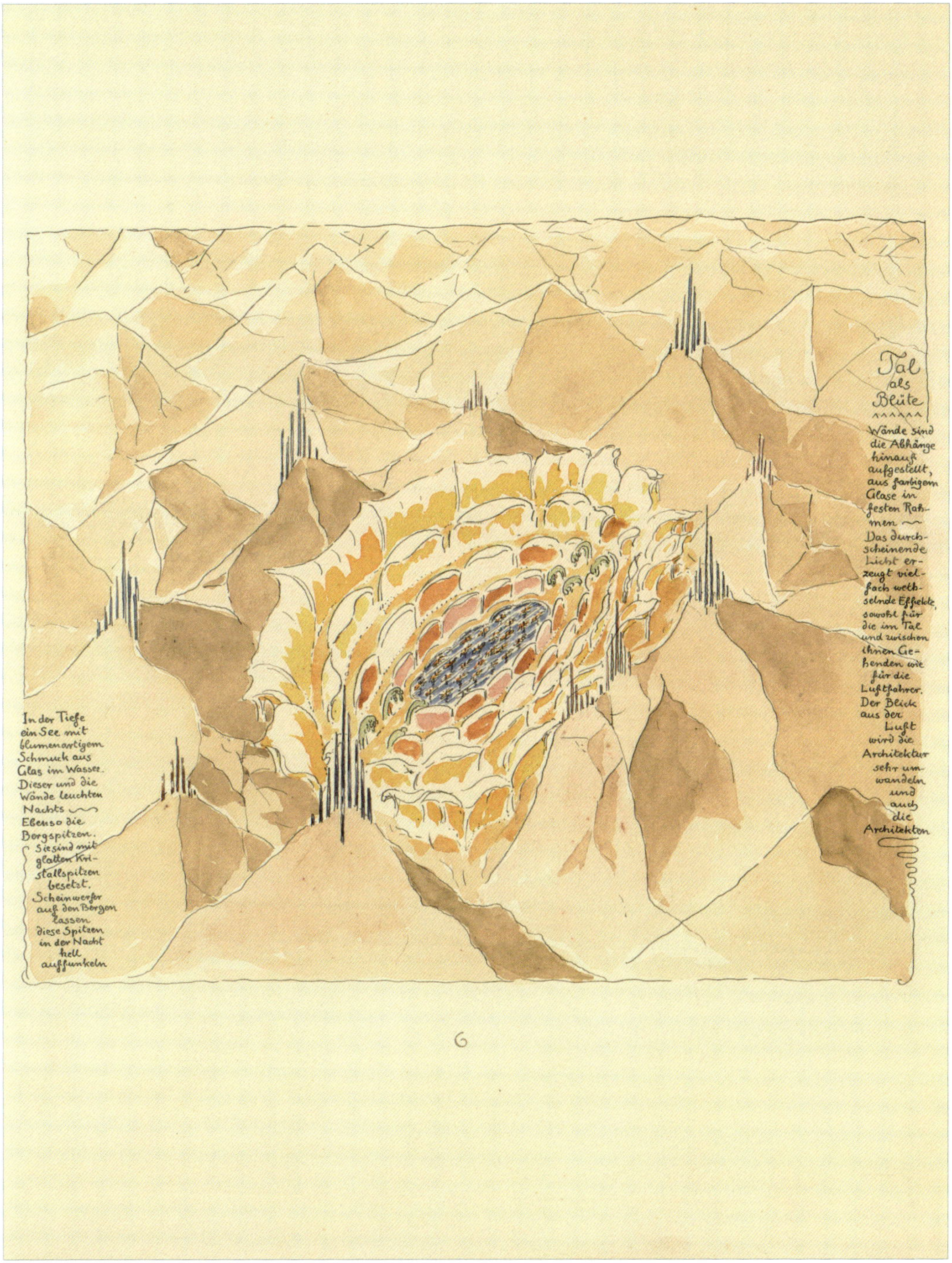
Tal
als
Blüte
Wände sind
die Abhänge
hinauf
aufgestellt,
aus farbigem
Glase in
festen Rah-
men
Das durch-
scheinende
Licht er-
zeugt viel-
fach wech-
selnde Effekte,
sowohl für
die im Tal
und zwischen
ihnen Ge-
henden wie
für die
Luftfahrer.
Der Blick
aus der
Luft
wird die
Architektur
sehr um-
wandeln
und
auch
die
Architekten
In der Tiefe
ein See mit
blumenartigem
Schmuck aus
Glas im Wasser.
Dieser und die
Wände leuchten
Nachts
Ebenso die
Bergspitzen.
Sie sind mit
glatten Kri-
stallspitzen
besetzt.
Scheinwerfer
auf den Bergen
lassen
diese Spitzen
in der Nacht
hell
auffunkeln
6

花咲く谷[65]

GROSS IST DIE NATUR
ewig schön - eine ewige Schöpferin, im Atom und im Bergriesen. Alles ein ewiges NEUSCHAFFEN.
Auch wir sind ihre Atome und folgen ihrem Gebot - im Schaffen.
Sie untätig anstaunen ist sentimental.
SCHAFFEN WIR IN IHR UND MIT IHR UND SCHMÜCKEN WIR SIE!
2331 m
Der Vorderglärnisch bei Glarus in der Schweiz.
Kahlgrauer Fels über dem Vegetationsgrün.
Seine zufälligen Formen sollen kantig-glatt werden, in ihn eingelassen weiss-gläserne Kristalle, funkelnd in der harten Fassung
Auch in den Tiefen der Wälder solche Kristalle
Piz Chalchagn 3154 m
Die Stadt Glarus
Roseg-Tal
Roseg-Gletscher
Lanzettblattförmige Wände ragen aus den Wäldern auf. In Betonfassung von weissem Milchglas, in den Spitzen und Einlagen rubinrot. Diese erglühen des Nachts von innen erleuchtet. Die obersten Spitzen und die vor dem Gletscher zinnoberrot
Pontresina i. d. Schweiz
12

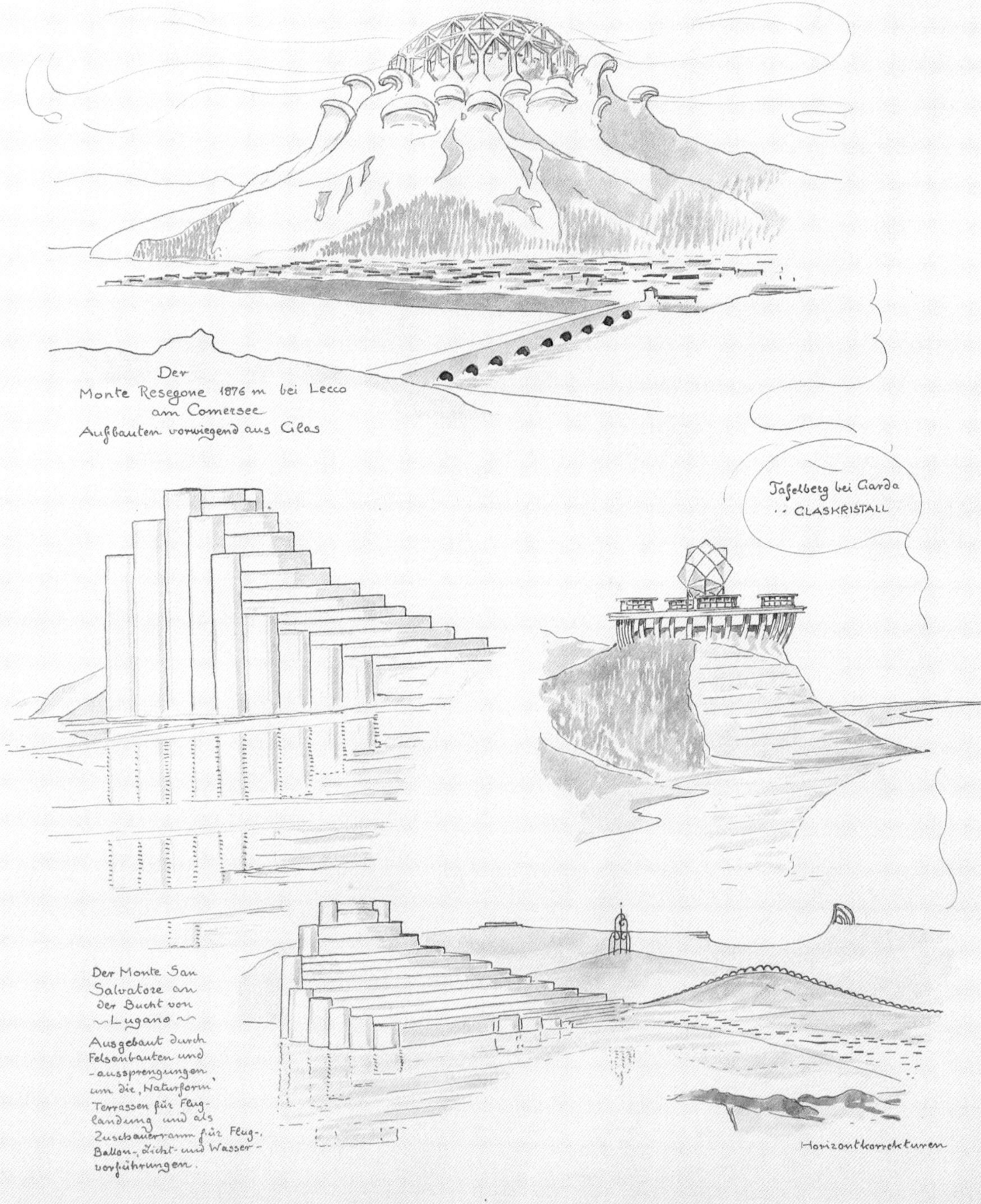
Der
Monte Resegone 1876 m bei Lecco
am Comersee
Aufbauten vorwiegend aus Glas
Tafelberg bei Garda
.. GLASKRISTALL
Der Monte San
Salvatore am
der Bucht von
~Lugano~
Ausgebaut durch
Felsanbauten und
-aussprengungen,
um die ‚Naturform'
Terrassen für Flug-
landung und als
Zuschauerraum für Flug-,
Ballon-, Licht- und Wasser-
vorführungen.
Horizontkorrekturen
14

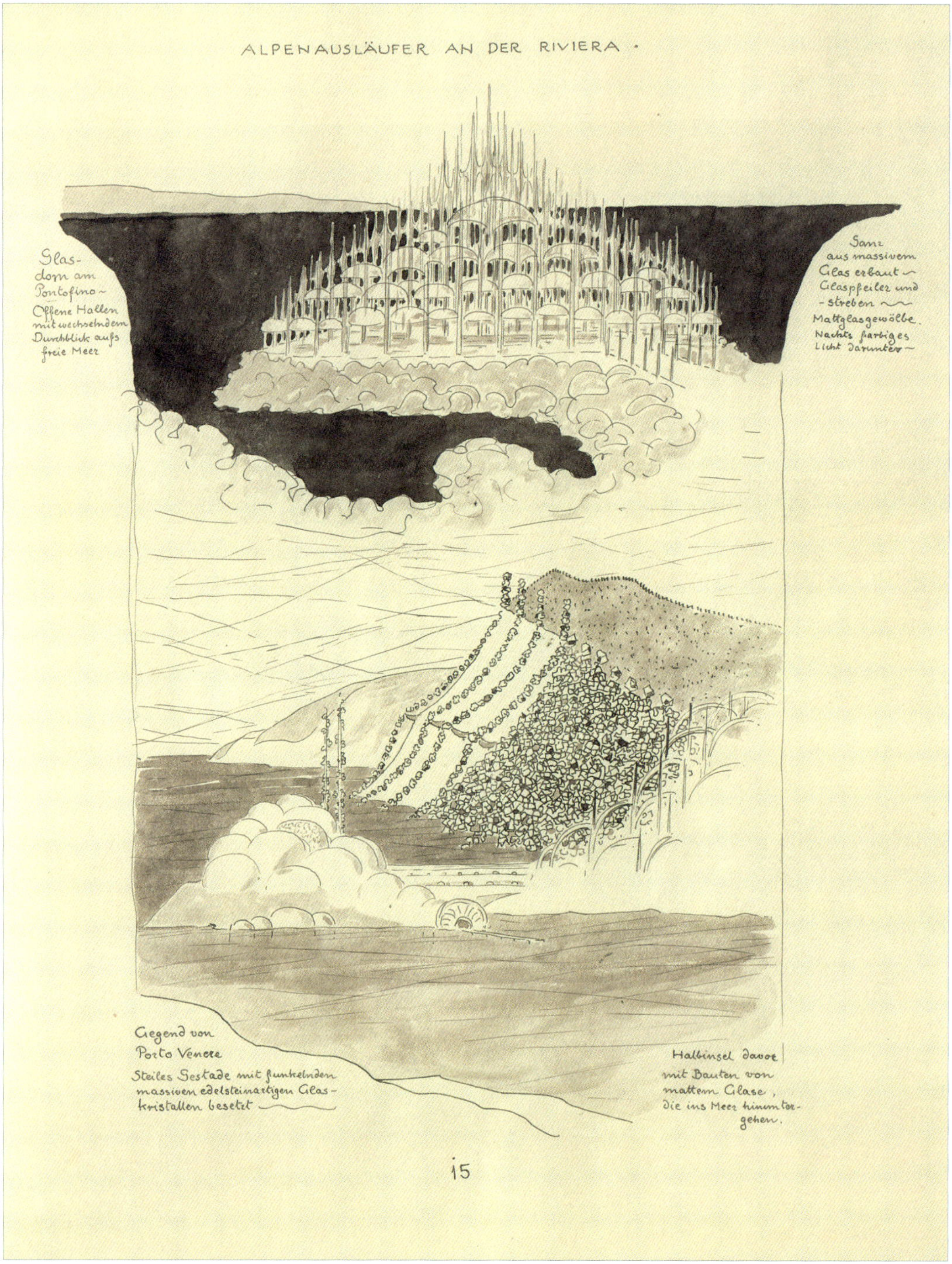
ALPENAUSLÄUFER AN DER RIVIERA ·
Glas-dom am Pontofino ~
Offene Hallen mit wechselndem Durchblick aufs freie Meer
Ganz aus massivem Glas erbaut ~ Glaspfeiler und -streben ~~ Mattglasgewölbe. Nachts farbiges Licht darunter ~
Gegend von Porto Venere
Steiles Gestade mit funkelnden massiven edelsteinartigen Glas-kristallen besetzt ~~
Halbinsel davor mit Bauten von mattem Glase, die ins Meer hinunter-gehen.
15

リヴェリア海岸のアルプス末端部［65］

Europa - das Helle . Asien das Hellere
im Dunkel der farbigen Nacht
25

地球・アジア側〔65〕　欧州には明るさがあるが、アジアには多彩な夜の暗黒の中にそれ以上の明るさがある。

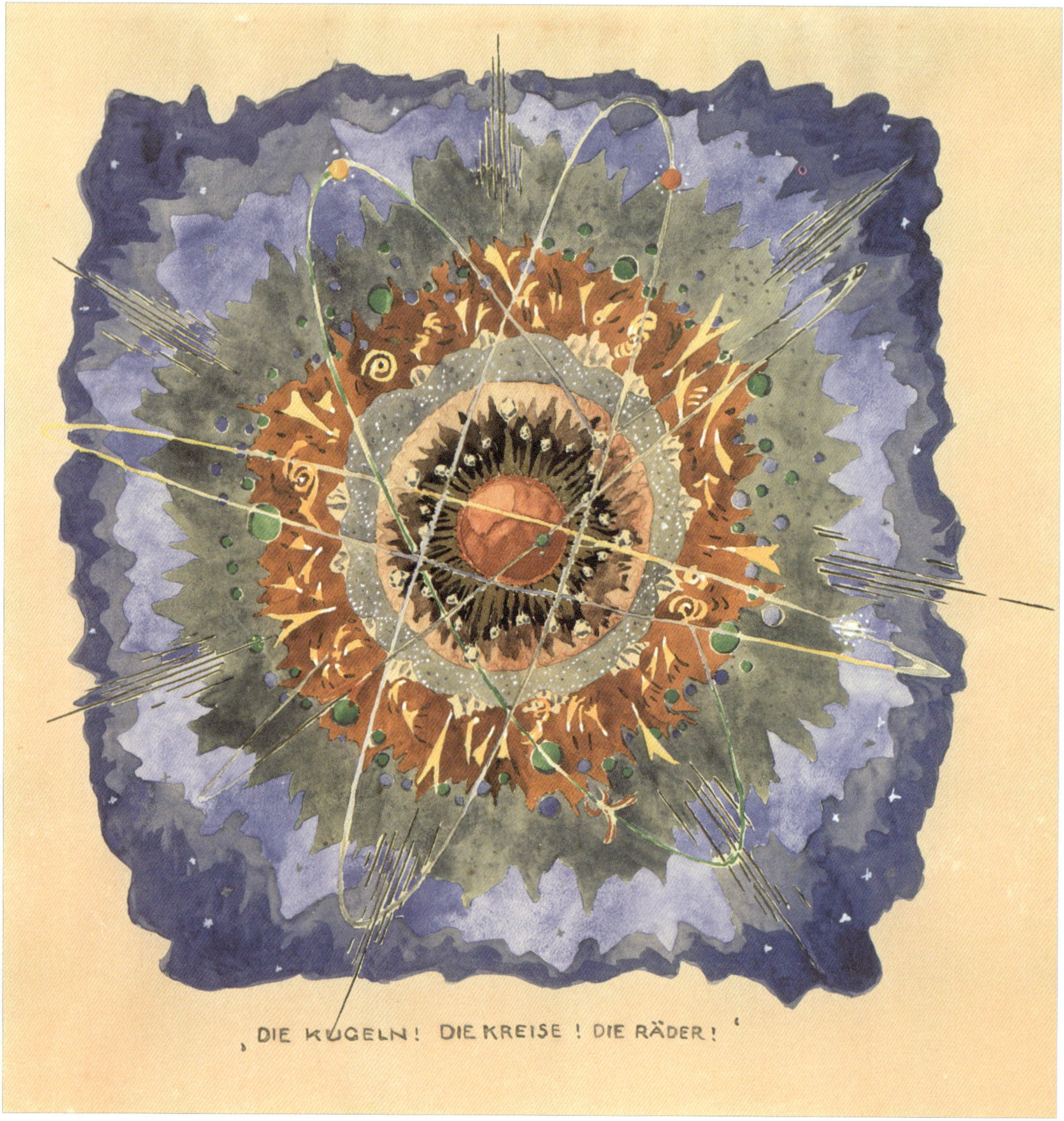
„DIE KUGELN! DIE KREISE! DIE RÄDER!"

星のシステム、球体、円環、車輪[65]

ヴォルプスペーデ

ヴォルプスペーデという村がドイツにあるといってもどこにあるのかご存じない読者が大方であろう。この村はブレーメンの北二〇キロメートルくらいのところにある。ブレーメンはドイツの北部、ヴェーザー（Weser）川沿いにあり、ドイツではハンブルクに次ぐ大きな港町である。しかしヴェーザー川が注ぐ北海（Nordsee）からは五〇キロメートルも陸地に入ったところなので、港町という賑わいは感じられない。ヴェーザー川が北海に注ぐところにはブレーマスハーフェン（Bremershafen：ブレーメンの港）という町があり、第二次大戦で近隣諸国を震撼せしめた潜水艦ウーボート（U-Boot）が今でも係留され、内部の見学ができる。

ケーゼグロッケ（チーズ・カバー）

二〇〇八年十月初旬降雨の山道、それも初冬といってよい寒さであった。ヴァイアーベルク（Weyerberg）と呼ばれる山の山道を歩いても「ケーゼグロッケ」という道標はなく、なかなかたどり着けない。しかも何の道標もなく山道は左右に分かれる。いったいどっちへ進んだらよいのだろう？　偶然にも山道を下るとレストランがあった。仕方がなく遅めの昼食をとり、一休みすることにした。そこで再び元気を取り戻し、レストランの店主にケーゼグロッケへの道を聞き、やっと訪問することができた。相変わらず降り続ける寒い雨の中、落葉しつつある木々の中にケーゼグロッケらしき住宅を見出したときには、思わず「バンザイ！」と叫びたくなった。建物内では我々にボランティアの案内人がつき、丁寧に説明をしてくれた。この住宅は文筆家エドヴィン・ケンネマン（Edwin Könnemann, 1883–1960）がブルーノ・タウトに設計を依頼したもので、一九二六年に建設された。タウトがマクデブルク（Magdeburg）で行われた展示会に展示したもので、一九二一年に設計されたものである。これ自体は当時ブルーノ・タウトがマクデブルクで出版していた建築雑誌「フリューリヒト」（Frühlicht：曙光）に掲載されていた。これをケンネマンが気に入り、ヴァイアーベルクの山に建てたそうである。半円球のドーム型をし、地下室の基礎とレンガ積み暖炉を除くと完全な木造である。地上二階、地下一階である。一階の直径はほぼ一〇メートル、二階は当然それよりも短くなる。一階にある暖炉は彫刻家カール・ピーニング（Karl

1

2

3

4

5

6

Piening)により設計され、ペチカのような構造で、この空気をまわすことで、住宅のどの部屋も暖房ができるように工夫されている。屋根部分の断熱性能が不足していたので、夜間放射による冷えも大きかったらしく、一九九八年の大修理の際に断熱が補強された。一階の南にある玄関を入ると風除け室に入る。その左右にトイレがあり、左側(西側)には厨房、その奥に浴室がある。右には現在陳列室になっているかつての居間がある。奥の北側は主寝室である。居間から階段で二階に上っていく。二階には客室が二部屋あり、南側にはアトリエがある。客室といってもそれぞれ一名が使用できる造りつけベッドがあるのみである。また収納室も二階にあり、そこは人が歩行可能になっている。一階の厨房に設置されている厨房器具は当時のままである。現在この住宅は芸術作品の展示にも使用されていて、さりげなく陶磁器、絵画、椅子などが置かれている。とくにアトリエに置かれたフリッツ・ウプホフ(Fritz Uphoff)作の赤く彩色された収納庫(一九二二年ころの作品)は圧巻であった。芸術品の椅子もそこに置かれるのが最適であるとばかりにこの住宅に調和している。住宅の周囲は庭園がありさらにそれを取りまく山地に繋がっている。その境にはレンガを積んだ低めの壁がある。

ケンネマンの死後、一時この住宅は荒廃もしたが、修復工事が行われしっかり復元されたので、現在では記念保護建築物に指定されている。

7

8

9

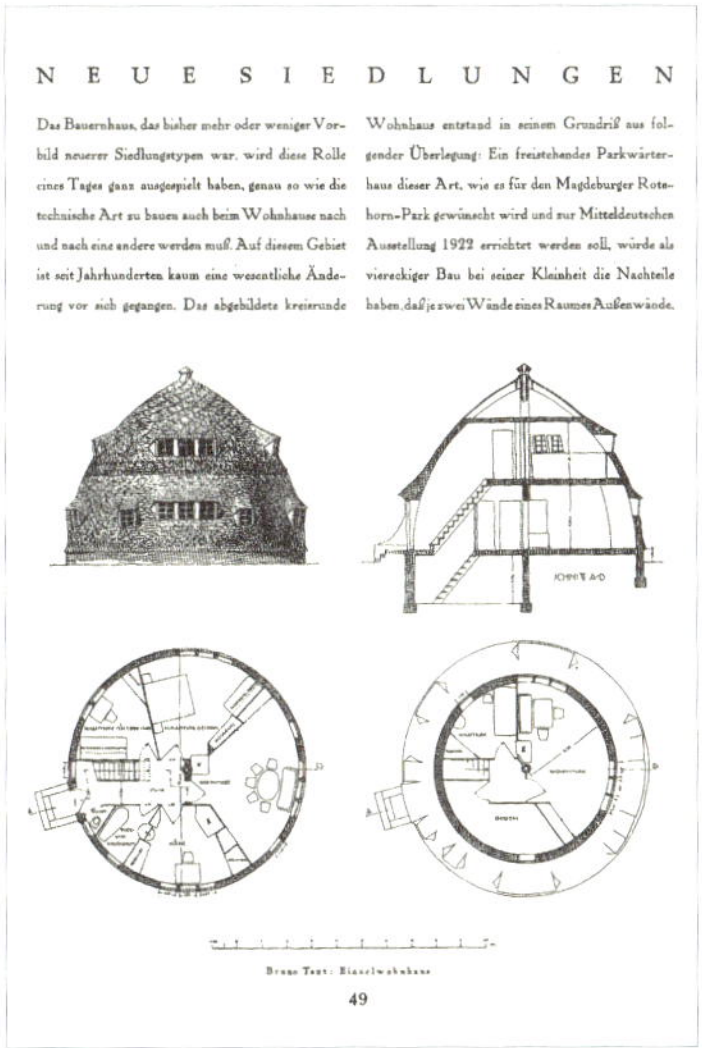
NEUE SIEDLUNGEN

Das Bauernhaus, das bisher mehr oder weniger Vorbild neuerer Siedlungstypen war, wird diese Rolle eines Tages ganz ausgespielt haben, genau so wie die technische Art zu bauen auch beim Wohnhause nach und nach eine andere werden muß. Auf diesem Gebiet ist seit Jahrhunderten kaum eine wesentliche Änderung vor sich gegangen. Das abgebildete kreisrunde Wohnhaus entstand in seinem Grundriß aus folgender Überlegung: Ein freistehendes Parkwärterhaus dieser Art, wie es für den Magdeburger Rotehorn-Park gewünscht wird und zur Mitteldeutschen Ausstellung 1922 errichtet werden soll, würde als viereckiger Bau bei seiner Kleinheit die Nachteile haben, daß je zwei Wände eines Raumes Außenwände.

Bruno Taut: Einzelwohnhaus

49

10

1 ケーゼグロッケ外観
2 ケーゼグロッケ、建物と一体化した暖炉
3 ケーゼグロッケ階段
4 ケーゼグロッケ二階の客間
5 ケーゼグロッケ二階の椅子
6 ケーゼグロッケ二階のガラス窓
7 ケーゼグロッケ一階の厨房器具
8 ケーゼグロッケ寝室
9 ケーゼグロッケ二階の居間
10 ケーゼグロッケの元となった図面が掲載された雑誌Frühlicht 1921／22年冬号の記事

マクデブルク

マクデブルクの町

マクデブルク(Magdeburg)はエルベ川に沿った旧東独の都市でザクセン・アンハルト州の州都である。変遷の激しかった町で、第二次世界大戦で激しい爆撃を受け、町の大部分は破壊された。かつては東方のスラブ人と戦う際の要衝として重要な役割を果たした。八〇五年、カール大帝時代の文書に初めてこの町の名が現れる。神聖ローマ帝国時代の皇帝オットー一世が即位前にすごした町としても知られている。かつてこの宮殿があった場所にはドイツ最初のゴシック建築と言われる聖アウリトス大聖堂が建っており、オットー大帝とその妻エドギタの棺が安置されている。九六八年に大帝によって司教座が置かれ、以降大司教の保護のもと、大いに栄えた。後にハンザ同盟の一員となった。一三〇一年、同職ギルドであるツンフト(Zunft)が市政参加を求めて蜂起したが失敗、首謀者は処刑された。一五二四年、宗教改革に際してルター派に転じる。マクデブルク大学は初めて創設されたルター派の大学である。三十年戦争で打撃を受け、市長オットー・フォン・ゲーリケが復興に力を尽くした。この市長は優れた物理学者でもあり、真空の実験(マクデブルクの半球)を行ったことでも知られている。ブルーノ・タウトはこのような街で一九二〇〜二四年の間、建築課長を務めている。この間に前記のフリューリヒト(Frühlicht：曙光)という建築雑誌を同志とともに創刊し、世界的に多くの読者を得た。そしてフリューリヒト誌に発表した「色彩宣言」(すべての建築は色彩を持たなければいけない)を実際に実施した。ドイツ表現主義の旗頭と言われる所以である。タウトがテオドール・フィッシャーのもとで修業中に「君は画家になりたいのか、建築家になりたいのか?」とフィッシャーに責められ悩んでいたことがある。タウトがしっかりと建築家として歩み出したのはマクデブルク時代であった。

　一九九五年六月にマクデブルク市でブルーノ・タウトに関するシンポジウムが開催された。この報告書がマクデブルク市都市計画局から出版されている。ここで、講演を依頼されていた、水原徳言氏は夫人の病気によりシンポジウムに参加することができなかった。シンポジウム主催者に対し「マクデブルクに贈ることば」を送っており、これがその報告書に記載されている。そのままここに転記する。

1

2

3

1　聖アウリトス大聖堂
2　ブルーノ・タウトがマクデブルクで出版した建築雑誌「フリューリヒト」一九二一年秋号
3　同、一九二一／二二年冬号

マクデブルクに贈ることば

一九八〇年ブルーノ・タウトの生誕百年にあたって開催されたベルリンのタウト展に出席した私は、七月八日マクデブルクを訪ねることができた。タウトが勤務した市役所は戦災を受けたと言うが、地下にあるレストランは残っていて、タウトがいつもそこで食事を取っていたとハインリッヒ・タウトに知らされた。私は先生に再会できたような感動を覚えた。

私がブルーノ・タウトの下で働いたのは一九三四〜三六年の間で、日本に滞在したタウトは東京から一〇〇キロメートルほど離れた高崎に住んで仕事をしていた。高崎はタウトにとって日本のマクデブルクのように思われる。

一人のタウトは建築家としてマクデブルクから誕生したのではないか、そしてそのタウトは日本を知ってもう一人のタウトを持つようになり、その仕事は高崎から生まれた。マクデブルクと高崎はタウトの二面性を生んだところだと思う。そう考えると、高崎での仕事を最もよく知っている私は、今マクデブルクで開かれているタウト展へ行って、日本のタウトについてお話をしたい。日本を見たタウトは再び新しい造形の道を見出している。その転機を説明したい。

だが残念だが私は今妻が病気のため一人残してドイツへ行くことができない。しかしそのわずかな日本での仕事をお送りして見ていただく他はない。しかしそのわずかなものの中にマクデブルクのタウトはなお連綿としてつながっていることを、マクデブルクのタウトが日本によって何を加えたか見ていただけるだろうか。

マクデブルクの輝かしい色彩の出発は、その固有の色彩を日本文化の中にどう語ろうとしているか、わずかな作品だけでそれを理解していただくのは難しいだろうがやむを得ない。

私はブルーノ・タウトが日本に来たことは、その不幸なドイツの運命によるものだという事を知っていた。しかし、その不幸の中でいかに生き生きした発見を続けていたか、それをマクデブルクの方々にお話ししたかった。マクデブルクこそ、そのタウトの仕事の出発だったところなのだから……

一九九五年六月二十一日

水原徳言

以下ブルーノ・タウトがマクデブルクに残した作品を紹介したい。

田園都市「リフォルム」——

ベルリンの田園都市ファルケンベルクは一九一三〜一六年にかけて建設された。二〇〇八年七月にタウトの住宅団地(ジードルング)がベルリンのモダニズムとしてユネスコの世界文化遺産の指定を受けた。田園都市ファルケンベルクもその一つであるが、これを除く他の三件の住宅団地は一九二〇年代に建設されたものである。タウトはマクデブルク市に勤務するよりも早く、一九一三年に田園都市・改革(リフォルム)というジードルングをこの町に設計している。田園都市リフォルム(マクデブルク)と田園都市ファルケンベルク(ベルリン)は同じ年の作品だけに共通点が非常に多い。黄土色の外壁にタウトが多くベルリンの集合住宅に残した赤い玄関扉を配置した集合住宅や、ワインレッドの外壁に同じ玄関扉を配置した集合住宅、さらに土壁の外壁にやはり同じ赤い玄関扉を配置した集合住宅が並ぶ。これらはツアジードルング・リフォルム(Zur Siedlung Reform)という道に沿って建てられている。土壁の集合住宅の前には旧東独時代の国民車であったトラバント(愛称トラッピー)をスポーツカーに改造した小型車が駐車してあった。この住宅の屋根には煙突が設けられている。これは暖房器具としてカッヘルオーフェ

1

2

3

4

1 ワインレッド色に着色された集合住宅
2 黄土色に着色された集合住宅
3 リフォルムの集合住宅
4 田園都市リフォルムの銘板

ンが使用されていたことを示すものである。このような煙突があったからこそサンタクロースが煙突から入ってきてよい子供たちにはプレゼントを置いていくといったキリスト教に関する民話もできたのである。商店と集合住宅が一体となった建物があり、ここにリフォルム(Reform：改革)という文字が残っていた。このリフォルムのジードルングには「一九〇九〜八九年マクデブルクの田園都市「リフォルム(Reform)」の建設者に捧げる」と記されたプレートが石に貼って置かれていた。少女が頭を下げている図柄があることから、ブルーノ・タウトを初めとするジードルング建設者に対する感謝の気持ちを表したものである。マクデブルクも冬季は積雪があるようで、集合住宅の赤い玄関に入るには石段を上がっていかなければならないように建設されている。

マクデブルクの旧市庁舎

写真にタウトが建築課長として勤務していた現在の旧マクデブルク市庁舎を示す。この旧市庁舎はいったん第二次世界大戦で破壊されたものを忠実に復元したものである。しかし地下室は壊されず、そこには食堂があり、ブルーノ・タウトはそこで昼食を採っていたそうである。筆者がベルリンの郊外のテルトー(Teltow)の博物館で行われたブルーノ・タウト展を見学したときの写真ではこの市庁舎はタウトの色彩宣言のように見事に彩色されていた。この市庁舎は戦争により破壊され、それを復元されたときには彩色は行われなかったそうである。

オットー・リヒター通りの集合住宅

タウトはマクデブルクで数々の建築設計をするが、現存するものの一つにオットー・リヒター通

5

6

5 再建後は彩色されなかった旧市庁舎：ブルーノ・タウトはこの建物で勤務していた

6 一九二一年に彩色された市庁舎

1

2

3

1 オットー・リヒター通りの集合住宅
2 オットー・リヒター通りの集合住宅
3 オットー・リヒター通りの集合住宅

り(Otto Richter Straße)の集合住宅がある。街の中心から七キロメートル程離れた場所でかつ公共鉄道による交通の便もよくなく、筆者はタクシーを飛ばし、写真撮影を行い、再びそのタクシーで街に戻った。ベルリンのユネスコ世界文化遺産になったタウトの集合住宅はベルリンの建築家ヴィンフリード・ブレンネ(Winfried Brenne)氏の手により、色彩の復元が行われた。氏は当時のペンキの化学分析も行い、忠実に色を復元したそうである。しかしオットー・リヒター通りの集合住宅の彩色の復元についてはブレンネ氏に依頼は無く、当時の色彩の復元が行われた。どこまで忠実に再現されたか不明とのことであった。無機塗料とは言え、時間経過とともに褪せることは確実で、丁度適当に褪せたときに周囲の雰囲気とマッチし、最高の調和がとれた状態にすればよいとの考えもある。筆者らがオットー・リヒター通りの集合住宅の調査を行ったときは集合住宅の色褪せも始まらず何と表現してよいか分からない色彩であった。まさにブルーノ・タウトが来日し、しばしば口にしたキッチ(いかもの)である。

マクデブルクの体育館

一九二一年にタウトはマクデブルク市建築課長として「マクデブルクの市と州のためのホール」(Halle für Stadt und Land)と呼ぶ体育館を建設している。リフォルムのジードルングでは派手な色彩を用いている。一九二〇年にタウトは『アルプス建築』という書籍を発表し、輝くばかりのファンタジーを示した。まさに表現主義の第一人者の建築家であった。これらと同一人物の作品であるかと思われるのがこの体育館である。ここでタウトは新しい構造方式で大空間を合理的に解決している。タウトの主張した表現主義は一時のあだ花であったのか？ ここでは表現主義は消え去っている。表現主義の建築から勤労者の集合住宅を大量に建設し、「社会主義建築家」と呼ばれるようになった過程で建設されたものと解釈される。体育館の正面は黄土色に彩色されている。中に入ると特徴のある階段に目がいった。タウトの階段はいつも印象的である。廊下からホール内部に扉を開けて入る。この扉は試合などゲームが終了した後に一斉に観客が退出することに対処して作られている。しかし凝った仕様になっている。中に入ると体育館の大架構が現れ、内部で数人の人がトレーニングを行っていた。屋根には天空光を取り入れるべく線状にガラスがはめ込まれ。自然採光により体育館を明るくしていた。誰もいない観客席もさびしげだったが、段状にベンチが取り付けられ、どこからでも試合の様子を見物できる様子が理解できた。

バウハウス

一九二五年までにタウトやメンデルゾーン、ペルツィヒは、視覚芸術における表現主義芸術家たちとともに新即物主義の運動へと転じていった。これは、より実際的・実務的な方法論に基づくもので、表現主義が初期に試みた実験精神を放棄するほどの大きな方向転換であった。以降、初期の表現主義の作風を堅守したのはハンス・シャロウンなどの少数派に限られる。一九三三年にナチス政権樹立後は、表現主義は「退廃的な芸術」として

4

5

6

4 マクデブルク市体育館
5 体育館内部
6 体育館の階段

非合法化され、運動それ自体は終息へ向かった。

バウハウス(Bauhaus)は、ドイツ・ヴァイマールに一九一九年に設立された、工芸・写真・デザインなどを含む美術と建築に関する総合的な教育を行った国立の学校である。ヴァルター・グロピウスが校長を務めた。しかし右翼からの批判を受けヴァイマールからデッサオに移転している。そしてデッサオ市立バウハウスとなった。ミース・ファンデル・ローエ、ヨハネス・イッテン、パオル・クレー、ヴァッシリー・カンディンスキーら錚々たる教授陣をそろえ、芸術界、建築界に多大な影響を与えた。バウハウスもモダニズムに大きな影響を与えたが、一九三二年八月二十二日にナチスによる弾圧で閉鎖された。ミース・ファンデル・ローエは一九三三年に学校をベルリンへ移し教育の続行を計るが一九三三年四月十二日に閉校に追いやられ、十四年間で歴史を閉じている。当時留学生であった山脇巌(後に日本大学芸術学部教授)は「バウハウスへの打撃」という抗議のポスターを制作している。タウトは来日し、歌麿の浮世絵が当時の政治批判に繋がったことから歌麿が五十日間手を縛られたことを知り、「政治は芸術に口出しをしてはいけない」と批判している。バウハウスもブルーノ・タウトも表現主義を目指したが、タウトがバウハウスで講義をしたこともなく、互いの関係はなかった。

1

2

1　バウハウスへの打撃(山脇巌作)

2　一九一九年にワーマールで誕生したバウハウスはナチスの弾圧を受け一九三三年にベルリンのシュテーグリッツで廃校に追い込まれた。当時の校長はミース・ファン・デル・ローエであった。現在は銘板が残っている(所在地 Birkbuschstr. 49, Steglitz, Berlin)

3　デッサオのバウハウス(グロピウス設計)

3

III

一九二〇年代のベルリン

BERLIN IN THE 1920S

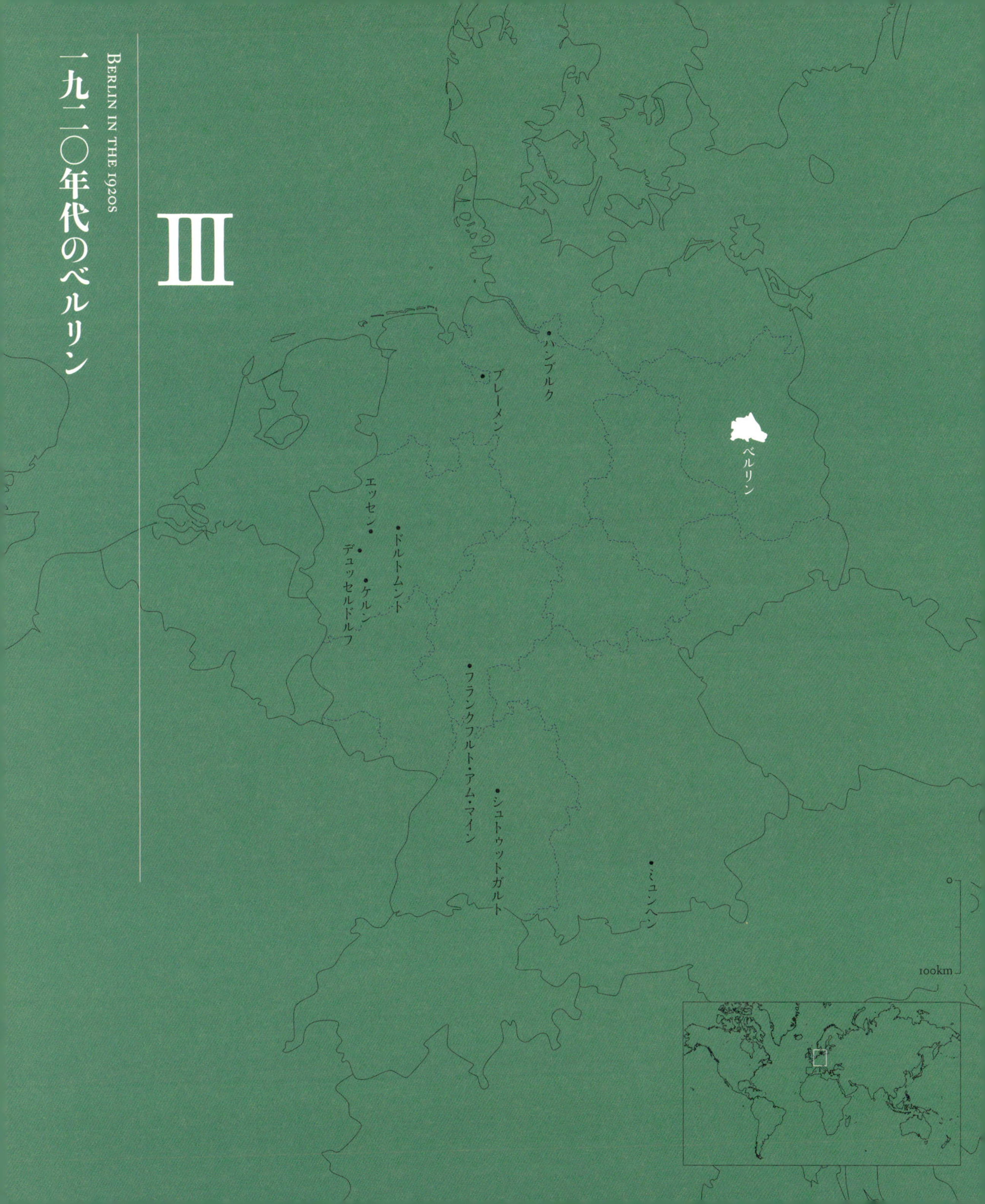

一九二〇年代のベルリン

ブルーノ・タウトはそれまでマクデブルク(Magdeburg)市の建築課に勤務し、役人として建築活動を行っていたが、一九二四年ベルリンに戻りゲハーグ(GEHAG：共同利用貯蓄建築株式会社)の主任となり、一九三三年来日するまでの間にジードルングの集合住宅一万二〇〇〇戸を設計する。また一九三〇年には母校シャロッテンブルグ工科大学(現在のベルリン工科大学)客員教授となり「住宅とジードルング」を教授した。

この精力的な活動は驚異的なものであるが、タウトが働きに働いた一九二〇年代とはどういう時代であったのか再考する必要があろう。ブルーノ・タウトは偉大な建築家であったが、このような偉人が生まれるにはそれ相応の土壌が必要である。幕末にわが国でも後世に名を残す偉人を多く輩出したように、一九二〇年代のベルリンは、後世になって「黄金時代」とも呼ばれた時代であった。

また、ベルリンのモダニズム(Berliner Moderne)が全盛を誇った時代でもあった。ドイツ帝国は第一次世界大戦後ロシア革命に影響されて起こったドイツ革命により崩壊しかつ敗戦国となる。帝政崩壊後の中心勢力となったドイツ社会民主党は共和制に基づく新政府を樹立した。議会制民主主義の枠組みを尊重する理想的と言われた近代憲法、ヴァイマール憲法が一九一九年に制定されている。ヴァイマール共和国と呼ばれるが、首都がヴァイマールにあったのではなく、首都はベルリンであった。ヴァイマール共和国は第一次世界大戦の敗戦と革命の後、民主的な政治家により創立されたものである。強制からの解放、技術の革新、それを支えた進歩的な技術者、学者。さらに芸術家と役者がそろっていた。ヴァイマール憲法は理想的であり、現在のドイツ憲法もこれに倣ったものである。この憲法の草案はユダヤ系ドイツ人であるフーゴ・プロイス(一八六〇～一九二五)により創られた。しかしながら共和国政府の権力基盤は不安定で、ドイツ人にとっては屈辱的なベルサイユ条約を受け入れ、払いきれない賠償金支払いを承諾させられることとなる。政府は工業化を進め、諸外国の要求にできるだけ応じる「履行政策」を採ることとなる。その結果、ベルリンのような大都市に地方から労働者が集まり、技術革新も進み、大工場が動き出し、たちまちに世界第二の工業国となる。しかし犠牲となるのは労働者で、ベルリンの労働者の住宅はまるで監獄のようであったとも言われている。労働者の困窮については多くの文献に書かれているが、当時のベルリンの労働者の生活を多くペーソスの溢れるタッチでスケッチしたハインリッヒ・チレ(Heinrich Zille)という画家がいる。貧乏長屋の生活を描いたスケッチはたくさん残っているが、多くは子だくさんで親は貧乏にあえいでいる。住宅は湿りがちで不衛生である。チレの絵は家賃を滞納したかで貧乏労働者が家財道具を載せて家を出ていくものである。このようなだらしのない男性についていくドイツ婦人、そして荷物の上の子供はにこやかに笑っている。子供の笑いはこの貧乏家族の明日の希望を表している。第一次世界大戦で敗戦国になり、領土を縮小され、払いきれない賠償金を突きつけられたドイツは気がつけば第二次世界大戦を吹っ掛ける力をつけてきた。そして第二次世界大戦での敗戦、今度は都市の多くが焦土と化し、復興は絶対にありえないと考えられていた。しかし奇跡の復興を果たし、現在は世界の高速道路をドイツ車が鼻高々と走り回っているし、二〇一一年にギリシャの財政破たんから生じた欧州の経済危機からの復活はドイツにゆだねられている。ゲルマンの神話に「神々の黄昏」がある。これはリヒャルド・ヴァグナーが作曲し楽劇として有名になった、ニーベルンゲンの指環の四部作の四作目である。ゲルマンの神は黄昏れるが、そこからまた新しい芽生えが生じ繁栄するというものである。ハインリッヒ・チレはゲルマン民族の衰退と繁栄を繰り返し、とくにピンチになったときの団結力と力強さをこの一枚の絵に凝縮し表現したものと考えられる。ドイツ再興のために一生懸命働いている労働者の住宅が不健康であってはいけない、労働者の健康を考えて住宅を作ろうとしてベルリンに出てきたのがブルーノ・タウトであった。屈辱的なベルサイユ条約に反発したドイツ右翼の扇動もあり、ルール地方から石炭をフランス、ベルギーに送る約束を履行しないというサボタージュも起こった。これに対し、フランス、ベルギーがドイツの大工業

1

2

1 チレがアトリエとして使用し、かつ居住していた集合住宅
所在地：Berlin, Charlottenburg, Sophie-Charlottenstraße 88

2 ハインリッヒ・チレ作：貧乏人の引っ越し[62]

地帯であるルール地方を一九二三年に軍事占領している。第二次世界大戦は一九三九年九月一日にヒトラーがポーランド侵攻を指示し、九月三日に英仏両国がドイツへの宣戦布告を出して、始まったことになっている。しかしドイツにはドイツの心臓部であるルール地方を占領されるという屈辱的な理由があったのである。ドイツはソ連と結び、再軍備を始める。工業力がつけば再軍備も可能になってくる。このようなことから「賠償金の支払い停止」を掲げる右翼政党のナチス党が国民の支持を得、民主的な選挙により一九三三年にヒトラーが首相に就任している。このときも強力な既成政党であった社会民主党、共産党が党利党略に走り、協力をしなかったので、ナチス党の進出を抑えることができなかった。ヴァイマール共和国時代である一九二〇年代はこのような大混乱の時代であり、政治、経済的にはまれに見る厳しい時代であった。しかし文化的観点で見るとすばらしい華が咲いた時代でもあった。ベルリン出身の大女優マレーネ・ディートリッヒ(Marlene Dietrich)が「嘆きの天使」「モロッコ」「上海特急」などで退廃的な美貌、セクシーな歌声、その脚線美で国際

1 ディートリッヒの墓石、参拝者が絶えない

2 ディートリッヒ旧宅である集合住宅：Berlin, Wilmersdorf, Bundesallee 54

的な名声を獲得した。ベルリンは退廃的、刹那的ムードに包まれていた。ディートリッヒは一九九二年、パリで九十一歳で死去するが、ベルリンの墓地に葬られ現在もファンの墓参者が絶えない。

キャバレー、バー、売春、ポルノ、麻薬も流行し、一方でインフレに苦しむ労働者がいた。労働者の多くは子だくさんで、低賃金と、働けど働けどべらぼうなインフレに悩み、生活苦にあえいでいた。ブルーノ・タウトはこのような時代に労働者の健康を考えて多くの集合住宅を作っていった建築家であった。さて廃頽的なベルリンにおいても「栄華の巷低く見て……」というエリート集団もいた。その多くはユダヤ系ドイツ人であった。ユダヤ人は、財産を身につけていても流浪を繰り返していることから、蓄財より子弟の教育に力を入れた。当時ドイツの大学への進学率はユダヤ系ドイツ人のほうが圧倒的に多かった。ヴァイマール憲法の草案を練ったフーゴ・プロイス(一八六〇〜一九二五)もベルリン生まれのユダヤ系ドイツ人であったし、ベルサイユ条約締結の準備をした当時の外務大臣ヴァルター・ラテナウもユダヤ系ドイツ人であった。当時右翼による暗殺事件が多く、当然、ユダヤ人であるラテナウもその対象になった。氏はドイツの大重工業となったAEG創始者エミール・ラテナウの子息でもあり、その社長にもなった。AEGのタービン工場をペーター・ベーレンスに設計を依頼し、一九〇八年に竣工している。一九二二年六月二十四日ベルリン市西郊の自宅を車で出、外務省に向かう所を右翼の手りゅう弾により暗殺されている。その慰霊碑は自宅近くの暗殺現場に建設された。ドイツ共産党を結成し、最後は虐殺されたローザ・ルクセンブルグ(旧宅所在地:Berlin, Friedenau Cranachstraße 58)もユダヤ人であった。「相対性理論」のアルバート・アインシュタイン、『変身』『審判』などの名作を

3

3 ハインリッヒ・チレ作「キャバレー」[62]

1

1　AEGタービン工場
ペーター・ベーレンス設計

残したフランツ・カフカ、精神分析学を確立したジグムンド・フロイド、『マリー・アントワネット』等の作品を残した小説家ステファン・ツヴァイクも当時活躍したユダヤ系ドイツ人であった。木綿や綿布などの商取引で巨大な富を築きあげたジェームス・シモンはユダヤ教の教えに従い、富める者のなすべき義務としてベルリン市に博物館を寄進したり、弱者への寄進を多く行ったユダヤ系ドイツ人である。とくに紀元前一三三八年ころの古代エジプトの女王「ネフェルティティ」像の寄贈は有名である。ネフェルティティの胸像は東西ベルリンが分割されていた時代には西ベルリンのエジプト博物館に保管されていたが、現在は旧東ベルリンの新博物館に収められている。三〇〇〇年を超える歴史のある胸像で、あざやかな色彩と彫りの深さ、絶世の美人を今日まで伝えていることは驚異的なことである。筆者は、ベルリンへ行くたびにはできるだけこの博物館を訪問し、「ネフェルティティ」の像に再会することを楽しみにしている。シモンはベルリンの中心部に室内プール場を建設し、これもベルリン市に寄贈している。ジェームス・シモンはユダヤ系ドイツ人として自分の利益をドイツ人に還元することでドイツと同化することを願っていた人であった。

人類のために大いに貢献した人に授与されるノーベル賞もヴァイマール共和国時代にドイツ人として授けられたうち、アインシュタインはじめユダヤ系ドイツ人が非常に多い。ドイツ人受賞者

2 暗殺されたラテナウの慰霊碑、旧宅：Berlin, Grunewald, Königsallee 65

3 アインシュタイン旧宅 所在地：Berlin-Dahlem, Ehrenbergstraße 33

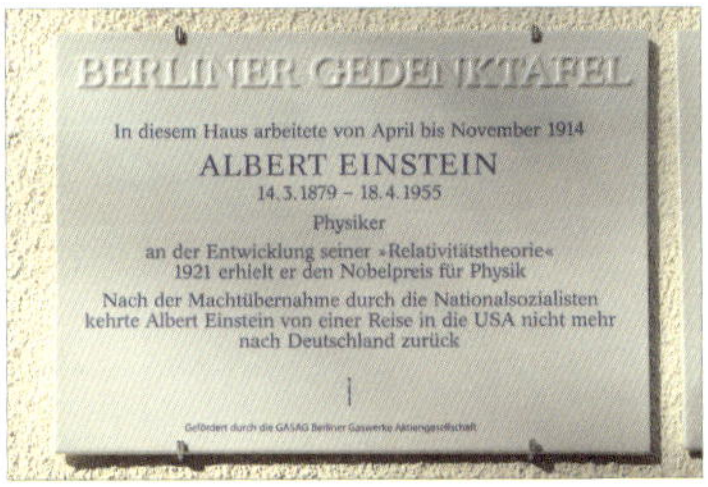

4 アインシュタイン旧宅銘板

5 カフカ旧宅 所在地：Berlin, Steglitz, Grunewaldstraße 13

6 カフカ旧宅銘板

の三分の一はユダヤ系であったのである。しかも当時のドイツにおけるユダヤ人の占める人口割合は一パーセント以下であったから、その比率の高さに驚かされる。当時のユダヤ人がドイツ人と反目して生活をしていたかと言うとそうでもない。文豪ゲーテは晩年に『ファウスト』を著し、より美しいものを求めて、真実を貫き、常に向上心を持ち、ドイツ精神の鑑とも言われた人物である。しかし、このゲーテ研究を行い、成果をあげたのはルードヴィッヒ・ガイガーやエミール・ルドヴィッヒらユダヤ人であった。

　一九二〇年代のベルリンは表現主義の時代であった。表現主義とは印象主義と対をなす言葉で、ドレースデンで一九〇五年に前衛絵画グループ・ブリュッケが生まれ、ドイツ表現主義と言われる運動の起点になった。これが花開いたのが一九二〇年代である。

　色彩を建築に多用したことで、ブルーノ・タウトは表現主義の建築家と言われた。表現主義建築の歴史において特筆に値する出来事としては、一九一四年にケルンで行われた第一回ドイツヴェルクブンド展、ハンス・ペルツィヒ設計のベルリン大劇場(Großes Schauspielhaus)の一九一九年落成とその後の上演活動、ブルーノ・タウトを中心とした建築家たちによる往復書簡「ガラスの鎖」(Gläserne Kette)がある。

　主要な建築物は、表現主義建築のシンボルとも称されるエーリッヒ・メンデルゾーン作のアインシュタイン塔がある(6章参照)。エーリッヒ・メンデルゾーンはブルーノ・タウトと同じくケーニヒスベルクの出身で、シュトゥットガルトでテオドール・フィッシャーの弟子となっているところもタウトと同様である。しかし、メンデルゾーンはユダヤ系ドイツ人であったことから、英国へ亡命している。

　北ドイツ表現主義建築を代表するフリッツ・ヘーガーのチリハウス(一九二四年、ハンブルク)なども有名である。一九二五年までにタウトやメン

1

1　ネフェルティティ胸像

デルゾーン、ペルツィヒは、視覚芸術における表現主義芸術家たちとともに新即物主義の運動へと転じていった。これはより実際的・実務的な方法論に基づくもので、表現主義が初期に試みた実験精神を放棄するほどの大きな方向転換であった。

　当時のドイツは第一次世界大戦敗戦後の困窮した経済状態で、建築の依頼は限られていた。そのため、設計されたまま実現することのなかった作品や、短期間のみ展示された建物も非常に多かった（これらの中には、ブルーノ・タウトのアルプス建築（Alpine Architektur, 1917）やヘルマン・フィンステルリン（Hermann Finsterlin）の形式遊び（Formspiel, 1924）のように、建築学史において重要な位置を占める作品も少なくない）。

　ベルリン市では地下鉄は一九〇二年に開業している。しかし大幅に営業路線を伸ばしたのが一九二〇年代である。S・バーンと呼ばれる高架鉄道も一九二五年から二六年にかけ電化が行われ、これも営業路線を大幅に伸ばした。この時代の特徴にFKKがある。これはFreikörperkulturの略、すなわち「裸文化」である。この文化が始まったのはドイツ帝国（一八七一～一九一八）のころである。裸体になることで、自然に戻ろうとする文化である。自然の中で裸になり、自分の体、肌で自然と一体になり、精神も肉体も健康になるという考えである。ヴァイマール帝国（一九一九～三三）のころにFKKは勢力を増した。自然に帰ろうという考えは市民に迎えられた。狭い都会の住宅に住み、労働に明け暮れた人達が自然の中で体も心も衣服から解放されようとする思想である。これは現在でも続いており、ベルリンの特定の湖はFKK専用となっているし、都市の中の公園でも全裸の人を見る。東西ドイツに分かれていた時代はかえって旧東独のほうがこの運動は盛んであった。ナチスドイツのときに「制服についている勲章が一つでも多ければ偉い」と言ったことへの反発もあったそうである。一方、西ドイツでは占領した米軍がFKKを禁止したそうである。しかし筆者がベルリンに住んだ一九七一年ころにはすでに復活していた。ベルリンの冬は長く、暗い。短い夏を堪能しようという考えがあるのであろう。ベルリンの労働者の生活をたくさん描いたハインリッヒ・チレもベルリンの湖でFKKのスケッチを残している。タウトが少林山に移って間もない一九三四年八月三日の日記に

　碓氷川の川面はいかにも穏やかに見えるが、水勢はかなり激しい。ここで水浴みする子供たちは、みんな水着をつけている。（宣教師の

3

4

3
メンデルゾーン旧宅
所在地：Berlin, Charlottenburg, Am Rupenhorn 6

4
メンデルゾーン旧宅の銘板

勧めで！）。「**若い日本**」は恥ずかしがり屋だ。と書いている。これなどもドイツのＦＫＫとの対比で書いたのであろう。

　自動車が走り出したのも一九二〇年代で、一九二九年にベルリンで一〇万台の自動車が登録されていた。当時いちばん交通量の多かったベルリン市ポツダム広場に一九二四年に交通信号が設けられている。ベルリン市を流れるシュプレー川は貨物を輸送する水路として使用され、ヴェストハーフェンと呼ばれる港が一九二五年に開港し、ドイツの内陸にある最大の港となった。そして大型倉庫も建設された。一九二五年にベルリンにフンクトゥルムと呼ばれる電波塔が建設され、広域にラジオ放送が送られるようになり、またそこで見本市が開催されるようになった。発電所も発電能力を増し、アイロンや電気調理器など電化製品が生産されるようになった。モダンな建築も多く建てられるようになった。そこで活躍したのがブルーノ・タウトである。

　パリのシャンゼリゼに匹敵する高級感溢れる大ショッピングストリートを作ろうとして当時充実したのがクアヒルステンダム（通称クーダム）である。昔、皇帝がグリーネヴァルトの狩りの館へ馬車で出かけるための道であったのだが、これが大商店街として拡充されたのが一九二〇年代であった。全長三・八キロメートル、幅五三メートルで、現在も高級ブティック、カフェ、専門店、レストランが並ぶ。一九二〇年代にはこの道路に沿ってエーリッヒ・ケストナーはじめ有名人が多数居を構えた。また、エーリッヒ・メンデルゾーンが集合住宅と共存の映画館、キャバレーがある複合建築を作ったのもこの道である。クーダムを題材にした映画は非常に多い。

1

一九二〇年代ベルリンでの活躍

一九二〇年代ブルーノ・タウトは表現主義建築家として活躍する。建築が建築構造学者の主導に走りがちであった時代に、建築に曲線を取り入れよう、美的感覚を優先させようとして活動したのである。表現主義建築は多くの哲学者からその思想的な素地を導入している。表現主義の建築家にとってとりわけ重要な哲学の源泉は、ニーチェ、キェルケゴール、ベルクソンらの著作である。ブルーノ・タウトのスケッチではニーチェの著作、とりわけ『ツァラトゥストラはかく語りき』が頻繁に引用される。この主人公こそ表現主義者の求めるものであり、ブルジョア的世界を拒否し、歴史的束縛からも解放され、個人主義的な孤独に生きる精神の力強さを持った人物であったからである。タウトはこの人物に共鳴を覚えたのである。タウトの『アルプス建築』もツァラトゥストラの下山から大いなるヒントを得て構成が行われている。またユダヤ系ドイツ人であったフランツ・カフカの『変身』における形態も、表現主義建築の特徴である素材が定まらないことと共通点を持っている。

一九二四年に『新しい住宅 創造者としての婦人』を出版する。この本は住宅のために女性が時間を取られていたのを軽減しようという本で、写真が多用されている。日本の寺院の居間も写真で紹介され、タウトが日本に興味を持っていたことの表れである。タウトは本の中で写真を多用することを「視覚言語」と称している。写真が文章以上に多くの情報を読者にもたらすことを言っている。とくにタウトの言わんとしていることが翻訳者によってさまざまな解釈が行われることはよくあることである。そういった場合にも写真は有効な手段であり、このような理由で本書においても写真を多用した。タウトは一九二四年にベルリン市テーゲルに「フライエ・ショレ・ジードルング」を建設している。一九二五年に交通労働組合会館の建築を行っている。またベルリン市ブリッツの馬蹄形住宅の建築を行っている。またベルリン市ヨハニスタール・ジードルング、同アイッヒカンプジードルング、同フライエ・ショレ・ジードルングの建築を行っている。そして一九二六年にはベルリン市森のジードルング、オンケルトムズヒュッテの建築を行い、これは一九三一年に竣工している。同じくアフリカ街のジードルング、ダーレビッツに於ける自邸の建築、ベルリンのパオルーケーニッヒ通りのジードルングを建築して

1 ハインリッヒ・チレ作：FKK[62]

2 メンデルゾーン作：複合建築
所在地：Kurfürstendamm 153-163, Berlin

2

いる。あるいは一九二七年にはシュトゥットガルトのヴァイセンホーフジードルングに住宅を建設している。これは、第一次世界大戦で敗戦国となったことによりドイツの住宅の質が下がったことを一気に取り返そうとドイツヴェルクブンドが主催したコンペで、コルビジェ、グロピウスはじめ有名建築家が応募した。ブルーノ・タウトの住宅、実弟のマックス・タウトの住宅もあったが第二次世界大戦で破壊され、今日は敷地が残っているだけである。ベルリン市シラーパークジードルングの第二期工事の建築を行っている。これは二〇〇八年に世界文化遺産になった。一九二八年には著書『一住宅』を出版している。これはベルリン郊外のダーレビッツに建設した自邸の解説である。さらにベルリン市ノイケルン、オッサー通りの集合住宅、ベルリン市リヒテンベルクの集合住宅の建築も行っている。一九二九年にはベルリン市、フリードリッヒ・エバートのジードルング、オッサー通りのジードルングの建築も行っている。これらの成果により翌年シャロッテンブルク工科大学（現在のベルリン工科大学）客員教授に就任している。これらの業績からみてもドイツで大いにタウトの力量がさらに発揮されるはずであった。一方、ベルリンではナチスの軍靴の足音も徐々に強くなっていった時代であった。

筆者も、一九七〇年代初頭にベルリンに住み、同じアパートに住むインテリの老人の話を聞くことがしばしばあった。むかし弁護士をされていた方などは平和なベルリンに最初ナチスが入ってきたときに「こんな奴らに何ができるかと思った。」というのが印象であったそうである。しかしそれが冷静であるベルリン市民を煽り、うまく宣伝を行い、しかもその宣伝力は卓越したものがあったそうである。しかし、結果においてタウトはじめ多くの文化人・識者がベルリンを去らなければならなくなり、ベルリンは破綻への道を転がり落ちていったとのことであった。そうなってからもナチスに反抗する人たちはたくさんいたそうであったが、組織としてのナチスになすすべもなかったとのことであった。ナチスの当初の政策は国民受けしたが、ナチスの思わしくないと思われる本を焚書する事件が起きた。このときに「多くのベルリン人はとんでもない連中が政権を手中にしたと気がついたが、手遅れであった」とインテリ老人は筆者にわかりやすいドイツ語で説明してくれた。これはナチス政権樹立後まもない一九三三年五月に、ベルリンのオペラ広場（Opernplatz. 現在は Bebelplatz と改称されている）で反ドイツ的な書籍として、

1　一九三三年ナチにより焚書が行われた旧オペラ広場（現ベーベル広場）

エーリッヒ・ケストナー、ハインリッヒ・マン等の書籍を含む二万五〇〇〇巻が焼かれた。本書で引用したハインリッヒ・チレは労働者階級の生活をつぶさに写生し記録として残した。狭い部屋で多くの人間が生活しているスケッチがたくさん残されている。夫婦が夜の営みを行っているのを子供が覗いているスケッチまである。こうなると春画であり、非道徳的としてチレのスケッチも焚書の対象になった。すでにユダヤ系ドイツ人であったハインリッヒ・ハイネは「焚書は序章にすぎない、本を焼く者はやがて人間も焼くようになる」と警句を残していた。そしてハイネの本も焚書の対象となった。

1

IV タウトがベルリンで設計した集合住宅

Apartment Houses Designed by Bruno Taut in Berlin

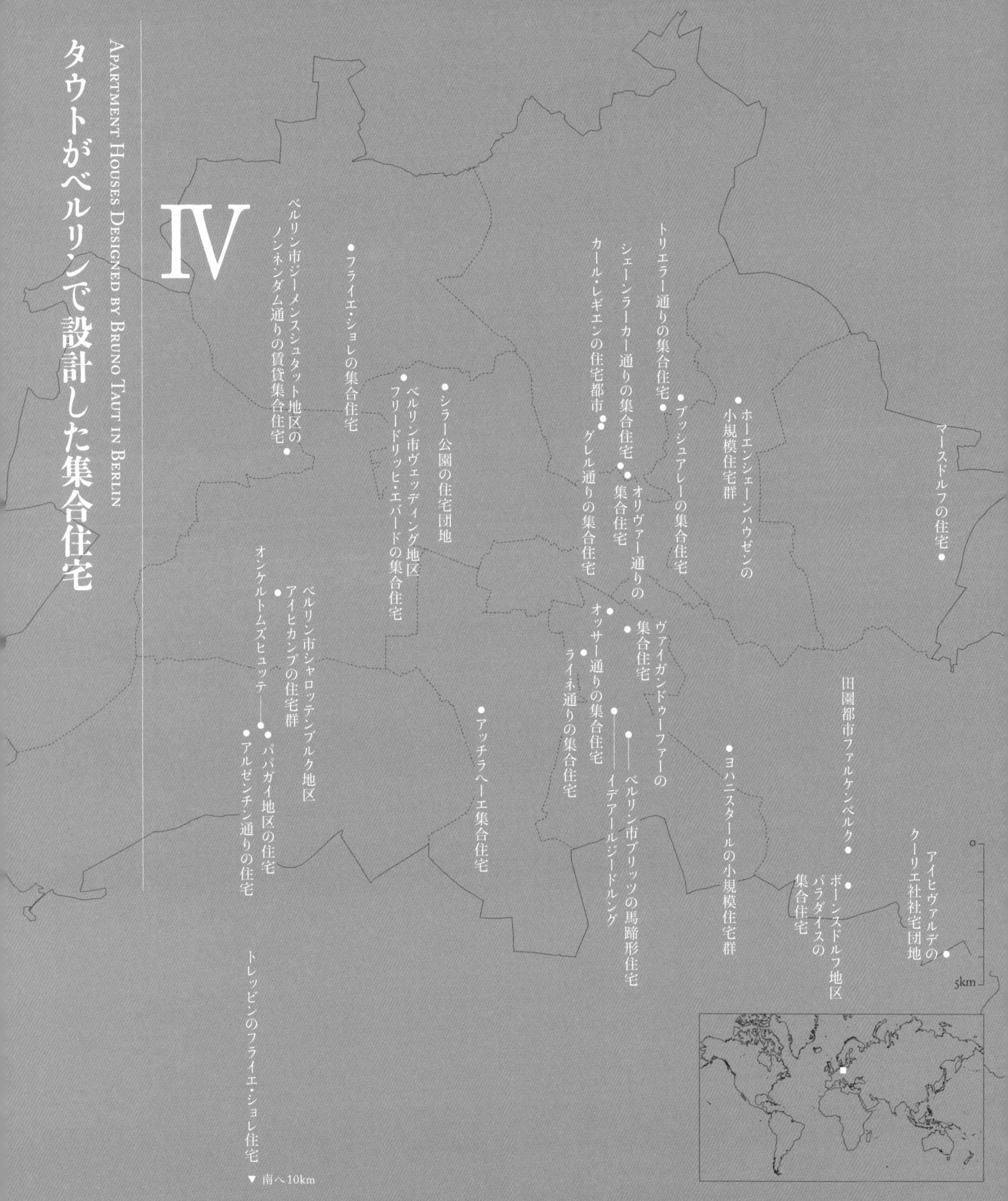

ユネスコの文化遺産

ベルリンに建設された六つの住宅団地（ジードルング：Wohnungssiedlung）が二〇〇八年七月にベルリンのモダニズムとしてユネスコの世界文化遺産に登録された。これらは次の六つの住宅団地で、その規模などを記す。

1　田園都市ファルケンベルク（Gartenstadt Falkenberg）、住宅団地面積四・四ヘクタール、緩衝帯面積六・七ヘクタール、総面積一一・一ヘクタール

2　シラー公園の住宅団地（Siedlung Schillerpark）、住宅団地面積四・六ヘクタール、緩衝帯面積三一・九ヘクタール、総面積三六・五ヘクタール

3　ブリッツの大規模住宅団地（馬蹄形住宅団地）（Grosssiedlung Britz（Hufeisensiedlung））、住宅団地面積三七・一ヘクタール、緩衝帯面積七三・一ヘクタール、総面積一一〇・二ヘクタール

4　カール・レギエンの住宅都市（Wohnstadt Carl Legien）住宅団地面積八・四ヘクタール、緩衝帯面積二五・五ヘクタール、総面積三三・九ヘクタール

5　白色の町（Weisse Stadt）住宅団地面積一四・三ヘクタール、緩衝帯面積四一・一ヘクタール、総面積五五・四ヘクタール

6　ジーメンスシュタットの大規模住宅団地（Grosssiedlung Siemensstadt（Ringsiedlung））住宅団地面積一九・三ヘクタール、緩衝帯面積四六・七ヘクタール、総面積六六・〇ヘクタール

この六つの住宅団地のうち次の四つの住宅団地はブルーノ・タウトが中心となって計画設計が行われたものである。

田園都市ファルケンベルク

- 建設年：一九一三〜一六年
- 所在地：Berlin Grünau, Akatienhof 1-26, Gartenstadtweg 15　66,68　72,7499
- 共同設計者：ハインリッヒ・テッセノ、ルートヴィヒ・レッサー（Heinrich Tessenow, Ludwig Lesser）（庭園建築技師）
- 規模：一二九住戸、その内四八棟は集合住宅タイプ、タウンハウスタイプ八一戸（七七戸は集合住宅タイプ、二家族住宅が二棟）
- 所有者：ベルリン建築・住宅共同組合（Berliner Bau und Wohnungsgenossenschaft）
- 建設期間：第一期工事一九一三年、第二期工事一九一四〜一五年、第三期工事一九一五〜

一六年
●発注者：公益建築組合大ベルリン郊外田園都市有限会社（Gemeinnützige Baugenossenschaft Gartenvorstadt Groß Berlin GmbH）
●変更：一九九一〜二〇〇二年に記念建築物保護法により修復工事実施

第一次世界大戦前の作品である。場所は旧東ベルリンで、シェーネフェルド空港に比較的近い場所である。当時「生活共同体」(Genossenschaft)ということが言われ、その組合による団地（ジードルング）計画である。ベルリンのような大都市に居住する人々に単に健康的な住居を提供するだけではなく、都市生活の改革「田園都市」を造ろうとしたものである。とくに、階級の差のないような生活を求め、住民がここで農作業や手工業を行い、相互扶助の活動も重視された。一九一二年、タウト三十二歳のときの仕事で、当初七五〇〇人規模のジードルングを描いていた。しかし第一次世界大戦の勃発により、一九一六年までに二つの住区が完成したのみであった。扉や窓、外壁には豊かな色彩が施され、共同体の生活を活気あるものにさせた。ユネスコ世界文化遺産に登録されたタウトの作品としてもっとも古いものである。「すべ

1

2

3

4

1

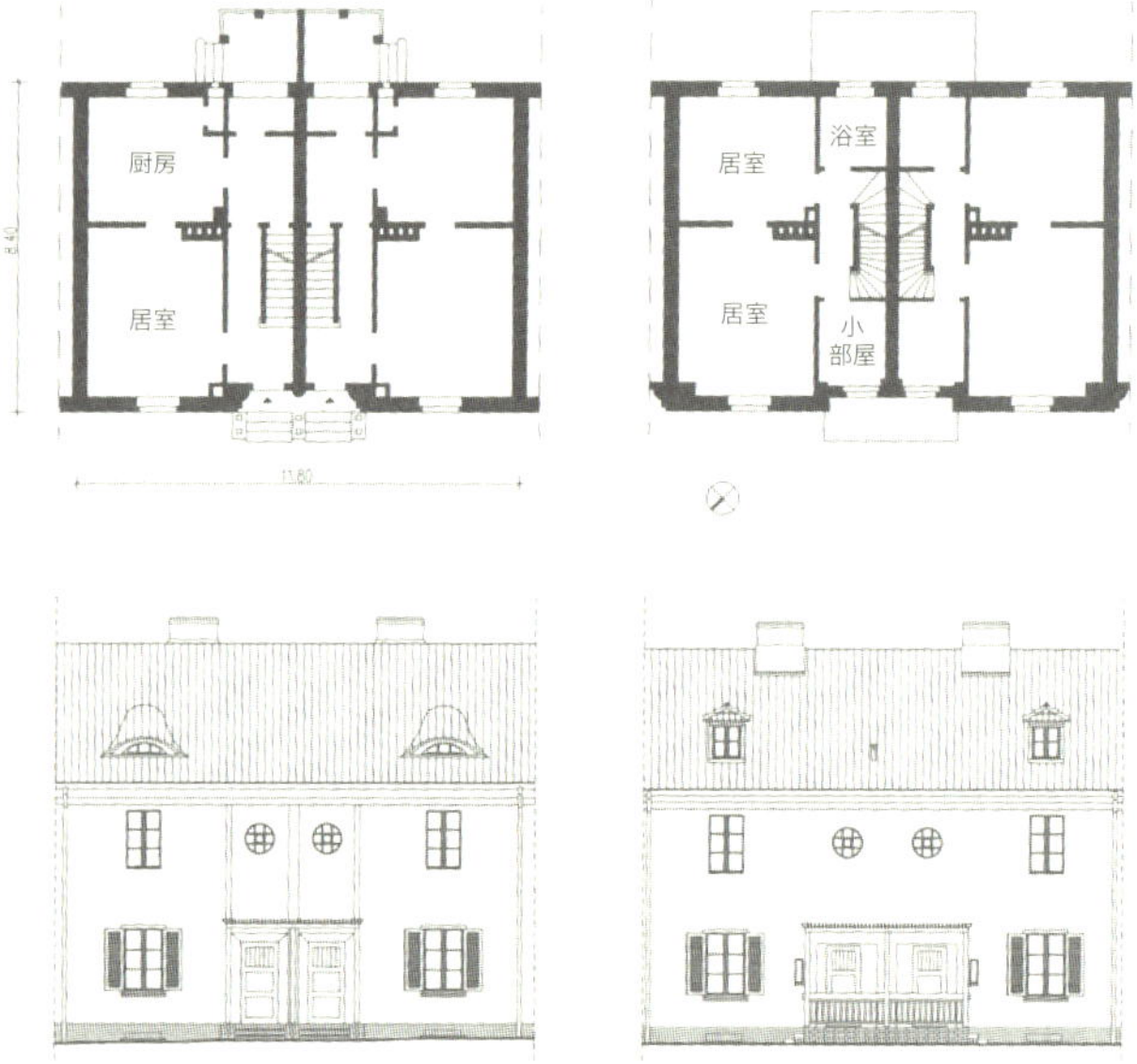

2

アカシア通り住宅の道路側と庭側立体図、並びに1階、2階の平面図

1 集合住宅

2 田園都市ファルケンベルク・アカチエンホーフの集合住宅一階と二階の平面図、道路側と庭側の立面図[36]

3〜6 集合住宅玄関

7 集合住宅

ての建築に色彩を」という色彩宣言の影響が覗える。一九九一〜二〇〇二年に記念建築物保護法により修復工事が実施され、タウトの初期の色彩がよみがえっている。タウトは一九一五年に社会主義運動家エーリッヒ・バロンと知り合い、その影響を受けるようになった。

シラー公園の住宅団地

- 建設年：一九二四〜三〇年
- 所在地：Berlin Wedding, Britolstraße, Dubliner Straße, Corker Straße, Barfussstraße
- 共同設計者：Franz Hoffmann
- 規模：三三戸の集合住宅タイプ
- 所有者：ベルリン建築・住宅共同組合
- 建設期間：第一期工事一九二四〜二六年、第二期工事一九二七〜二八年、第三期工一九二九〜三〇年
- 発注者：ベルリン建築貯蓄組合（Berliner Bau und Sparverein）
- 変更：一九五一年にBristolstraße 1の修復をマックス・タウトが実施、一九五三〜五九年にハ

3

4

6

5

7

ンス・ホフマンが拡張工事を実施、一九九一年以降記念建築物保護法により修復工事実施

ブルーノ・タウト四十四歳のときの作品である。ヴェディング(Wedding)地区のシラー公園にあり、一九一四年にベルリン建築貯蓄組合が新しい大規模ジードルングを建設しようとして土地を調達していた。しかし第一次世界大戦が勃発し、建設は大戦直後の一九二七年になった。ドイツで大インフレーションが起こった年である。ファルケンベルクで実績のあったタウトに設計依頼があり、タウトは喜んでこれを引き受けた。都会にありながら田園調を出すように心がけている。当時のベルリンの労働者住宅は、居住環境がきわめて悪く、不衛生でもあった。タウトはこれを改め、隣棟間隔を開け、各住戸の採光を配慮し、また通風にも配慮した。各住戸は同じ形態ではなく収入層により、住戸面積を変えるなどの試みを行った。これは「新しい建築文化」「新しい国民住宅」という言葉も作られ広まった。現在ではあたり前であるが厨房と浴室の分離も行った。タウトはオランダ旅行をしており、この住宅団地ではオランダ建築の影響を受けた褐色のタイル貼り集合住宅を建てている。

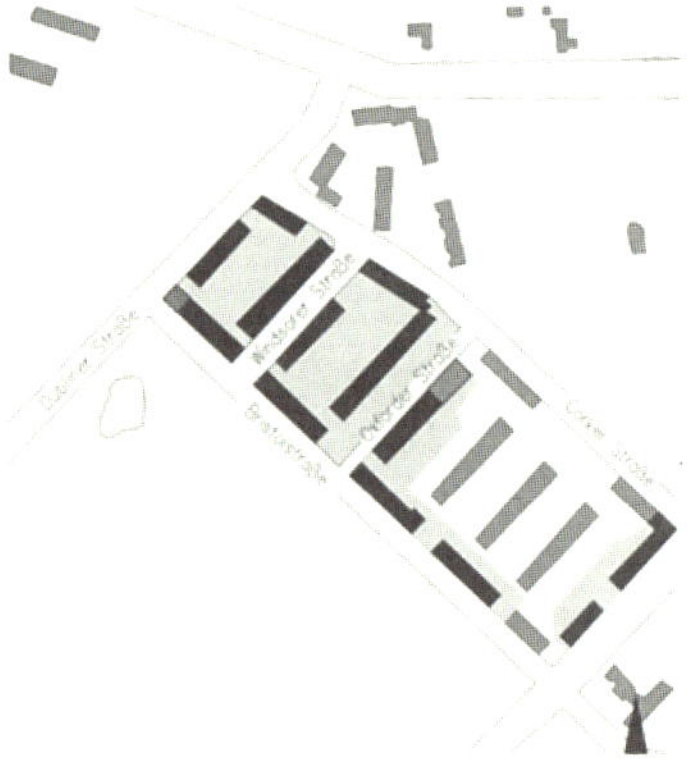

1

その後の改修により原設計と異なる形態となった部分

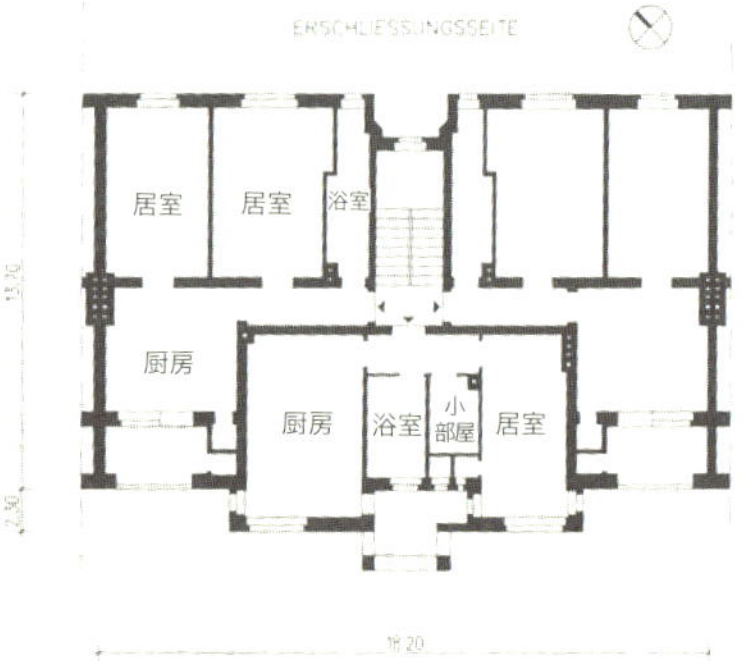

2

3

4

5

6

7

8

ベルリン市ブリッツの馬蹄形住宅

- 建設年：一九二五〜三〇年
- 所在地：BerlinBritz, südlich Akatienwäldchen an der Blaschkoallee, westlich Fritz-Reuter Allee, Parchimer Allee

ベルリン市に下町情緒を醸し出すノイ・ケルンという地区がある。その中にさらにブリッツと呼ばれる場所がある。地下鉄網の発達しているベルリンであるので、当然、地下鉄でもその地域へ行くことはできる。そこにタウトはブリッツの大規模住宅、馬蹄形住宅を建設している。タウト円熟期の作品と呼んでよいだろう。

住宅団地の面積三七・一ヘクタール、緩衝帯面積七三・一ヘクタール、総面積一一〇・二ヘクタールという巨大な団地である。

タウト四十五歳のときの作品で建築家マルチン・ヴァグナーとの共同作品である。マルチン・ヴァグナーはブルーノ・タウトの盟友であり、社会主義者であったことから、タウト同様ナチス政権から睨まれ、トルコに亡命している。そして後に、タウトが日本では建築の仕事もなく、かつ特高につきまとわれ、嫌気がさしてきたところにイスタンブール芸術アカデミーの教授ポストが空き、「契約が成立した、直ちに旅立つように！」とタウトに電報を寄こした人物である。ヴァイマール共和国時代にジードルングが多く作られるが、この時代に建設されたドイツ初の大規模ジードルングである。馬蹄形の集合住宅を取り囲み、放射状に長方形の集合住宅が並んでいる。馬蹄形の中は芝生が植えられ、植樹もされている。自然に存在していた池を取り囲むように馬蹄形をして建てられた集合住宅である。社会主義者ヴァグナーが主導したと言われ、労働組合、協同組合の

9

1 シラー公園敷地配置図 [36]
2 シラー公園集合住宅の平面図 [36]
3 シラー公園の集合住宅
4 十分に間隔をとられた住棟
5 シラー公園集合住宅のガラス窓
6 シラー公園の集合住宅付設温室。ドイツではこれを「冬の庭：Wintergarten」と呼ぶ。付設温室は現在日本でも話題になっているパッシブ建築の重要な手法の一つである。
7 集合住宅
8 集合住宅
9 ブリッツの馬蹄形住宅鳥瞰図

1

3

道路側と庭園側立面図

4

5

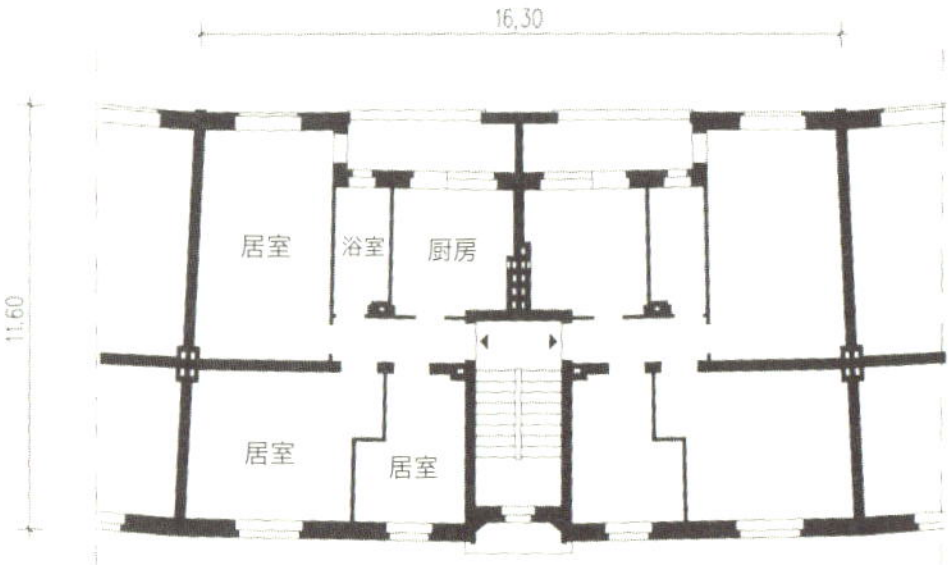

2

2 1/2 型住宅平面図

社会主義的集合住宅を公益住宅貯蓄建築組合（GEHAG：ベルリン市の住宅供給公社のような組織）に建設させた。放射状に建設された長方形の集合住宅は小豆色に彩色されたものが多い。これは、当時の住宅は鋳鉄製暖炉もしくはカッヘルオーフェンと呼ばれる陶製暖炉で暖房される場合が多く、建物は煙突からの煤で汚れたそうである。この汚れを目立たないようにタウトは住宅に彩色を施したと言われている。なぜタウトが集合住宅を馬蹄形に設計したのか？　タウトが青春時代によく訪問したコリーンの湖畔に建つ食堂の主人から筆者が聞いた話である。この食堂はアルテクロスターシェンケと呼ばれる。タウトが寄宿していたのは同じ場所に建っていた食堂クロスターシェンケである。タウトの義父となったヴォルガストの家は代々ここで鍛冶屋を営んでいた。鍛冶屋の主な仕事は街道を行く馬の蹄鉄を交換する「装蹄師」の仕事であった。自動車が発達する以前は馬が重要な交通手段であった。蹄鉄を交換するには相当の時間がかかり、馬を連れ込んだ旅人には長い休憩時間が必要であった。そのためヴォルガスト家は休憩もしくは宿泊に適した食堂兼宿屋を経営していたのである。この屋号をクロスターシェンケと言った。クロスターは修道院のことである。シェンケはお酒などを分けて注ぐことを言い、修道院から「営業の許可を得た」という意味であると現在の主人から聞いた。現在の屋号はアルテクロスターシェンケと呼ばれるが、タウトが通った店とは建て替えが行われ、経営者も代わっている。その主人が説明するにはブリッツにタウトが馬蹄形の住宅団地を作ったのは、青春の地コリーンで、義父の仕事場に使用済みの馬蹄がたくさん転がっており、それを懐かしみ、集合住宅を馬蹄形に設計したとのことであった。「タウトはそのことをどこかに書いていませんか？」と質問をした。「私は知りません、でもブリッツを設計したときにはエリカと同棲しており、正妻の出身地コリーンの思い出などと書けるはずがないでしょう」と、納得してよいのかどうか不明な返事を得た。ブリッツの馬蹄形住宅はベルリンのような都会にあって

6

7

1 馬蹄形住宅の中庭から
2 馬蹄形住宅の立面図と平面図［36］
3 馬蹄形住宅の中庭からの眺め
4 放射状に延びる集合住宅
5 放射状に延びる住宅
6 馬蹄形住宅玄関
7 馬蹄形住宅玄関

田園の生活を満喫できるようにとの思想で設計されている。したがってたくさんの樹木が植えられている。それもよく観察するとコリーンに人工的に植栽された林と同じような白樺が多い。タウトはこのためにミッゲという造園建築家に依頼し庭園つくり、植栽を行っている。

この馬蹄形住宅には後に芸術家の集まる村ヴォルプスヴェーデに、チーズカバー（ケーゼグロッケ：Käseglocke）の愛称を持つドーム状の山荘風住宅を建設した文筆家エドヴィン・ケンネマンも住んでいた。ケンネマンはタウトの作った図面を基に山荘風住宅を造ったのである。馬蹄形住宅は一九三〇年の竣工というのに現在も人々に好まれて住みつがれている。しかしなかにはバルコニーに新しい窓をつけてしまうとか、自分の住戸だけ別の塗装をするような人も現れるようになった。これではいけないというので、馬蹄形住宅の保存会ができている。筆者は何回かこの保存会を訪問し

1

2

3

1　中庭から見た馬蹄形住宅
2　馬蹄形住宅の中庭に馬蹄形に形作られた池がある
3　馬蹄形住宅にあるタウト顕彰碑

たことがある。タウトの思想を後世まで引き継ぎたいという考えを持った方の集まりである。世話役を庭園建築家カトリン・レッサーさんが行っている。庭園建築家レッサーさんというと筆者はどこかで聞いたことがある人物であった。馬蹄形住宅もベルリンのモダニズムとして二〇〇八年七月にユネスコの世界文化遺産に指定されているが、一九三二年タウトの三十二歳のときのベルリンの作品に「田園都市ファルケンベルク」がある。この住宅団地もタウトは「都会にあって、田園の生活を」という思想で設計を行っている。そしてこのときはルドヴィッヒ・レッサーという庭園建築家に依頼し庭園つくり、植栽を行っている。このことをカトリン・レッサーさんに伺うと、ルドヴィッヒ・レッサーはご本人の曽祖父であるとのことであった。そういう関係であれば馬蹄形住宅の保存に一層の力が入るであろう。レッサーさんは、馬蹄形住宅の近くに、タウトの設計であるがかなり傷んだ小住宅があるので、それを購入し、修復するのだと張り切っておられた。そして、二〇一〇年秋に訪問した際に、その小住宅、まさに補修工事の真っただ中であったが、見学させて頂いた。二階建てで、一階に厨房、浴室兼トイレの部屋、さらに居間がある。二階には緑色の踏面の木製階段で上るようになっている。二階は寝室と居間である。タウトの集合住宅は、本人が若いときに設計したせいか、どれも階段の勾配が急である。一階と二階には茶色の化粧タイルで覆ったカッヘンルオー

4

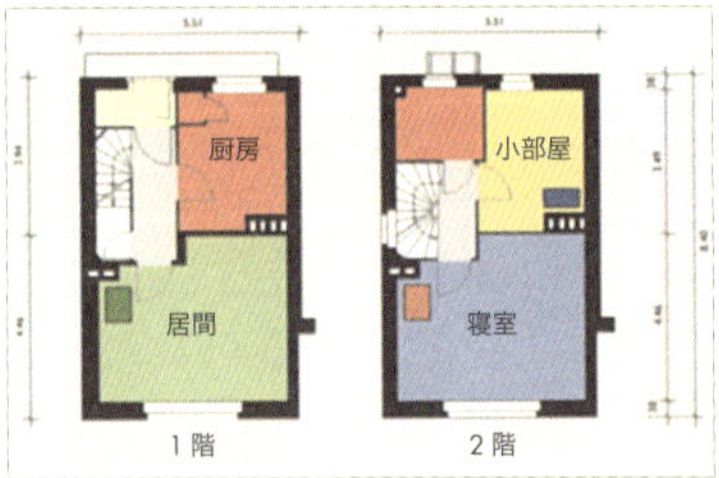

5

6

4
レッサーさんが購入したタウト設計の小住宅

5
レッサーさんが購入した住宅の平面図

6
レッサーさんが購入した小住宅は第二次世界大戦で戦災を受ける前は集合住宅群の一部であった

フェンが何年も使用されなかったままの状態で置いてあった。この地域には同じような小住宅群があったそうである。しかし第二次世界大戦で爆撃を受け、ほとんどが破壊され、レッサーさんが購入した小住宅が辛うじて残ったそうである。レッサーさんが購入した住宅を含む戦前のここの住宅群の写真を頂いたので本書で紹介する。

　レッサーさんはこの住宅を改修し、タウトの研究や見学で来られた人に安く住んでもらいたいと言っておられた。「第一号にどうですか？」と筆者に居住を勧めてくださったのは有り難いことであった。

カール・レギエンの住宅都市

- 建設年：一九二八〜三〇年（住宅団地面積八・四ヘクタール、緩衝帯面積二五・五ヘクタール、総面積三三・九ヘクタール）
- 所在地：Berlin Prenzlauer Berg, Erich Weinert Str., Gubitz und Sültstraße
- 共同設計者：フランツ・ヒリンガー（Franz Hillinger）
- 規模：一一四五戸の集合住宅タイプ
- 所有者：バウベコン不動産（BauBe Con

1

3

5

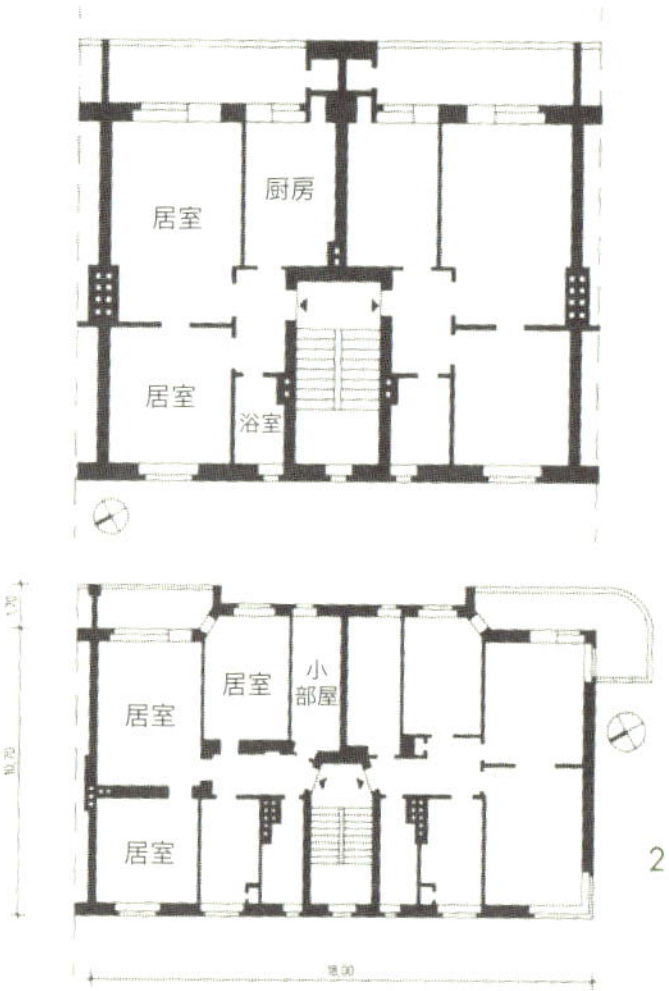

2

4

6

7

8

1 カール・レギエン敷地配置図[36]

2 カール・レギエン平面図（上の図：三室半の住宅、下の図：二室の住宅）[36]

3 五階建て集合住宅

4 外壁と多彩な窓

5 バルコニー部分が付設温室になっている

6 集合住宅隅角部

7 内庭

8 屋根裏部屋

- 建設期間：第一期工事～第三期工事
- 発注者：公益住宅貯蓄建築組合（GEHAG）
- 変更：一九九五年以降記念建築物保護法により修復工事実施

タウト四十八歳のときの作品である。ベルリン市の内部にあり大規模なジードルングである。高密度な集合住宅で、高層化を計った。それでいて圧迫感を抑え、通風や採光に配慮が払われた。中庭を大切にし、中庭からの眺め、色彩、形態に配慮した。道路側の形態は比較的簡素である。中庭には植栽が行われ、大都市に居住しながら、なにか田園生活を楽しむ雰囲気を醸し出している。一九六〇～七〇年代に修繕工事実施、一九八〇年代より記念建築物保護法により修復工事を実施し、漆喰塗り工事、塗装工事が行われ、内部の修復も行われた。ドイツでは建物の外に洗濯物を干させない。こうして町の美観を保っているのであるが、ここでも屋根裏部屋が洗濯物干し場になっていた。屋根裏部屋は、天気のよい日はガラス窓を開けて、通風により洗濯物を乾燥させることができる。建物の断熱は屋根裏部屋の床で行い、屋根裏部屋の屋根は、とくに断熱材は施されていない。建物の傘のような役割を果たしている。この作品ではフランツ・ヒリンガーが共同設計者になっている。ブルーノ・タウトはナチス政権を逃れて一九三三年五月に来日する。さらに一九三六年にはトルコへ行く。トルコでたくさんの仕事をこなすが、これを助けたのがユダヤ人であるがためナチスを逃れてトルコへ渡ったヒリンガーである。タウトは一九三八年十二月にイスタンブールで客死するが、ヒリンガーはその後任としてトルコ共和国文化省の建築家とし活躍する。さらにイスタンブール芸術アカデミー（現ミマール・シナン大学）で教鞭を執る。

以下ブルーノ・タウトがベルリンに建設した、ユネスコの世界文化遺産にならなかった集合住宅団地を紹介するが、これは建設の時代順に示す。

ベルリン市ジーメンスシュタット地区ノンネンダム通りの賃貸集合住宅

- 建設年：一九一一年
- 所在地：Berlin Siemensstadt, Nonnendammallee 97, Wattstraße 5, Grammestraße 11

これはブルーノ・タウトとパートナーであったフ

ランツ・ホフマンとの共同設計である。一九一一年に建設されたということは比較的古い集合住宅で、現在は個人の所有になっている。

ジーメンスシュタット地区は旧西ベルリンでシャルロッテンベルク地区の北側にある。この地区のさらに北側は現在のベルリン市の中心的な空港であるテーゲル飛行場になる。ジーメンスの大工場があり、その社宅などもその地区にある。このノンネンダム大通りに面してこの集合住宅は建っている。典型的な都市型住居で、与えられた敷地に賃貸集合住宅をうまく納めた例と言える。ファッサードは当時のきわめて標準的なもので、ノンネンダム通りに面したファッサードにはバルコニーを九つ配している。このバルコニーが住宅のアクセントとなっている。同様にヴァット通り（Wattstr.）に面するファッサードには九つ、グランメス通り（Grammesstr.）に面するファッサードには六つのバルコニーが設けられ、アクセントとなっている。地上四階建てで、屋根裏部屋を持つ。図面として敷地配置図、集合住宅の南側（ノンネンダム通り側）立面図を示す。写真もノンネンダム通り側から撮影したものである。タウトのいう調和のとれた建物ということが言えよう。この集合住宅の南側ファッサードは瀟洒ではあるが、残念ながら相当のひび割れが入り、その補修をした様子が伺われる。一階の左右は果物店、野菜販売店など

1

2

3

1 ノンネンダム敷地配置図［36］
2 集合住宅正面［36］
3 ノンネンダム通りの賃貸集合住宅

になっており、改修されている。一階にはシャッターが下りたままの店もあり、不況を反映したものか、淋しい感じがする。内部の階段も賃貸の集合住宅でありながら、階段にも、手すりに曲がりを入れる、階段は直階段でなく、曲がりを入れるなど特徴を持たせている。

アイヒヴァルデのクーリエ社社宅団地

- 建設年：一九二三〜二六年
- 所在地：Eichwalde, Landkreis Dahme-Spreewald, Waldstraße 129-145

ベルリンのドイツ交通連盟 (Der deutsche Verkehrsbund zu Berlin) の出版局である。

クーリエ社の社員、労働者のための社宅で、所在地はベルリン市郊外の Eichwalde, Landkreis Dahme-Spreewald, Waldstraße 129-145 である。合計三六世帯の住宅があるが、一六戸の戸建住宅と、二〇戸分の集合住宅からなる。敷地図に示すように〝森の道〟Waldstraße に沿って住宅が立ち並ぶ。この道は袋小路のように分岐している。この袋小路に沿ってもタウト設計による住宅が建ち並ぶが、最近かなり改修工事が行われたらし

1

2

3

4

5

く、あまりにも近代的である。袋小路のいちばん奥に車が回転できるようにして少女の裸像の彫刻が建っている。

一九二三〜二六年の間に二期に分かれて工事が行われた。切り妻屋根と寄棟屋根の住宅があり、当時としては珍しくすべての住戸に浴室とバルコニーが設けられた。ファルケンベルクで行ったように田園都市の思想を導入し、住民の共同生活のようなことを試みた。この住宅群があるダーメ・シュプレーヴァルド(Dahme-Sprewald)はベルリン市中央から五〇キロメートルほどはなれたところであるが、ここまで来るとさすがに田園調で、のどかな風景である。〝森の道〟の片側にここからブルーノ・タウトのジードルングが始まるという看板があった。二家族住宅が多い。二階の窓がドイツのプレハブ住宅でよく見られるカーブを描いた状態になっているが、ブルーノ・タウトはこのような窓を採用するはずがなく、後世の改修でこうなったのであろう。広い道路の〝森の道〟に面してもタウト設計の住宅がある。ここでは最近のご時勢にもれず、太陽集熱器を屋根に設置していた。ブルーノ・タウトは労働者の住宅を考えるときに緑と通風と日射の取り込みを考える人であった。太陽集熱器の設置もタウトは喜んでいるかもしれない。

トレッビンのフライエ・ショレ住宅

- 建設年：一九二四〜二六年
- 所在地：Trebbin, Landkreis Teltow-Fläming, Höpfnerstraße 1-18

テルトー・フレミング(Teltow-Flämming)地区のトレッビンに建つ。住所はヘーフナー(Höpfnerstraße)通り一番地から一八番地である。

建築協同組合フライエ・ショレ、トレッビンが発注者であり、所有者でもある。設計者はブルーノ・タウトである。一六の住棟からなり、二家族住宅が四棟建っている。これはベルリン市住宅供給公社ゲハーグの主任技師としてブルーノ・タウトが初めて手掛けた物件である。トレッビンとゲハーグの共同の仕事である。建設場所もベルリン市郊外ののどかな田園地帯である。タウトが常に主張していた田園で労働と生活を共同で行うという理想郷をここに作ろうとしたものであった。各住戸に畜舎があり、菜園となる庭園も設けられている。自給自足が可能になるように考えられていた。すべての住居が切り妻屋根である。後にタウトがベルリンに多く建設した集合住宅はほとんどが陸屋根である。ここが大きな違いである。ここ

1 アイヒヴァルデ団地の敷地図[36]
2 広い道路の〝森の道〟に沿って建つタウトの作品
3 袋小路の奥の少女の裸像と住宅
4 改修の行われた住宅
5 タウト作品の二家族住宅

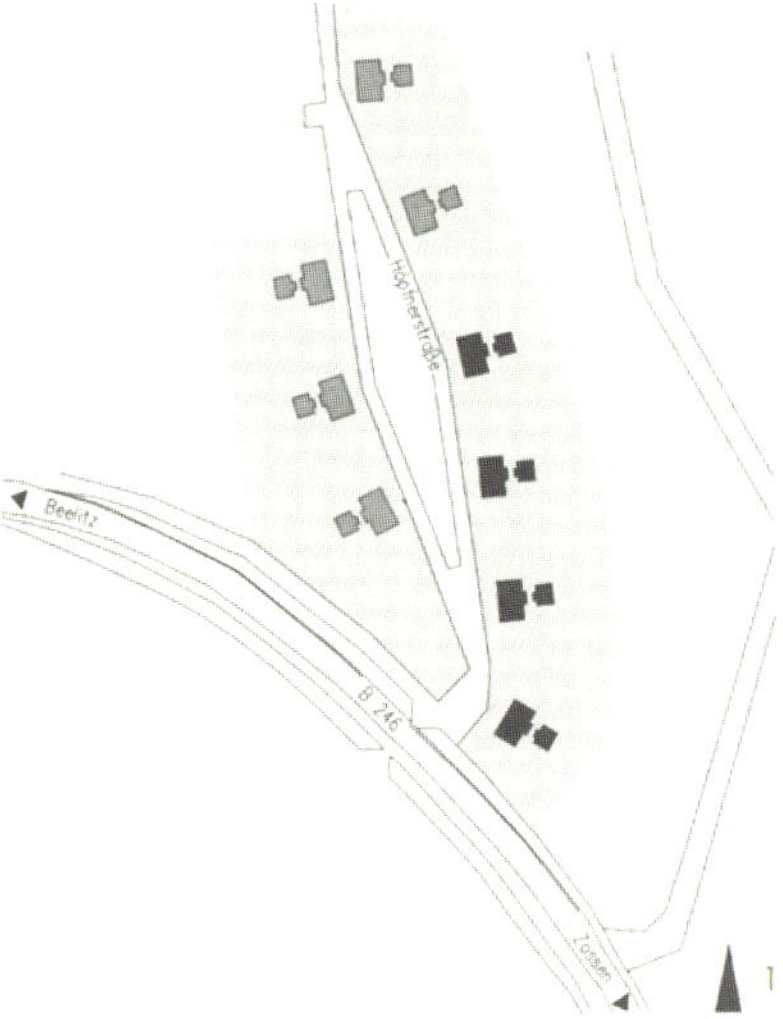

1

3

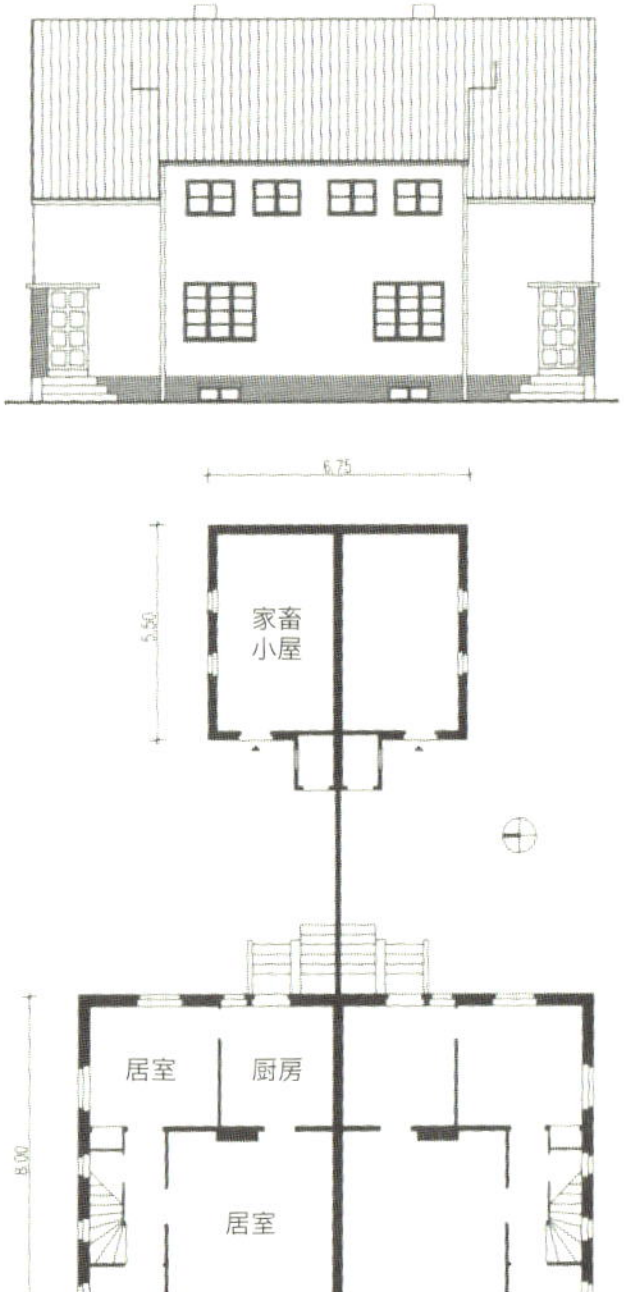

2

4

5

1 住宅団地敷地図[36]
2 住宅平面と立面図[36]
3 あずき色の無機塗料で塗装された二家族住宅
4 ヘーフナ通り一番地の二家族住宅
5 玄関先の石段

のジードルングでは最初にヘーフナー通りに沿って四棟が建設された。それ以外の四棟はタウトと異なる設計者が設計しているが、タウトの方針に沿って計画されている。幹線道路B246号線を出て少し下ったところに住宅団地は広がっている。ベルリン市の中心部からは少し距離はあるが、車を利用すれば通勤は可能である。二家族住宅では畜舎も含み、厨房と居間との分離も行われている。ヘーフナー通り一番地の住宅は半地下室があり、地上は二階建てである。この住宅は黄土色の無機塗料で塗装されている。隣接して建っている住宅は小豆色の無機塗料で塗装されている。タウトがよく用いる手法であるが、外壁に沿った室内の階段に沿って明り採りの小窓を設けている。この住宅では一階玄関へは石段を昇って入るようになっている。恐らく冬季の積雪を配慮してのことであろう。敷地内にはフライエ・ショレが一九九〇年に七十五周年を迎えたとの記念の看板が立っていた。住宅団地内は車がUターンできるように団地内の道路が取りつけられていた。

6 この住宅団地が七十五周年を迎えたという記念の看板

7 住宅団地内の道路

マールスドルフの住宅

- 建設年：一九二四〜三一年
- 所在地：Berlin-Mahlsdorf, Mahlsdorf 1. Umfeld Hönower Straße Mahrsdorf 2. Umfeld Frettchenweg

発注者はリヒテンベルクのガルテンハイム共同住宅組合(Gemeinnützige Siedlungsgenossenschaft Lichtenberger Gartenheim e GmbH (LIGA)でベルリン市マールスドルフ地区に田園都市調の約二五〇戸の規格化された独立住宅、二家族住宅を点在するように建設した。タウトの盟友マルチン・ヴァーグナーが建設協同組合DEWOGの役員を務めており、住宅協会(DEWOG)とベルリン市住宅供給公社ゲハーグとの共同で建設が行われた。ブルーノ・タウトはゲハーグの主任建築家としてこのジードルングの設計にあたった。一九二四年に建設が始められたが自ら車を運転したタウトは将来の自動車の普及を予測していた。ジードルング内を自動車が高速で走り抜けないように敷地内道路を故意に曲げて配置し、石畳の道路としている。当時すでにジードルング内で歩道と車道の分離を行っている。ジードルング内の二家族住宅は切り妻屋根であるが、瓦は当時のものではなく最近交換されたものであろう。住宅の背後には比較的広い庭があり、田園生活が楽しめるように配慮されている。果実のなる樹木が植えられており、道路に面する場所にも林檎の実をたわわに実らせた木が立っていた。これをもぎ取っていく人もいない都市生活は羨ましいものである。すでに損傷が激しい住宅も残っている。旧東ベルリン地区であるので、ベルリンの壁崩壊後二十年以上経過していても、生活が厳しく修理ができない住宅も残っている。

ヴァイガンドウーファーの集合住宅

- 建設年：一九二五〜二六年
- 所在地：Berlin Neukölln, Weigandufer 12-16, Wildenbruchstraße 76-78

この集合住宅はベルリン市ノイ・ケルン（Neu Kölln）

1

2

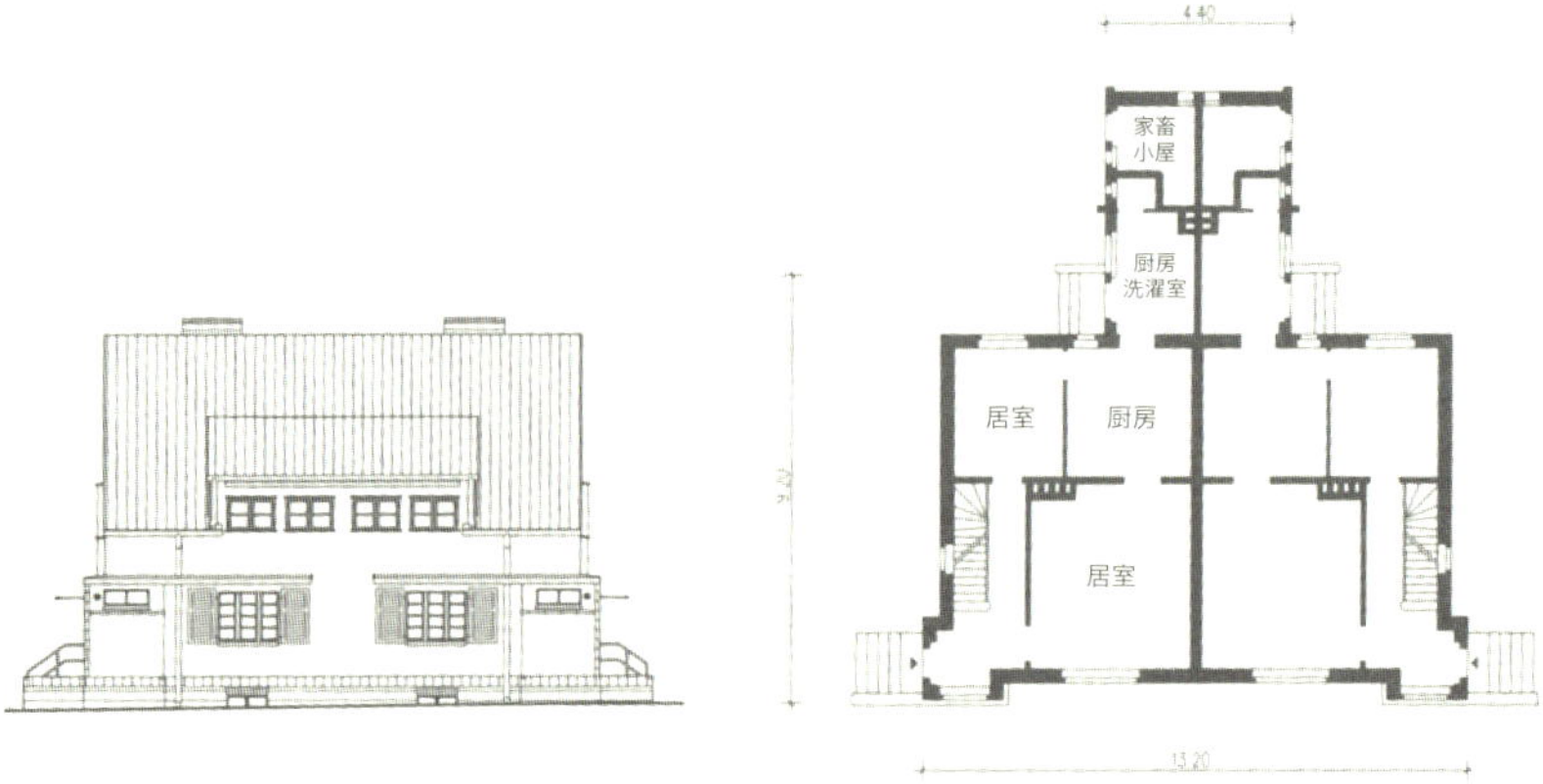

3

1 マールスドルフの二家族住宅
2 マールスドルフの二家族住宅
3 二家族住宅の立面図と一階平面図 [36]

地区にある。旧西ベルリンのもっとも東に位置し、ベルリンの壁を隔ててベルリンの中心街であったミッテ(Mitte)地区に隣接していた。下町情緒豊かな地区で、外人労働者もこの地区には多数居住している。ベルリンの中でも早くから発達した地域である。クロイツベルク地区と並び、早くから労働者が多く住んでいた。一九二〇年代は後世になり「黄金時代」とも呼ばれるが、一般労働者の生活はたいへんであった。ブルーノ・タウトはこれではいけないとして労働者のための集合住宅を多数この地域に建設している。ヴァイガンドウーファーと呼ばれる運河に面してこの集合住宅は建設されている。ベルリンの町にはシュプレー川(Spree)という大きな河が流れ込み、それが市内で多数に枝分かれをし、運河を形成した。この運河が船舶を利用しての物資運搬に役立ち、ベルリン市を繁栄させた。ベルリンはこのようなことから工業都市として発展した。平地を流れる川であるので、流れはきわめて緩やかである。この集合住宅の建設者、所有者はベルリン市の住宅供給公社ゲハーグである。住戸数は一〇〇戸で、第二次大戦で損傷を受けた部分が一九五二〜五三年にかけて再建されている。船舶も航行する運河に沿って細長い集合住宅を建設したのでは単調になるので、タウトは平面的に見て、大工が使用する曲尺(もしくはL字型)のような平面とし、一方はヴィルデンブルッフ通り(Wildenbruchstraße)に面している。ヴァイガンドウーファー敷地図に見るように集合住宅は五階建てである。ドイツにおける一九一〇年代の集合住宅の平均断面図を示す。この図から一階の階高は四メートル、二階は三・七五メートル、三階から五階は三・五メートルが標準であったことがわかる。わが国の集合住宅では階高は評価の対象にはならず、販売用の立派なパンフレットにも記載されていない場合がほとんどである。建築基準法の許す範囲で、できるだけ低く抑えられているのが通常である。日本に比べて高い階高が用いられてきたのも、ドイツの集合住宅が簡単には壊されず、補修を続けることで永く住み続けられている理由の一つである。この図から一階の壁厚

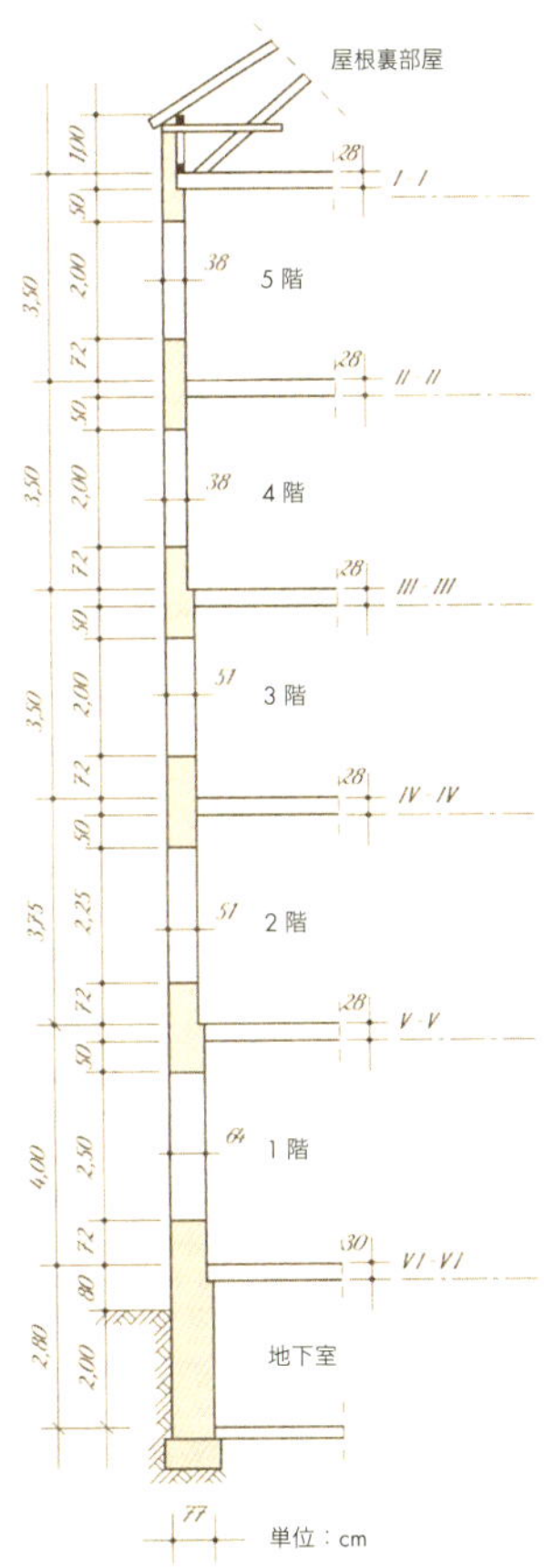

4
一九一〇年代五階建て集合住宅の断面図[75]

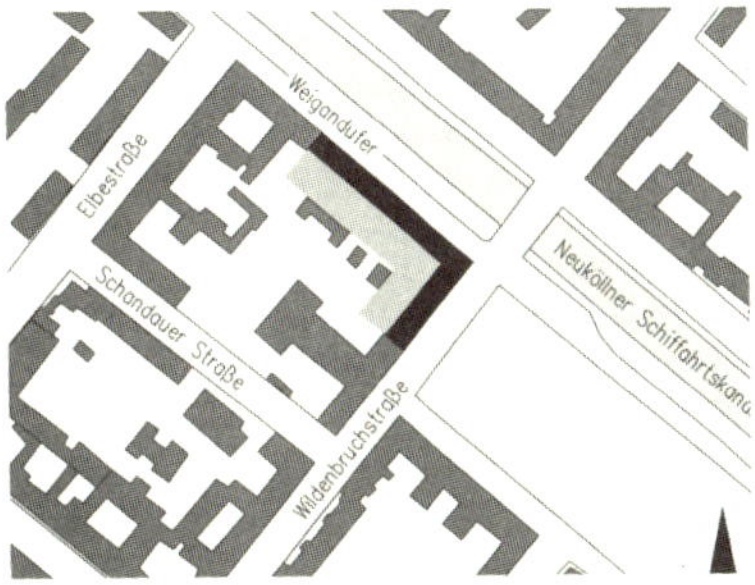

5
ヴァイガンドウーファー集合住宅の敷地配置図[36]

1

2

は六四センチメートル、二階と三階は五一センチメートル、四、五階は三八センチメートルと、日本の建築と比べて非常に厚いことがわかる。床厚も一階が三〇センチメートル、二階から五階は二八センチメートルと厚く、子供が少々飛び跳ねても下階に影響を及ぼさない配慮がなされている。騒音が元で上下階の住人の仲が険悪になる、母親が育児ノイローゼになるというようなことが生じるが、ドイツの集合住宅はこのような配慮もなされていて、住民が長期にわたって住み続けることができるのである。ヴァイガンドウファー通りとヴィルデンブルッフ通りの交差点から写した写真を示す。この地区の庶民的な特徴を反映し一階には大衆食堂が店を構えている。

ボーンスドルフ地区
パラダイスの集合住宅

- 建設年：一九二五〜二六年、一九二九〜三〇年
- 所在地：Berlin-Bohnsdorf, Dahmenstraße, Hundsfelder Straße, Siebweg

労働者建築協同組合パラダイス（Arbeiter-Baugenossenschaft Paradies e.G.）のジードルングである。ベルリン市ボーンスドルフ（Bohnsdorf）地区に労働者建築協同組合パラダイスが建設したものである。所有者も労働者建築協同組合パラダイスである。約二八〇戸の住宅が建ち、二家族住宅、四家族住宅と集合住宅が混在している。一期工事は一九二五〜二六年に行われ、二期工事は一九二九〜三〇年の間に行われた。一九九五〜九六年にかけて修復工事が行われている。四家族住宅は切り妻屋根でレンガのように見えるタイルで横方向に帯を作り、住宅のアクセントとしている。採光のために屋根に天窓を設けた集合住宅もある。建設当時は暖房には陶器製の暖炉カッヘルオーフェン（Kachelofen）が使用されており、その名残として煙突が設置されている。タウトは自動車の普及を予測し、住宅団地内を自動車が高速で走り抜けないよ

1 ヴァイガンドウーファー集合住宅の外壁、断熱性能の不足か、微生物汚染が生じている
2 庶民的な食堂が一階にある集合住宅
3 天窓のある四世帯住宅
4 無機塗料で塗装された集合住宅
5 パラダイスの集合住宅敷地図[36]
6 切り妻屋根の四世帯住宅
7 タウトは当時から自動車の普及を予測し、ジードルング内でも車道と歩道の分離を行った。ジードルング内で自動車の走行速度を落とす配慮もなされた
8 付設温室、内部に入ったバルコニーを持つ集合住宅
9 黄土色に着色された集合住宅
10 パラダイスの看板、これは最近作られたもので、タウトの作品ではない

3

4

Dohmestraße
Buntzelstraße
Pitschener Straße
Polkwitzer Straße
Hundsfelder Straße
Sandowitzer Platz
Siebweg
Paradiesstraße
Sausenberger Straße

5

6

7

8

9

Paradies

10

うに道路を屈曲させたり、石畳を使用する配慮もしている。この住宅団地には派手なパラダイスの看板が設けられていた。しっとりとした住宅団地とは決して相容れないものである。設計者のタウトが見たらなんと言ったであろう。大きめな集合住宅はタウトが好んで使用した無機塗料が使用されていた。

ベルリン市シャルロッテンブルク地区
アイヒカンプの住宅群

•建設年：一九二五～二七年
•所在地：Berlin-Charlottenburg, Zikandenweg, Lärchenweg, Waldschlallee, Am Vogelherd

シャルロッテンブルク地区は旧西ベルリンで中心部から西北西にあり、ベルリン工科大学(当時はシャルロッテンブルク工科大学と言った)、シャルロッテンブルク宮殿、オリンピック競技場などを含む比較的広い地域である。この郊外電車(S-Bahn)のグリーネヴァルト駅の北約一キロメートルの所にアイヒカンプ住宅地(Siedlung Eichkamp)という小規模住宅からなる集合住宅団地がある。この住宅団地の西は緑の森(Grunewald)に隣接している。ここではブルーノ・タウトの実弟マックス・タウトが兄ブルーノ・タウト並びにフランツ・ホフマンと共同設計事務所を設立し、この住宅団地の設計にあたった。一九一九年にこの地に人口一万人、一七〇〇戸の住宅団地造成が計画された。しかし、第一次世界大戦の影響で、すべては実現しなかった。ここに一九二五～二七年にかけて建設が行われ、すべて個人所有の住宅である。この内ブルーノ・タウトの作品は四二住戸あり、独立住宅、もしくは二家族住宅である。一九七〇年代からリ

1

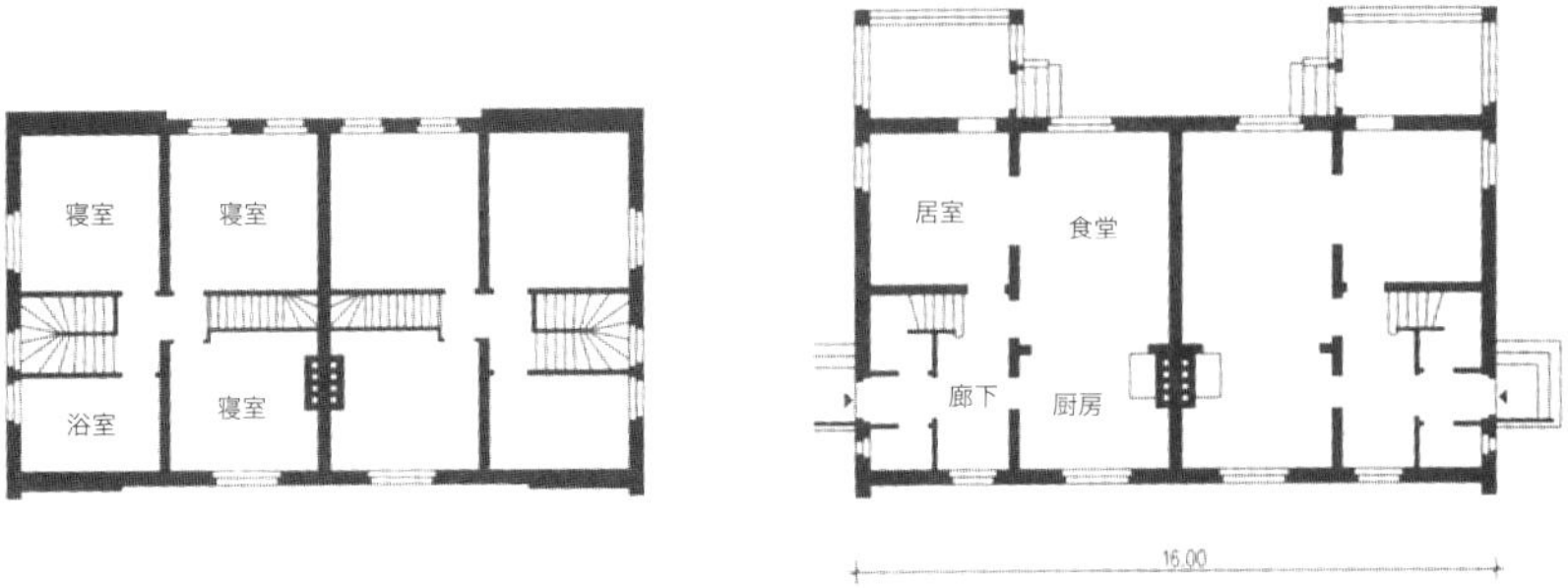

2

1 アイヒカンプ住宅群の敷地配置図 [36]

2 家族住宅の一階と二階の平面図 [36]

フォームが行われている。小住宅群の住宅団地で、タウトの作品としては他に例がなく、貴重な作品である。タウトの作品としては珍しく、切り妻屋根が用いられている。大きめな集合住宅と小さ目な集合住宅が入り混じって建設されている。敷地配置図に示すように広い範囲に住宅が点在していることがわかる。住宅には広めの面積の庭がつき、住人はロマンチックな生活を楽しんでいる。二階建て住居の一階平面図と二階平面図に示したように、比較的単純な形態ではある。しかし、住宅の角にレンガを配置し、アクセントをつけている。また扉や折り畳みシャッターには比較的派手に彩色している。食堂と厨房の間に仕切りがないことも当時としては画期的なことである。またドイツで冬の庭（Wintergarten）と呼ばれる付設温室を設けている。これは太陽熱のパッシブ利用の本格的なものであり、当時からすでにブルーノ・タウトは省エネルギーの重要さに着目していたと言える。

タウト兄弟の甥ハンス・カイザー（Hans Kaiser）はヴォルガスト姉妹の妹と結婚し、この住宅に住んでいた。しかし第二次世界大戦で住宅は破壊され、マックス・タウトがこの土地を買い取った。この土地はチカデンヴェーク（Zikadenweg）五五番地で、マックス・タウトは住宅を建て居住したが、一九五一年に同じ団地内のレルヒェンヴェーク（Lärchenweg）に新築し、そちらへ転居した。チカデンヴェーク五五番地の住宅はその後マックス・タウトのアトリエとして使用されていた。ブルーノ・タウトと正妻ヘードヴィヒの間に

3

5

4

3 アイヒカンプの集合住宅
4 マックス・タウトが当初住居とし、その後アトリエとして使用した住宅
5 外壁の窓にアクセントと配置に考慮を払ったアイヒカンプの集合住宅

生まれたエリザベートはマックス・タウト夫妻の養女のような形で育った。エリザベートの娘クリスチーネ夫人はドイツで緑の党を立ち上げ、後にドイツ社会党（ＳＰＤ）へ移り、内務大臣も務めたシリー氏と結婚し、クリスチーネ・シリーと称している。この方はマックス・タウトの財産を相続し、このチカデンヴェーク五五番地の住宅に住んでおられる。ブルーノ・タウトと共同で設計事務所を経営したフランツ・ホフマンもこの住宅団地のチカデンヴェーク七〇番地に居を構えるなど、アイヒカンプの住宅団地はタウト兄弟にとって特別な意味を持っている。この住宅団地は戦災を受け、修復の際にかなり変更が行われた。タウトの設計した建物の多くには「記念建築物」のラベルが貼られているが、この住宅団地ではそれを見つけることができなかった。

トリエラー通りの集合住宅

- 建設年：一九二五〜二六年
- 所在地：Berlin-Weißensee, Trierer Straße 8/18

この集合住宅はトリエラー通りにあり、建築主、所有者ともにゲハーグである。四八戸の集合住宅である。一九三八年にファッサードの更新、一九六三年にファッサードの修理、一九九三〜九四年に記念建築物保全の修復が行われた。この集合住宅の配置図に見るように、南西から北東に延びる配置となっている。トリエラー通りに面し、北西側にも集合住宅があるが、反対の南東側には空地がある。したがって、トリエラー通りの反対側ファッサードにはバルコニーが設けられている。建物の中に取り込んだバルコニーと外部に突出して取りつけたバルコニーがある。この住宅の立面図で、上部はトリエラー通り側（北西側）の立面図、下部は裏側、庭園側（南東側）の立面図である。この住宅の平面図から、一室半の住宅と二室半の住宅が一組となっていることがわかる。住棟の幅は一〇・五メートルで、床面積は一室半の住宅は六〇平方メートル、二室半の住宅は八四平方メートルである。この図面で下部がトリエラー通りに面するほうである。

トリエラー通り側の一階は青色に、三階は海老茶色に、二階と四階は黄色の強い黄土色に彩色されている。平面的に少し入り込んだ一室半の住宅がある部分は白色に彩色されている。裏の庭園側に回ると、二室半の住宅部分は黄色の強い黄土色に、そして建物に入り込んだバルコニー部分は

1

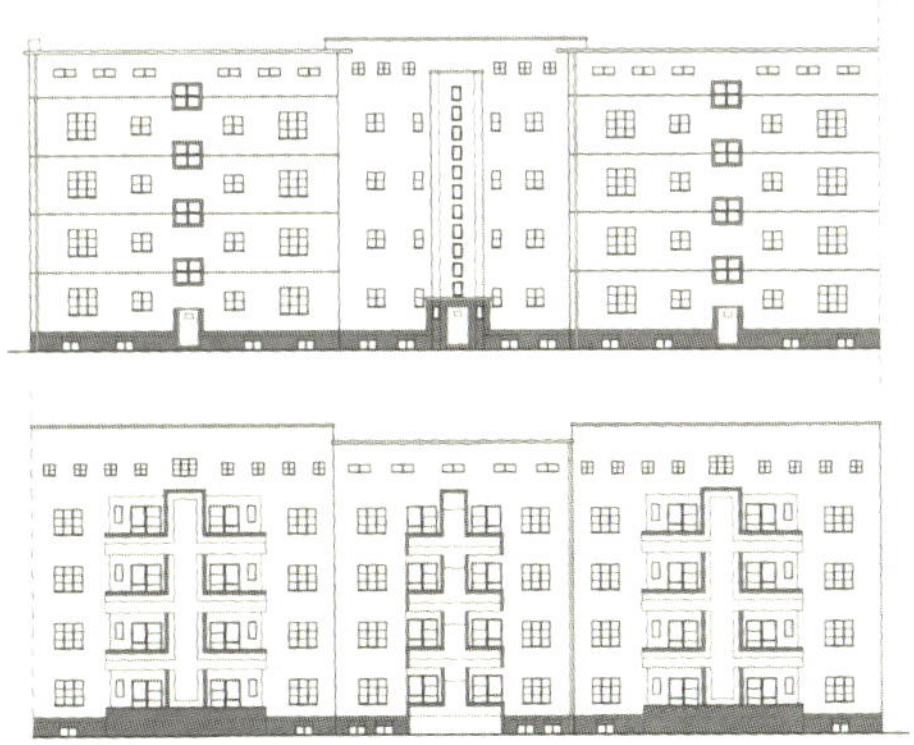

Straßen- und Gartenansicht

2

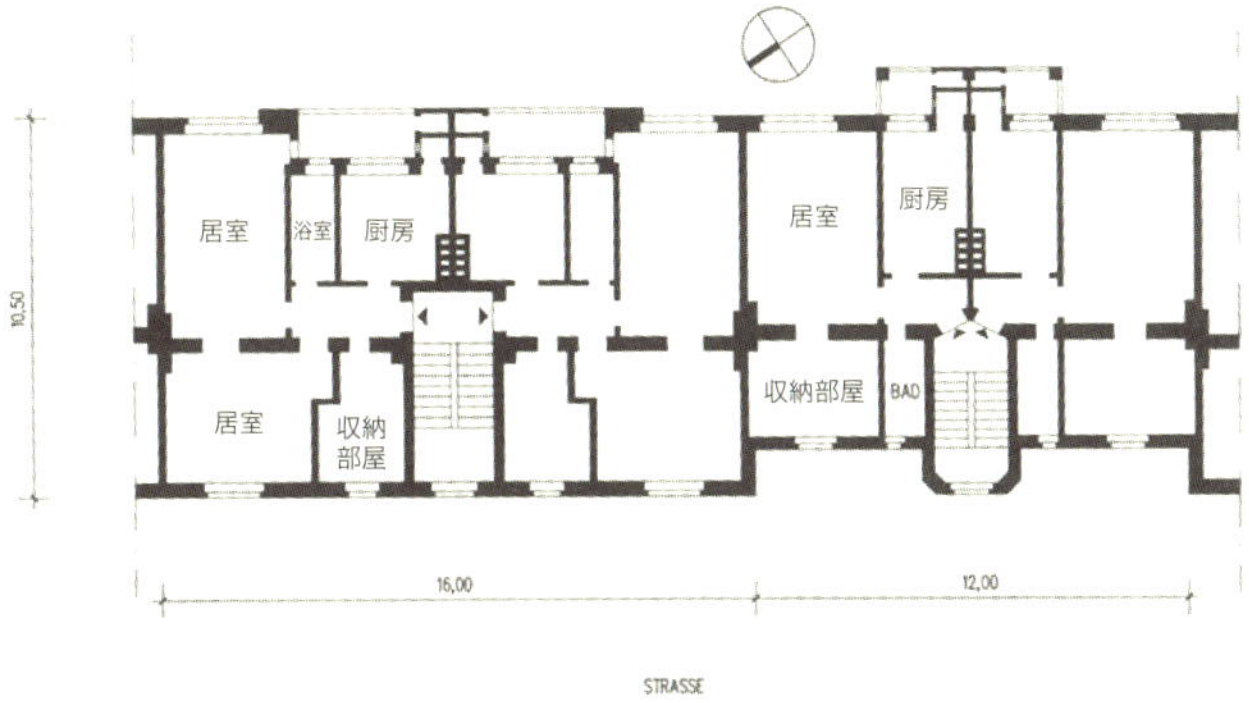

3

1 トリエラー通りに面する外壁

2 トリエラー通りと反対側、すなわち庭側の外壁

3 トリエラー通り住宅の立面図と平面図[36]

縦と横に白い塗装を行い、アクセントを強めている。その白色の上部は青い線で塗装されている。一室半部分では海老茶色に塗装され、建物から外に突出したバルコニー部分は白色に塗装し、アクセントをつけている。この写真は筆者が二〇〇九年四月に訪独した際に撮影したものである。何とも派手な彩色である。ベルリンのような北部にある都市は、冬になるとどんよりした黒い雲が垂れ込み、何時になるとそれが晴れるのかまったくわからない、かつ昼間の時間が短くなってしまう。このような陰鬱な季節には、タウトが彩色した派手な色彩が人間に生きていこうという勇気を与えるのである。

ブッシュアレーの集合住宅

• 建設年：一九二五〜三〇年
• 所在地：Berlin-Weißensee, Buschallee 8-84, 94-107, Gartenstraße 12/13, 22-25a, Sulzfelder Straße 2/6, Hansastraße 174/176

ベルリン市ヴァイセンゼー地区にあり、一九二五年に建設された。ブッシュアレー・ガルテン通り（Gartenstraße）、ズルツフェルダー通り（Sulzfelderstraße）、ハンザ通り（Hansastraße）にまたがって建設されている。建築主はベルリン市の住宅供給公社ゲハーグ、所有者は団地・住宅共同利用会社ＧＳＷ（Gemeinnützige Siedlungs-und Wohnungsbaugesellschaft mbH：団地・住宅共同利用会社）とバウベコン（BauBe Con）である。全住戸数は六四五戸である。

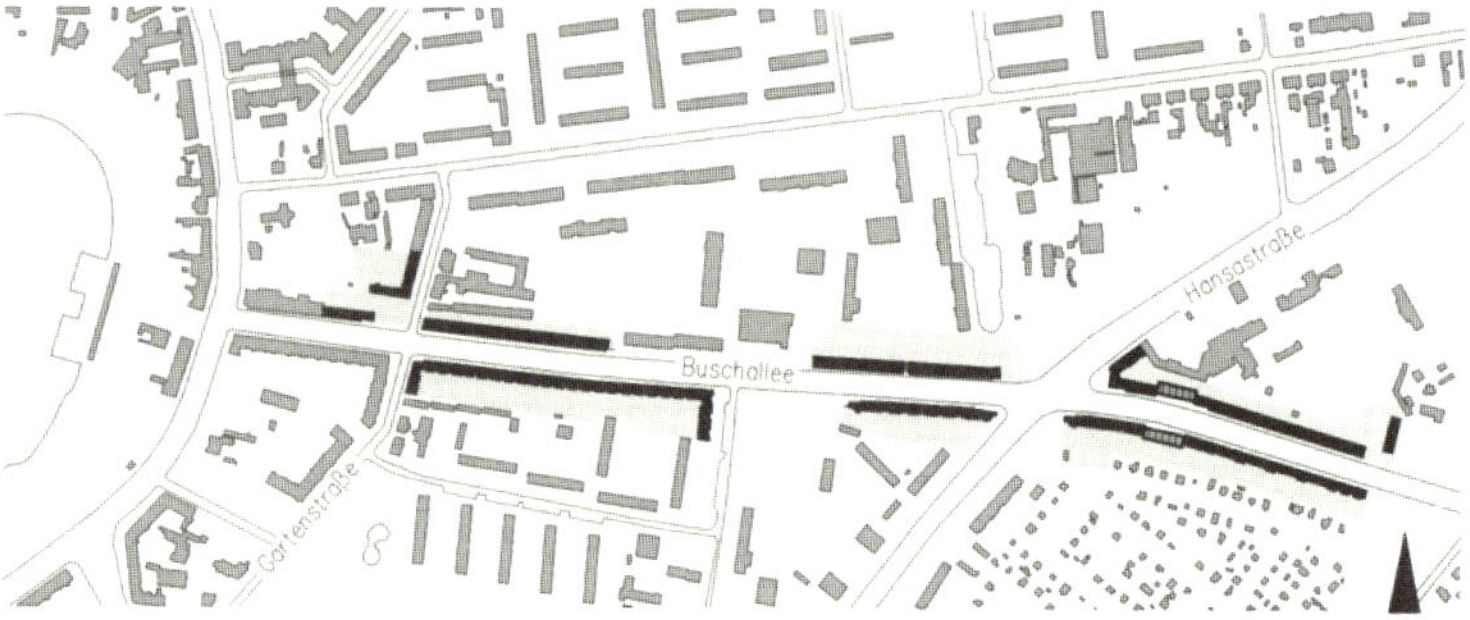

1

Buschallee 8-23, Hofseite, 1993

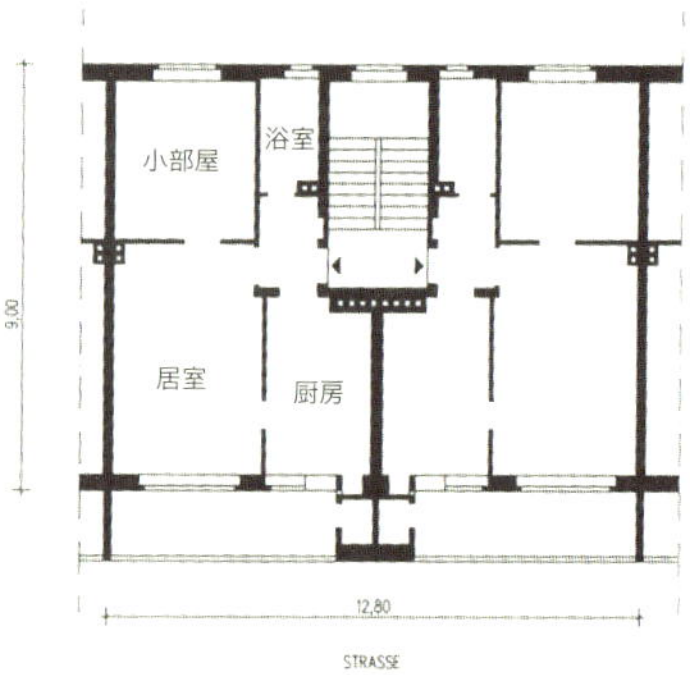

2

1　敷地配置図〔36〕
2　二家族住宅の平面図ブッシュアレー八-二三番地〔36〕
3　路面電車が走る道路に沿って建つ集合住宅。付設温室がある
4　中庭へ続く玄関がある集合住宅
5　ブッシュアレーの白色の集合住宅
6　白色の集合住宅と電車の停留所

一期工事は一九二五～二六年にかけて行われ、二期工事が一九二七年～二八年に、三期工事は一九二八年～三〇年に、四期工事が一九三〇年に行われている。一九五四～五五年にかけて戦災を受けた部分の修復が行われている。住宅の配置図からほとんどの集合住宅はブッシュアレーに沿って細長く建設されていることがわかる。ブッシュアレーは現在も路面電車が走っている東西に延びる大通りである。一住戸が五七・六平方メートルという各戸に浴室が設けられている。一九二五年当時では勤労者住宅各戸に浴室が設けられることはきわめて珍しいことであった。また当時としては十分に広い厨房が設けられていた。ベルリンという大都会の、しかも中央部に近い場所にあって、田園生活を楽しめるような工夫も施されている。ブッシュアレーを挟んで両側に集合住宅が並んでいる。北側の住宅では、住宅前を路面電車が走ることから騒音防止を目的に、建物に入って造られたバルコニーに外壁に沿ってガラスがはめ込まれていた。これにより、現在でいうパッシブソーラーハウスの一つの手法である「付設温室」となっている。ドイツではこれを冬の庭と呼んでいる。タウトはブッシュアレーに沿って一キロメートルもの長さの集合住宅を作ったが色彩にはとくには配

3

5

4

6

Fleischerei
Wurst-Sonderposten Markt

3

1

4

2

7

8

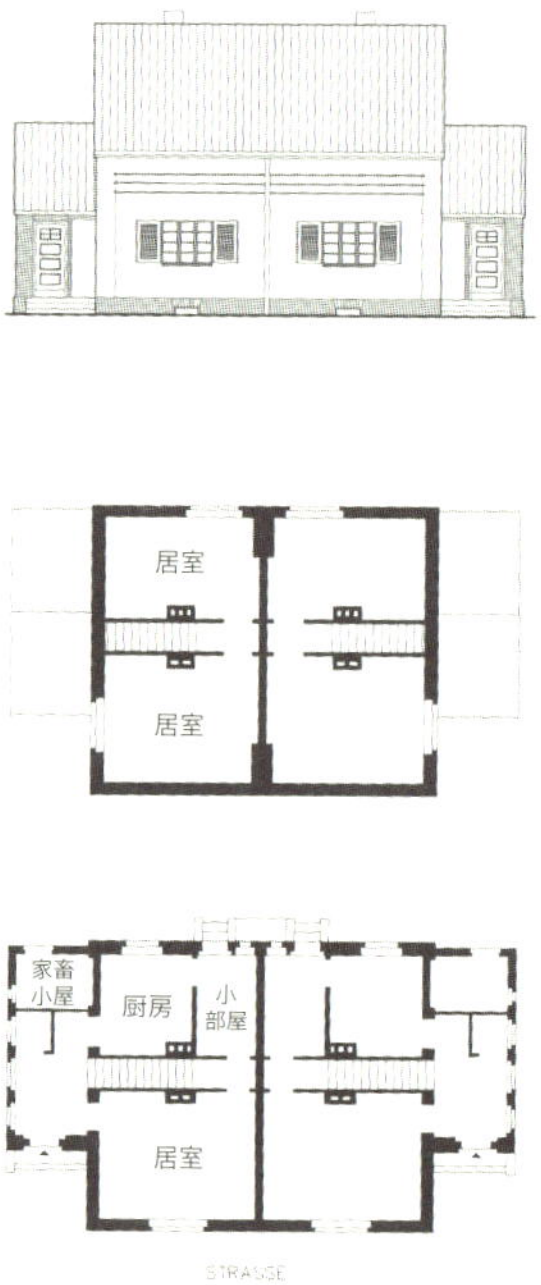
居室
居室
家畜
小屋
厨房
小
部屋
居室
STRASSE

6

Moorweg
Schollenhof
Waidmannsluster Damm
Erholungsweg

5

慮していない。いくつかの住宅の窓枠に彩色を施した程度である。

フライエ・ショレの集合住宅

•建設年：一九二五〜三一年
•所在地：Berlin-Tegel, beiderseits Waldmannluster Damm, westlich Waldpark Siedlung zwischen Moorweg und Erholungsweg

このジードルングはベルリン市テーゲル（Tegel）地区のヴァイデマンスルスターダム（Waidmannsluster Damm）を中心に広がっている。発注者は建築協同組合フライエ・ショレで一九二四年に計画が始まり、ブルーノ・タウトが設計を担当した。五四一戸の住戸があり、四五パーセントに当たる二四二戸は集合住宅、五五パーセントに当たる二九九戸は独立住宅である。この地区は旧西ベルリンであり、修復や補修工事も行き届いているように感じられる。ジードルングの中にソーセージを販売し、そこで食事として提供している店があった。数人がソーセージをつまみにビールを飲みつつ談笑をしていた。筆者らが調査を行ったのは北風が吹き出す十月に入ってからである。ソーセージ屋の前の屋外にも長椅子が並べられていたが、さすがにそこに座る人はいなかった。よい季節のころにはその長椅子にジードルングの住人が座り、交流の場になるのであろう。この地区には緩やかな坂がある。坂に沿って集合住宅が建てられていた。そのような場所に建つ住宅では隣家との間で玄関入口に高低差があった。この地域は旧西ベルリンである。旧東ベルリンに建つタウトの作品と比べると、居住者に生活のゆとりを感じさせるものがある。

ヨハネスタールの小規模住宅群

•建設年：一九二五〜二七年
•所在地：Berlin-Johannisthal, Weststraße 1-14, 60-88

ヨハネスタール地区の西通り（Weststraße）に沿って建つ二階建ての低層住宅郡である。ヨハネスタールは旧東ベルリンにあり、東ベルリンの中の西側である。かつてベルリンに東西を分ける壁が存在したときには、ヨハネスタールの壁の反対側が西ベルリンのノイ・ケルン地区であった。最寄りの駅は高架鉄道のシェーネヴァイデ（Schöneweide）駅である。しかし、この駅から現地に徒歩で行くに

1 Erholungsweg に建つ低層住宅
2 無機塗料を使用し、小豆色に塗装した集合住宅
3 ソーセージ屋と一体化された集合住宅
4 集合住宅と庭
5 住宅団地敷地配置図[36]
6 二家族住宅の平面と立面図[36]
7 坂に建つ集合住宅の玄関
8 ロマンチックな玄関

は相当の時間を要する。このようなやや不便な土地に住宅を建設したのは、タウトの田園都市構想に基づくものであろう。現在、公共交通機関で現地に行くには、ベルリン市営バスで行くのがよい。ベルリン市住宅供給公社ゲハーグが建設し、現在は個人の所有になっている。ブルーノ・タウトの作品は四四世帯あり、二家族住宅、連続住宅からなる。第二次世界大戦でいくつかの住宅が破壊されたが一九九五年に記念建築物保護法に基づく改修が行われた。ヨハネスタール住宅群は、ブルーノ・タウトが一九一九年から始めていた小規模住宅群の最後の作品と言われている。当初の計画は建築家ブルーノ・アーレンツ(Bruno Arends)により、田園都市構想のもとで行われた。アーレンツの後、東通り(Oststraße)に沿って一二〇戸の独立住宅が建てられた。同じ時期にクリストフ・ウント・ウムダック(Christoph & Umdack)という会社により、この住宅団地の南側に木造住宅が建てられた。非常に野心的な小規模住宅の展開であったが、第一次世界大戦後の想像を絶するインフレーションにより、この計画は縮小され、かつ単純化されてしまった。一九二四~二五年にかけて、建築家エンゲルマン(Engelmann)とファングマイア(Fangmeyer)により、六〇戸の独立住宅がアイベン通りに沿っ

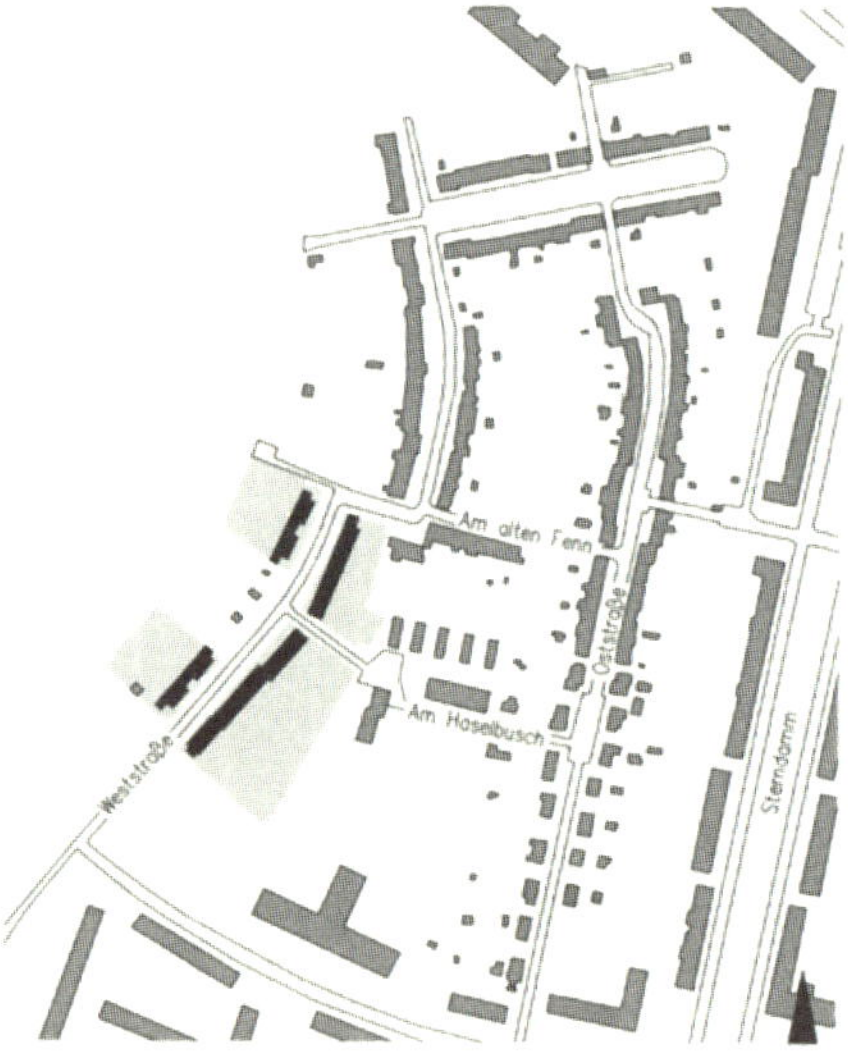

1

2

3

1 敷地配置図[36]
2 ヨハネスタールの集合住宅
3 ヨハネスタールの集合住宅

て建てられた。これは当初のアーレンツの用いた田園都市作りの伝統的手法を踏襲したものであった。ブルーノ・タウトはゲハーグの技師としてヨハネスタールの仕事を行い、一九二五〜二七年にかけて工事を行った。後世、これはブルーノ・タウトの建築家としての前半期最後の仕事とも言われるようになった。穏やかなカーブを描いている西通りに沿って小規模住宅を建てた。その反対の片側に二家族住宅を建て、家畜小屋で接続をした。この手法はホーエンシェーンハウゼンの小規模住宅と同じである。そしてこのジードルングの他の住宅と同じように切り妻屋根を用いている。その後のタウトの作品は陸屋根になってくる。集合住宅は大量生産により安価に仕上がるが、一方で同じことの繰り返しにより、個性を失い、単調にもなってくる。ここの住宅ではクリンカーで帯を作り、住宅に変化を与えている。一九五五年に記念建築物保護法により、以前と同じ色彩により修復が行われた。

ライネ通りの集合住宅

- 建設年：一九二五〜二八年
- 所在地：Brlin-Neukölln, Leinestraße, Oderstraße, Okerstraße, Lichtenrader Straße

ライネ通りの集合住宅は旧西ベルリン、ベルリンの比較的中央部であるノイ・ケルン地区にある。市内の大きな飛行場であったテンペルホーフ飛行場（Fulghafen Tempelhof）に近い場所である。この空港はヒトラーにより建設され、終戦後西ベルリンがソ連により封鎖された際に、西側連合軍が空輸作戦で西ベルリンに物資を送り込んだ空港である。しかし市内にあることから騒音問題で夜間の離着陸ができず、二〇〇八年に市民投票の結果、

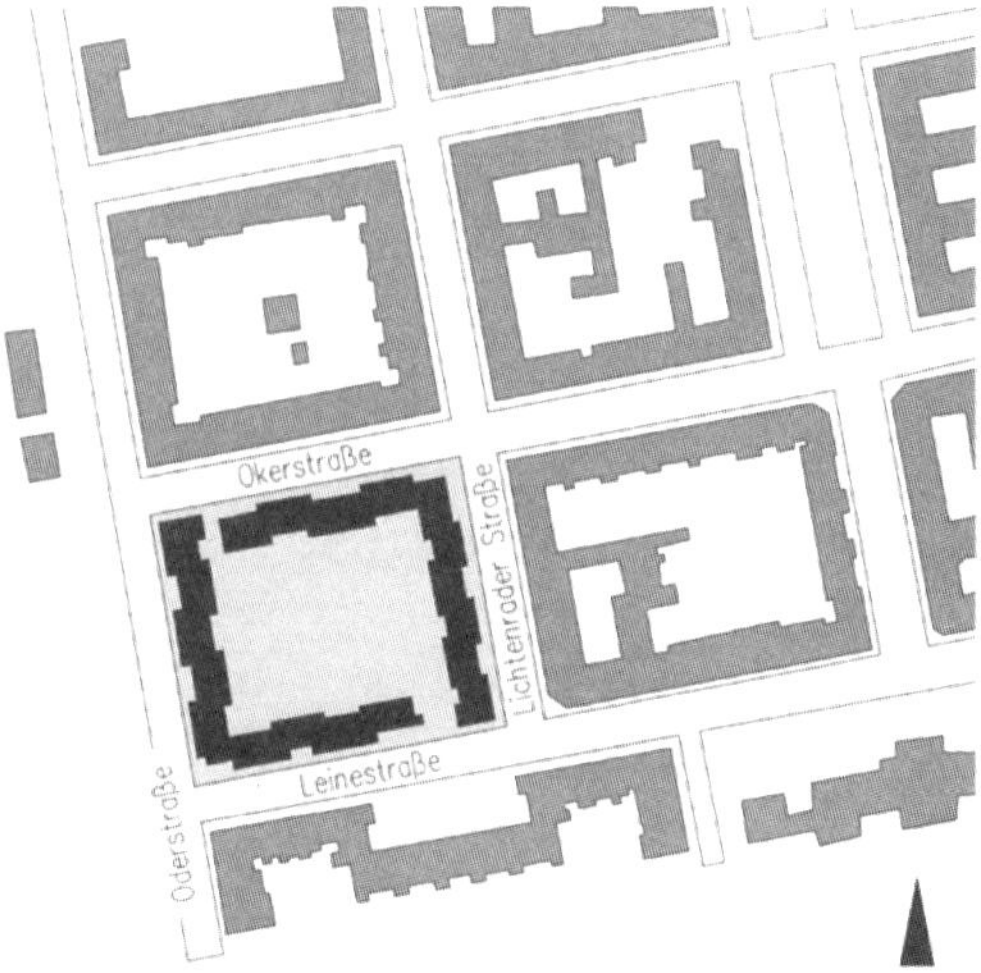

4

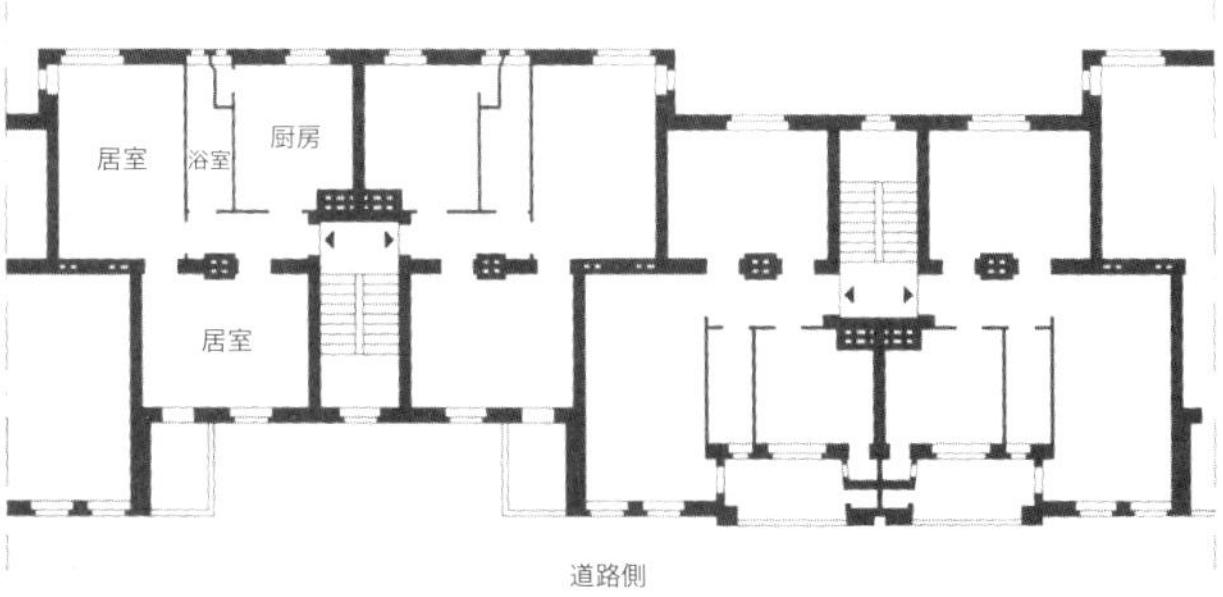

5

4 集合住宅の敷地配置図［36］
5 住宅の平面図［36］

惜しまれつつ閉鎖されてしまった。このブロックはオーデル通り(Oderstraße)、ライネ通り(Leinestraße)、オーカー通り(Okerstraße)、リヒテンラーダー通り(Lichtenraderstraße)に取り囲まれている。中に広い中庭を設け、住人の憩いの場とした。

一九二五〜二八年にかけて建設された。縦横に道路によってブロック化された一ブロックに建設されている。道路に沿って鉤形の住棟2棟を建設し「ロ」の字形の平面としている。第一期工事は一九二五〜二六年、第二期工事は一九二七〜二八年に行われた。この付近の区画整理は一八八〇年に計画され、一九〇五〜一四年にかけて実施された。ヴァイマール共和国時代の典型的な都市労働者の集合住宅と言える。二室形の住宅が多く、道路側と中庭側に交互にくぼみ部分を設け、平凡になりがちな集合住宅にアクセントをつけている。ブルーノ・タウトはこの集合住宅設計で集合住宅の形態と秩序を完成させたと言われている。

一九五一年に第二次世界大戦で破壊された部分の再建が行われ、一九六六年に改修工事が行われた。ここの中庭にはドイツで好まれる樅の木が植えられていた。ドイツでは樅の木は冬でも落葉しないことから忠実な木とされている。樅の木はドイツ語でタンネ(Tannne)という。ドイツ人の好きな歌

1

3

2

4

でとくにクリスマスが近くなると歌われる歌にO Tannebaum, O Tannebaum, wie treue sind deine Blätterというのがある。「モミの木よ、モミの木よ（冬にも）緑を保つお前の葉はなんと忠実なことよ」という意味である。わが国でも「モミの木、モミの木……」と訳されて歌われている。中庭は子供の遊び場にもなっているが、そこに注意書きが立っていた。上半分はドイツ語で、下半分はトルコ語である。いかに多くの外国人労働者がトルコから入り込み、ベルリンに住んでいるかという証である。ブルーノ・タウトは新生トルコ共和国でアタチュウルク大統領の信任を得、活躍をするが、イスタンブールで五十八歳の若さで客死する。タウトの建築をトルコ人も好んでここに住んでいるのであろうか？　よくあることであるが、この集合住宅で写真撮影をしていると中年の住人に「何をしているのだ！」と声を掛けられた。「この住宅はブルーノ・タウトの作品なので、撮影しているのです」と答えると「タウトってなんだ？」と言う始末であった。「ブルーノ・タウトとはこういう人で、日本では人気があるんです……」と答えると、「では室内も見たいだろう、上がって来い」と室内に入れて頂けた。コーヒーを御馳走になり、室内の撮影もさせて頂いた。外壁に沿い厨房があるが、厨房排気は自然換気であった。その窓の撮影もさせて頂いた。改修の際に建物の外側から断熱が施され、窓には深い水切りがついていた。

5

7

6

8

1　オーデル通り、オーカー通り側からの外観、小豆色の無機塗料で塗装されている
2　ライネ通り集合住宅の外観
3　ライネ通り集合住宅の中庭
4　集合住宅の中庭
5　ライネ通り集合住宅玄関
6　子供の遊び場に建つトルコ語でも書かれた注意書
7　厨房からの自然排気窓（外断熱改修が施されている）
8　厨房からの自然排気窓

シェーンランカー通りの集合住宅

- 建設年：一九二六〜二七年
- 所在地：Berlin-Prenzlauer Berg, Ernst-Fürstenberg Straße, Heinz-Bartsch Straße, Paul Heyse Straße

ベルリン市には東京の山手線と似た環状線が走っ

1

2

3

Ernst-Fürstenberg-Straße
Heinz-Bartsch-Straße
Danziger Straße
Paul-Heyse-Straße

4

ている。山手線がベルリンの環状線を真似たというほうが正しいであろう。この環状線のランデスベルガーアレー（Landesbergerallee）という駅を降りて北西に五〇〇メートルほど歩くと、この集合住宅に出会う。シェーンランカー通りの集合住宅として一般に呼ばれているが、現在シェーンラカー通りはエルンストフュルステンベルク通り（Ernst-Fürstenbergstraße）と名前を変えている。住宅の平面はH型に構成され、一方をハインツ・バルチュ通り（Heinz Bartschstraße）、他方をパオル・ハイゼ通り（Paul Heysestraße）に接している。建築主はゲハーグでGSWの所有になっている。一二二戸が入っており、建設当時は不良な賃貸住宅が建っていた部分に、ブルーノ・タウトは集合住宅ブロックを建設し、整備を行った。次頁に敷地の配置図を示す。住宅団地に接して教会があり、教会の尖塔が集合住宅にアクセントを与えている。エルンストフュルステンベルク通りの反対側には学校があり、これを意識し、住宅団地はこれと対称となるような形で配置されている。第二次世界大戦で破壊され、一九五一〜五二年にかけて再建され、一九五八〜五九年にかけてファッサードの補修が行われた。さらに一九九八〜九九年にかけて記念建築物保全の修復が行われた。

ハインツ・バルチュ通り側の入り口、これを入ると階段室になっているのだが、階段室に自然採光を取り入れるためにガラス窓が採用されている。地上五階分のガラス窓は海老茶色に彩色された細長い壁に納められている。その左右は青い壁でここにも採光の窓ガラスがついている。そして各階外に張り出した白色のバルコニーがあり、筆者が訪問した二〇〇九年四月には、どのバルコニーにも美しい花が咲いていた。エルンストフュルステンベルク通り側は白色の外壁に茶色のバルコニーがアクセントをつけていた。バルコニーそのものは建物の中に入ったもので、寒地の建築でよく見られるものである。

オンケルトムズヒュッテの住宅団地

- 建設年：一九二六〜三一年
- 所在地：Berlin Zehlendorf, beideseite der Argentinischen Allee, zwischen Onkel Tom Straße, Sprunschanzen Weg, Holzungsweg und Am Fischtal

二〇〇八年七月にタウト設計のベルリンの四つの住宅団地が世界文化遺産に登録された。それらがタウトの代表作かと言うと必ずしもそうではない

1 ハインツ・バルチュ通り側の住宅入り口、その上に展開する階段室並びに住棟から外部へ出た白いベランダ

2 ハインツ・バルチュ通り側の住棟で、これは隣接する教会に繋がっている

3 エルンストフュルステンベルク通り側の住宅

4 敷地配置図［36］

1

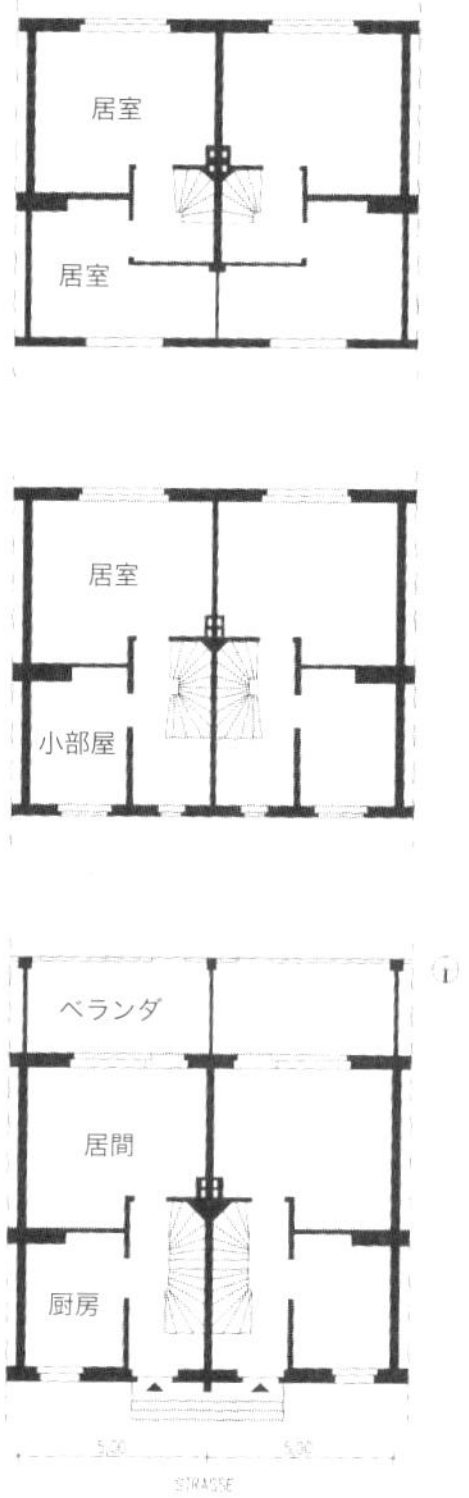

上より　屋根裏部屋、2階、1階、平面図

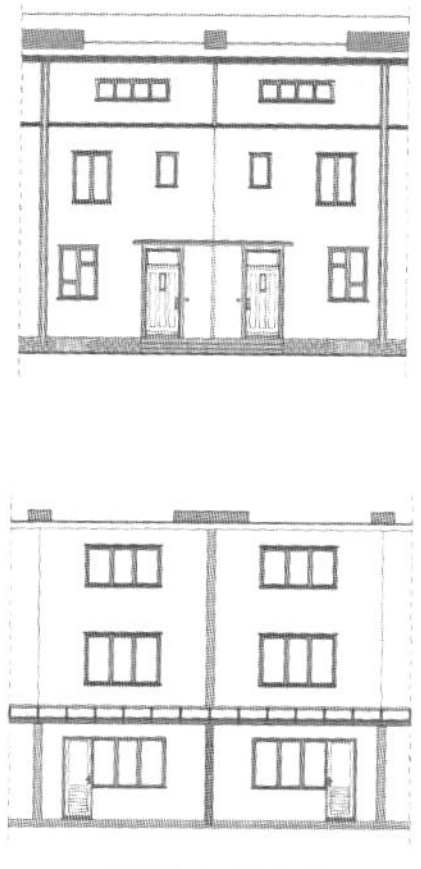
道路側と庭側立面図

2

1　敷地配置図[36]

2　住棟の道路側と庭側の立面図、各階平面図[36]

3　地下鉄オンケルトムズヒュッテ駅と駅中商店

であろう。高く評価されているタウト設計の住宅団地にはベルリンのツエーレンドルフ（Zehlendorf）地区のオンケルトムズヒュッテ（Waldsiedlung Onkel Toms Hütte）の住宅団地がある。

とくにオンケルトムズヒュッテの森の団地はブルーノ・タウトのもっとも円熟したときの作品といってよいものである。

オンケルトムズヒュッテの概要

- 所在地：Berlin Zehlendorf, Argentinische Allee, Onkel Tom Straße, Sprungschanzen Weg, Holzungsweg, Fischtal
- 状態：保持されている。
- 共同設計者：造園建築家 Leberecht Migge,Martha Willingd-Göhre
- 所有者：ゲハーグ、一部個人所有
- 発注者：ゲハーグ並びに個人
- 居住形態：総住居数一九一五戸、その内一五九二戸はブルーノ・タウト設計、さらにその内一一〇六戸は集合住宅、四八六戸は小規模集合住宅

・建築家：ブルーノ・タウト、マルチン・ヴァーグナー
・建設工期：Ⅰ／Ⅱ期：一九二六〜二七年、Ⅲ／Ⅳ期：一九二七〜二八年、Ⅴ期：一九二九〜三〇年、Ⅵ期：一九三〇〜三一年、Ⅶ期：一九三一年
・変更：一九七〇年代に記念建築物を意識した再建が行われた

この住宅団地はベルリン市の西郊のオンケルトムズヒュッテにあり、ベルリン市の中心部にあるヴィッテンベルグプラッツ(Wittenbergplatz)とクルメランケ(Krumme Lanke)を結ぶ地下鉄(U-Bahn)のクルメランケ終点の一駅手前にある。その地下鉄駅の名前がオンケルトムズヒュッテであり、この駅を挟んで南側と北側に住宅団地が展開されている。開設当時はまったく郊外の緑の森(グリーネヴァルト：Grunewald)に隣接する未開発の土地であった。タウトは住宅団地に商店を設けなかったが、地下鉄オンケルトムズヒュッテ駅の線路に沿って商店街を設け、住人の便宜を図った。まさに駅中商店の走りであるが、今日もその商店街は所有者こそ代わっても綿々と続いて雑貨屋、花屋、お土産屋、文房具屋、菓子屋、八百屋、コーヒー店などが営業をしている。

ブリッツ(Britz)の馬蹄形住宅団地が着工した一年後一九二六年にベルリン市住宅供給公社ゲハーグがマルチン・ヴァーグナーとともに次の大規模住宅団地計画を興した。これがオンケルトムズヒュッテの森の住宅団地(Waldsiedlung Onkel Toms Hütte)である。ヴァイマール共和国の社会住宅を実現すべく、勤労者の健康を考えた住宅団地で、松と白樺を配置し、住宅は芝生の庭を持ち、採光に配慮し、十分な住棟間隔を取った。また通風にも配慮した。住宅平面はわずかに二種類のものであるが、これを組み合わせて住棟造りと都市計画を行っている。森の住宅団地と称しているように、他の住宅団地(ジードルング)に比べて圧倒的に樹木が多い。現在出かけて行っても、住宅団地内を走り回るリスをしばしば目にすることができる。ブルーノ・タウトはベルリンの北東四〇キロメートルほどにあるコリーン(Chorin)という小村を好み、一九〇三年から翌年にかけての冬、ここに数週間滞在し、同好の仲間と芸術論を交わしたり、風景や樹木の写生を行っている。わが国に滞在中にもコリーンを思い出し、日記にも記述している。ブルーノ・タウトはコリーンで樹木や自然をよくスケッチした。コリーンでスケッチした森とオン

3

1

ケルトムズヒュッテの樹木はまさに一致する。オンケルトムズヒュッテの設計に当たってタウトは、造園建築家レーベレヒト・ミッゲマルタ、ヴィリングス・ゲーレ（Leberecht Migge, Martha Willings-Göhre）の協力を得ているが、頭の中にはタウト青春の地、コリーンの森をここで再現しようと考えたのであろう。

アルゼンチン通りの住宅

地下鉄駅オンケルトムズヒュッテのすぐそばの集合住宅で、タウトの設計により第一期工事（一九二六〜二七年）として竣工したものである。外観は青色、薄い緑色に着色されている。窓枠は赤

2

3

4

1 アルゼンチン通りの集合住宅
2 アルゼンチン通りの住宅、カッヘルオーフェンの煙突が今は飾り柱になっている
3 アルゼンチン通りの集合住宅居間
4 アルゼンチン通りの住宅の階段

く彩色されアクセントを添えている。十分な隣棟間隔が保たれ、白樺と松が植えられている。その一階に住まわれるKさん宅を拝見させて頂いた。ドイツ人の住宅を訪問すると、まず家の隅から隅まで案内をしてくださるということが多い。Kさん宅も例外ではなく寝室、厨房、トイレ、収納庫まで拝見させていただいた。とても日本人の生活ではできない芸当で、いつも感心するものである。客間兼居間も拝見したが、とても一九二〇年代に建設された住宅とは思えない、現在の住宅展示場にある居間のようであった。それほどドイツ夫人は常時室内の整理整頓、清掃に時間を費やしている。二つ目の居間に案内されるとここには大きな柱が見えた。これは構造用の柱ではない。この住宅の建設当時はカッヘルオーフェンと呼ぶ陶製の暖房器具で暖房を行っていた。その煙突が現在では飾りの柱として残っているのである。カッヘルオーフェンでは石炭、練炭、薪が燃料として使用され、その煤により建物が汚れたそうである。タウトが建物に彩色を施したのも煤による汚れをカムフラージュするためであったという説もある。カッヘルオーフェンは一九七〇年代に大方撤去され運転が楽な温水暖房に代わっていった。地下室の収納庫を拝見させていただくと、ここにはAls Schutzraum geeignet für 15 Personen（一五名用の防空壕として適する）と朱書されていた。ベルリンが一九九〇年に東西ドイツの併合が行われるまでは東西冷戦の最前線にあったことを思い出させるもので冷やりとした。当時、西ベルリンはソ連軍の戦車に取り囲まれたような状態であった。各住戸の玄関は階段室に面している。階段室に入るのは外部扉があり、外部から訪問先のブザーを押し、訪問の用件を告げて各住戸から外部扉の解錠をしてもらうシステムになっている。階段室から各住戸への玄関扉の枠は、タウト調に赤い派手な彩色が施されている。そこの階段も手すり部分は黒、転落防止用の金属パイプは赤と、やはりタウト調の派手な彩色である。

パパガイ（おうむ）地区の住宅

オンケルトムズヒュッテの森の団地にはおうむ地区という愛称で呼ばれる非常に派手な彩色、コントラストの強い配色を施した住戸群がある。これは、団地の北側のほぼ中央に位置しており、アム・ヘーゲヴィンケル（Am Hegewinkel）通りとホーホジッツヴェーク（Hochsitzweg）に囲まれた地区である。

どの住戸も窓枠は赤く彩色されている。ブ

14

1

2

3

4

ルーノ・タウトは色彩の建築家、色彩建築の巨匠(Meister des farbigen Bauens)と呼ばれているが、とくにこの地区の建築を指して呼ばれているものと考えられる。

オンケルトムズヒュッテ、森の団地はとくに大きな住棟からだけで成立しているのではない。比較的小規模の住戸も混在している、とくにこれらは北側の団地に見られる。リーマイスター通り(Riemeisterstr.)からヴィルスキー通り(Wilskistr.)にかけての住戸も黄土色に彩色され、前面道路がゆるやかにカーブしているところからそれに合わせてゆるやかにカーブして建っている。また団地内の交差点においても拡幅を広くし、車の交差を容易にし、また見た目にも安心感を与える心遣いが

右頁
パパガイ地区住宅の窓
1
ブルーノ・タウトの顕彰碑
2〜3
パパガイ地区住宅の窓
4
ヴィルスキー通り集合住宅

なされている。筆者が一九七〇年代初頭にベルリンに滞在し、恩師であった武基雄先生をこの団地にご案内したことがあった。当時、武先生が放心状態で立たれたのが実はこのヴィルスキー通りの住戸であった。オンケルトムズヒュッテ団地の地下鉄駅東側出口の近く、アルゼンチン通りに面して、ブルーノ・タウトの顕彰碑が建てられている。「建築とは調和の芸術である」と書かれ、左側には日本に滞在したことを含めて経歴が、右側にはタウトの横顔が彫られている。第一次世界大戦で敗戦国となったドイツ、周辺の戦勝国から払いきれない賠償金を突きつけられ、犠牲となったのは労働者であった。そこに社会主義的思想で、労働者の健康に配慮し、均等な住宅群を作ったブルーノ・タウトはトルコで客死し、ドイツに戻ることはできなかったが現在の団地住民からも敬愛された建築家であったことが分かる。この顕彰碑の近くの建物には「このジードルング（団地）は一九二六〜三一年の間にゲハーグにより建設された」と記された住戸がある。

オッサー通りの集合住宅

•建設年：一九二七〜二八年

•所在地：Berlin Neukölln Ossastraße 9-16a, 36-36a, Fuldastraße 37/39, 22-23a, Weichselstraße 24-25

この集合住宅も下町情緒が豊かなノイ・ケルン地区のオッサー通りに面して建っている。集合住宅の長さは一七〇メートルにも及ぶ。この集合住宅はオッサー通り（Ossastraße）と直交するヴァイヒゼル通り（Weichselstraße）とフルダ通り（Fuldastraße）に

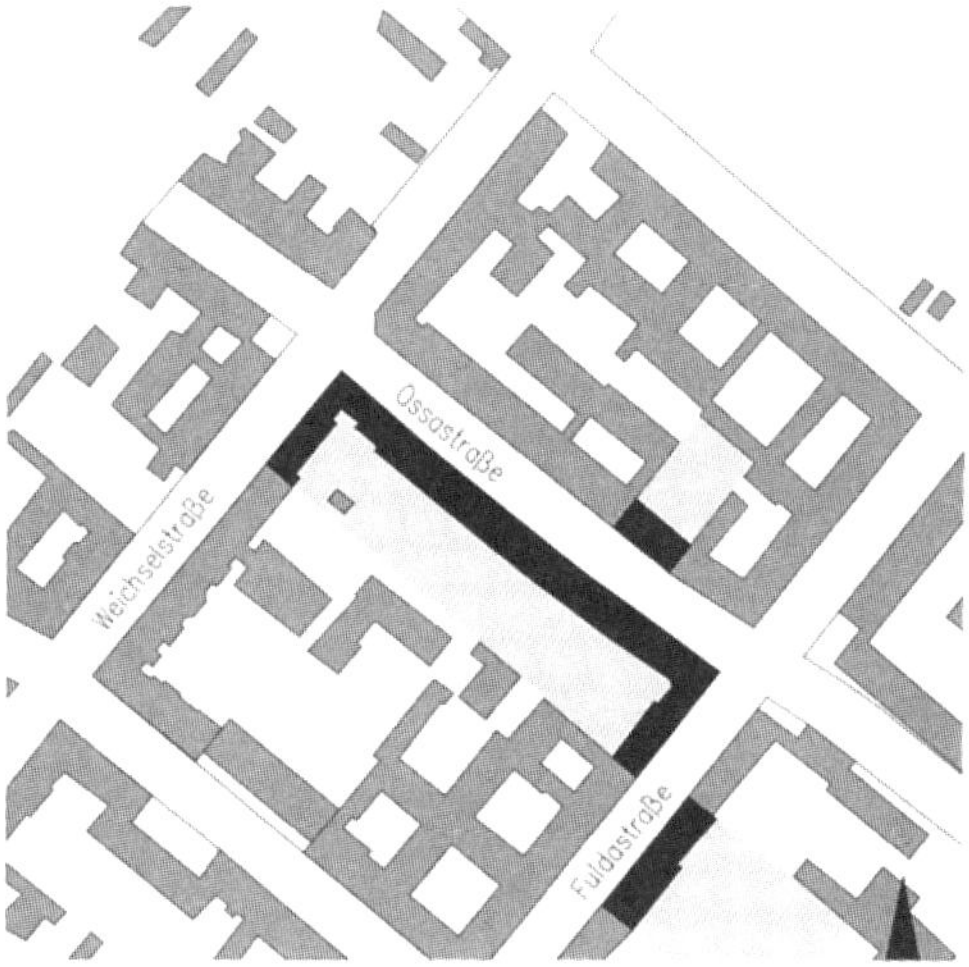

1　オッサー通り集合住宅の敷地配置図［36］

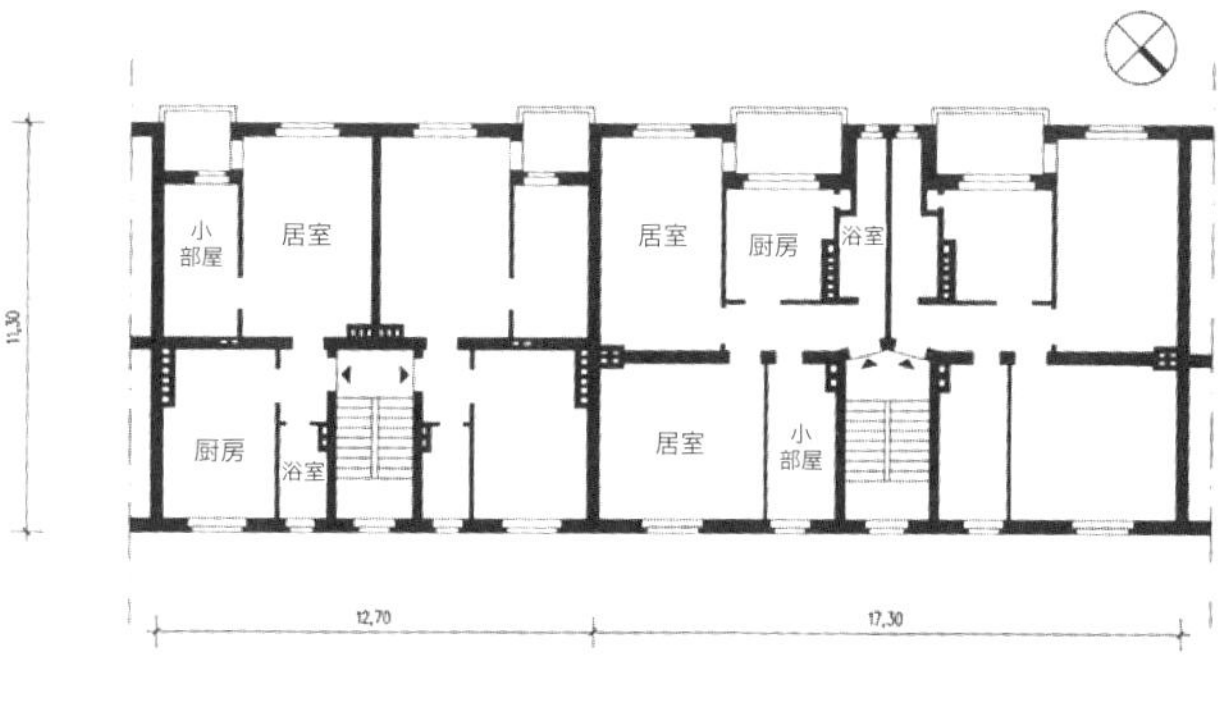

2　オッサー通り集合住宅の平面図［36］

も面していて、平面ではコの字の形で建設されている。一部の住宅はフルダ通りの反対側と、オッサー通りの反対側にも建てられている。所有はベルリン市とベルリン州の住宅建設公社で、全住居戸数は一八八戸である。建設者は東ベルリン共同建設会社で、一九八〇年にファッサードの改修が行われた。一九八六〜八七年にかけて記念建築物保全の修復が行われた。ノイ・ケルン地区でもとくにこの地域は労働者のための集合住宅建設地としてベルリン市住宅局が所有していた土地で、その地に建設されたものである。住宅はどれも一室半(七二平方メートル)もしくは二室半(九八平方メートル)で、そう広い住宅ではない(オッサー通り集合住宅の平面図)。この集合住宅はゆるいカーブを描いている。ゆるいカーブを描く集合住宅はオンケルトムズヒュッテ、ブリッツの馬蹄形住宅、グレル通りの集合住宅にも見られ、タウトの得意技かもしれない。この集合住宅以外にもあるのだが、建物の隅角部にバルコニーを配置している。この集合住宅は5階建てで、白色の外壁をしている。ドイツのような寒地では凍上防止に地下室、もしくは半地下室を設ける。この採光窓が集合住宅の下部に見えている。最上階は屋根裏部屋で、多くの場合、不要な物品の収納や洗濯物干場として使用されている。横方向に細長く見える窓は、屋根裏部屋の採光と自然換気用に使用される。この集合住宅にはブルーノ・タウトが設計をしたという銘板がついていた。

3 ゆるいカーブを描く集合住宅

4 建物隅角部にバルコニーがある集合住宅

5 五階建オッサー通りの集合住宅

6 ブルーノ・タウトが設計を行ったという銘板

1

2

3

1 集合住宅のバルコニー
2 色彩豊かな階段室
3 多くの住宅で浴室に便器がある

この住宅を中庭に入り写真撮影していた。若い男性が飛び出してきたので、「勝手に写真を撮るな！」とお小言をいただくことを覚悟した。しかし、この男性は「自分もタウトファンだ、中も見たいだろう」と部屋の中に招き入れてくれた。そして、夫人とともに部屋の隅から隅まで案内をしてくれた。突然の来訪者、いや闖入者にもかかわらず部屋は掃除が行き届き、すべてが完全に整頓されていた。ドイツの住宅を訪問するとすべての部屋を見せてくれるということはよくある。しかもどの住宅も整理整頓が行き届いている。とても我々にはまねのできないことである。おかげで階段室、バルコニー、厨房に接するガラス窓などの撮影をすることができた。その上、コーヒーを御馳走になり、在日中のタウトの話に花を咲かせて辞去することができた。

グレル通りの集合住宅

・建設年：一九二七～二八年
・所在地：Berlin Prenzlauer Berg, Grellstraße, Hosemannstraße, Rietzenstraße, Grellwalder Straße, Naugarder Straße

この住宅群はプレンツラウアーベルク地区（Prenzlauer Berg）の東北部、高架鉄道環状線のエルンスト・テールマンパルク（Ernst-Thälmann- Park）駅の北二〇〇メートルくらいのところにある。敷地配置図に示すようにグレル通り（Grellstraße）とリーツェ通り（Rietzestraße）、ホーゼマン通り（Hosemannstraße）に囲まれた敷地に一部はコの字型、L字型、そして一部は曲線を描くような形で細長い集合住宅が広がっている。これはブルーノ・タウトとフラ

7

4

8

9

5

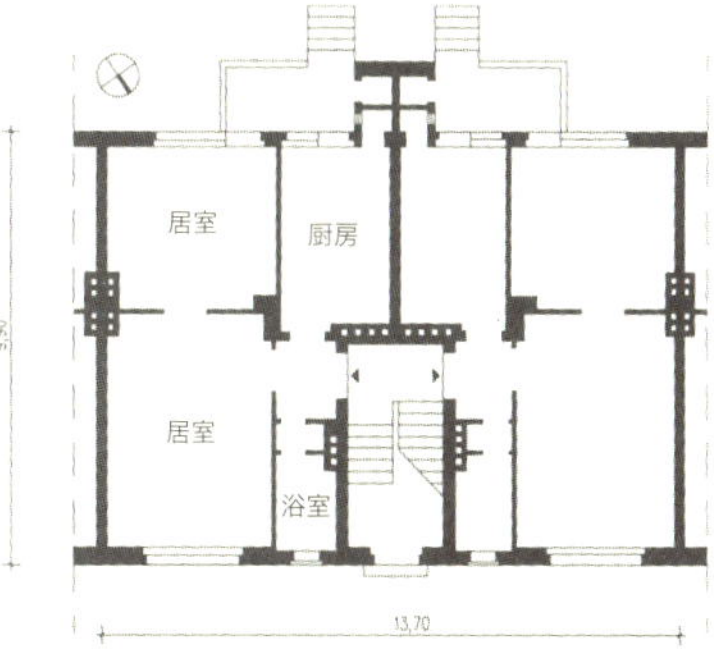

6

4 弧を描く住棟
5 グレル通り敷地配置図［36］
6 グレル通り住宅一階平面図［36］
7 グレル通りの弧を描く住棟
8 垂直に建つ住棟［31］
9 コの字形に建つ住棟の中庭から

1

ンツ・ホフマンとの共同設計である。ブルーノ・タウトは一九〇九年にベルリンで共同の設計事務所を開設し、一九三三年に来日するまで続いていた。一五二戸の住居があり、建築主はゲハーグである。一九七〇年に補修が行われ、左官工事、塗装が行われた。二〇〇一～〇五年にかけ記念建築物保全の修復が行われた。この集合住宅の住戸の平面図を示す。

　ベルリンによく見られる集合住宅のタイプで住戸の後方に庭を配している。十九世紀の集合住宅としてきわめて近代的なもので、その流れを汲んでいる。リーツェ通り側の長い集合住宅で円弧を描いている部分を、中庭側から見ると日本の集合住宅とは異なる和やかな雰囲気を感じる。グレル通り側に建つ「コ」の字型住宅の外壁の窓も美しい。どの住宅も窓をうまく飾り、道行く人を楽しませている。一般の窓枠は緑色に塗装されている。この集合、住宅団地は最初から細長い敷地で、多くの住戸を入れるには条件がわるかった。ここに日照も確保しつつ、通風にも配慮して、かつ緑を確保する住宅は、その配置と形態にタウトは苦慮したそうである。

オリヴァー通りの集合住宅

・建設年：一九二六～二七年
・所在地：Berlin-Prenzlauer Berg Rudi-Arndt Straße 1-11, Conrad-Blenke Straße 58-59

この集合住宅はシェーンランカー（Schönlanker Straße 団地）通りの集合住宅に近接して建てられている。敷地配置図に示すようにルディ・アルント通り（Rudi-Arndtstraße）とコンラッドブレンケレ通り（Conrad-Blenklestraße）に面して建っており、一二〇戸の住戸がある。建築主はゲハーグである。一九五〇年に再建されたもので一九九〇年に道路側のファッサードが修復された。ルディ・アルント通りに沿った長い敷地しかなく、集合住宅の配置計画として苦慮したそうである。また階段室を境いとした住宅の平面図に見るように、一室半の住居の典型的な例である。一住居の幅が六・六メートル、奥行きが一二メートルと広くはない住居である。ルディ・アルント通りとコンラッドブレンケレ通りの角の外壁は直交してなく、緩い円形を成している。現在では一階にアジアの食品を販売する商店が入居している。ルディ・アルント通り側の集合住宅を中庭側から見ると、五階建てで、

1　緑色に塗装された住棟（グレル通りの住棟）

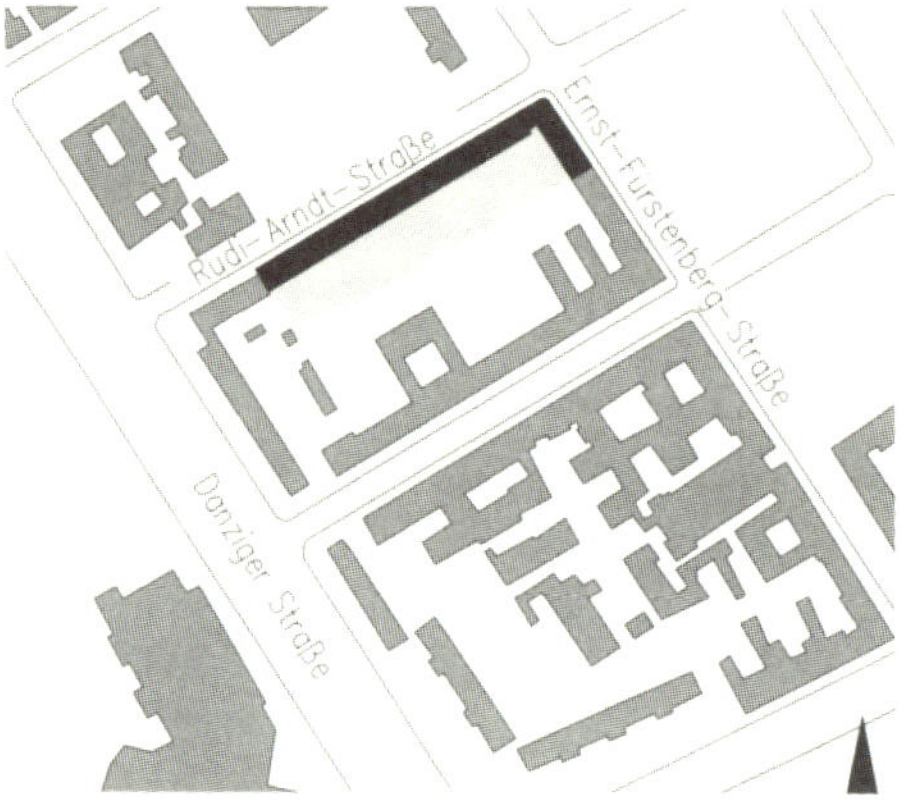

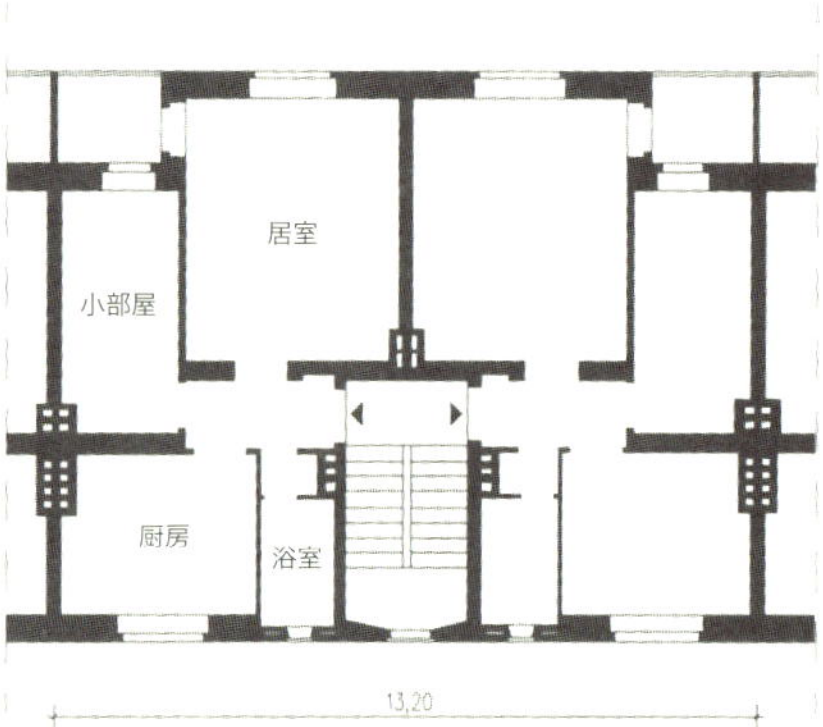

1 オリヴァー通り敷地図[36]
2 オリヴァー通り平面図[36]
3 オリヴァー通り集合住宅
4 オリヴァー通り集合住宅

屋根裏部屋と地下室があることがわかる。一九二六〜二七年にかけて建設された、当時としては上級の労働者住宅であった。

ホーエンシェーンハウゼンの小規模住宅群

- 建設年：一九二六〜二七年
- 所在地：Berlin-Hohenschönhausen Paul-König Straße 7-29, 55-71, Wartenbergstraße 29-29b

この住宅群は旧東ベルリンのホーエンシェーンハウゼン地区（Hohenschönhausen）にある。高架鉄道のゲーレンゼー通り（Gehrenseestraße）駅の西約一・五キロメートルにあり、パウル・ケーニッヒ通り（Paul Königstraße）を挟んで、北側と南側に住宅は並ぶ。個人所有の住宅である。ブルーノ・タウトが設計した住宅は四三世帯分である。二家族住宅、独立住宅、そして一棟ではあるが連続住宅がある。建築主はベルリン市であった。一九二一年にインフレにより建設が停止した物件であったが、一九二六年にベルリン市の委託により、住宅供給公社ゲハーグがさらに計画を推進したものであ

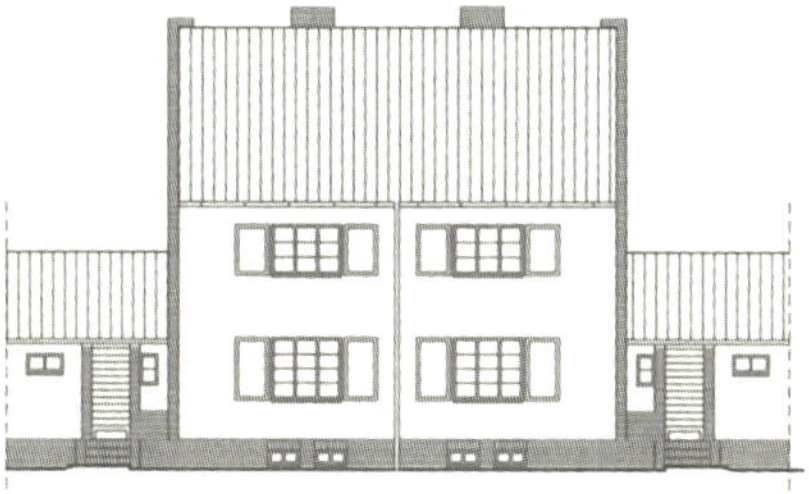

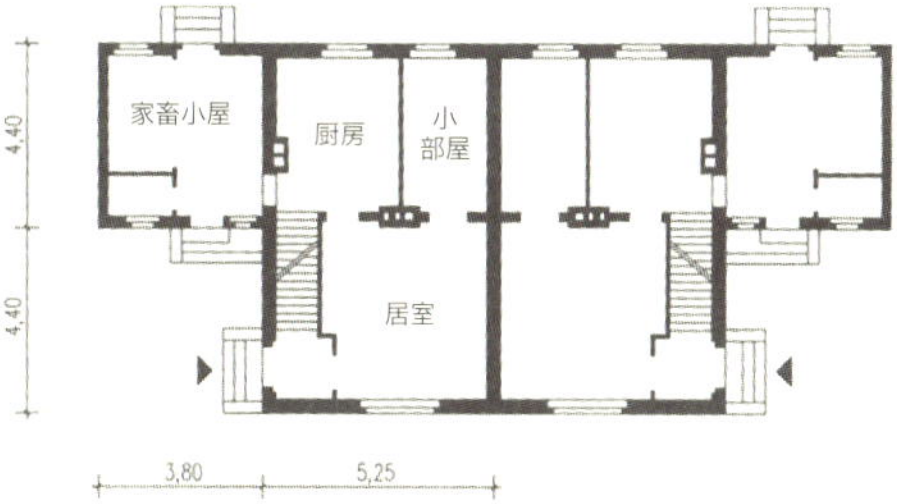

5 無機塗料で彩色された小規模住宅

6 ホーエンシェーンハウゼン敷地図 [36]

7 ホーエンシェーンハウゼン立面図 [36]

8 ホーエンシェーンハウゼン平面図 [36]

る。ブルーノ・タウトがこれを担当した。当初の計画は建築家オットー・クールマンが一九一九年から進めていた本来の田園都市構想によるものであった。この計画は頓挫し、ブルーノ・タウトが田園都市構想を尊重して引き継ぎ、実施したものである。一九二六〜二七年にかけて建設が行われた。三六年にファッサードの変更が行われている。第二次世界大戦では七戸の住宅が破壊されたが、八一年に再建されている。再度一九九〇年代に修復工事が行われている。隣家と接続する部屋は家畜小屋である。設計当時は馬や山羊を飼育する場所として考えられていた。まさにベルリンという都会にあって田園都市の生活を享受するというブルーノ・タウトの思想が表れている。

　パウル・ケーニッヒ通りの住宅では、外壁は明るい黄土色に塗装されている。これも無機塗料が使用されている。同じくパウル・ケーニッヒ通りの二つの住宅の接合部が家畜小屋として使用されている。同じくパウル・ケーニッヒ通りの住宅では屋根にトップライトが設けられていることがわかる。タウトは一九一六年にドイツとトルコの友好会館建設のためにトルコのコンスタンチノープル（イスタンブール）へ渡っている。ここで東洋的な文化に触れて感動している。屋外で人々がダンスをすることなどにも興味を持った。事実タウトが来日してからも盆踊りなどに興味を持っている。このようなことをホーエンシェーンハウゼンのジードルングでも行おうとしたのか、住民の交流の場、お祭りができるような広場を設けた。（シェーンハウゼン配置図）。しかしドイツの都会では屋外で皆で踊るような習慣はない。タウトはジードルングの住人が和をもって共同生活ができるようなことを考えたが、設計された広場が実際にそのように使用されたかは定かでない。都会と田園の合体、都会にありながら田園生活を享受できるといったタウトの思想がどこまで実現できたのであろうか。

アッチラへーエ集合住宅

• 建設年：一九二九〜三〇年
• 所在地：Berlin Tempelhof Attilastraße 10-17, Tankredstraße 1-15

ベルリン市テンペルホーフ地区にある集合住宅群である。これはブルーノ・タウトの「ベルリン貯蓄・建築協会」との最後の共同プロジェクトとなった。アッチラとはフン族の王の名前で、たまたまこの住宅団地がアッチラ通り(Attilastr.)にあることからこの名前がつけられた。ヘーエ(Höhe)とは高台の意味を持つ。この計画にはタウトとともに設計事務所を経営していたフランツ・ホフマンが設計に協力している。発注者はベルリン貯蓄建築協会(Berliner Spar-und Bauverein e GmbH)で所有者は一八九二年のベルリン建築住宅協同組合(Berliner Bau-und Wohnungsgenossenschaft von 1892 e.G.)である。一一八戸の集合住宅よりなる。一九二八年に計画が始まった。敷地図に示すように、広い中庭を取り囲むように住棟が建っている。タンクレド通り(Tankredstr.)の集合住宅は住棟に五本の煙突を兼ねた柱が外部についている。これが赤いレンガで仕上げられており、集合住宅のアクセントとなっている。当時はカッヘルオーフェンで暖房が行われていたのであろう。その排煙がこの煙突に

1

2

3

4

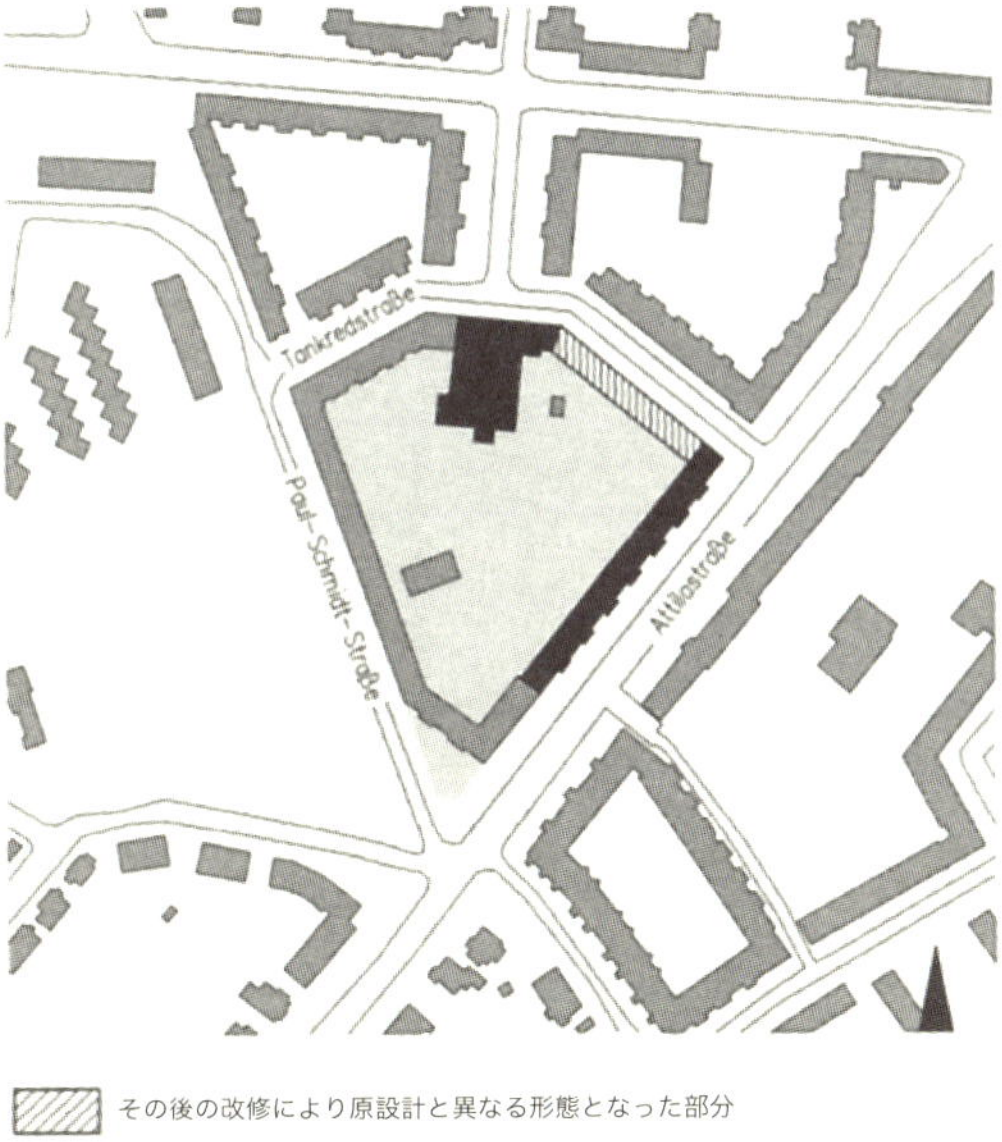

5

1 団地内に車が入ることを予想し、車の進入路が作られていた
2 暖房用の煙突が五本建てられ、住棟のアクセントとなっている
3 断熱の不足からか、微生物汚染も生じている
4 住宅団地内の緑地
5 アッチラヘーエ敷地図[36]

Rungiusstraße
Franz-Körner-Straße
Buschrosensteig
Busch-
rosen-
platz
Hannemannstraße
1

2

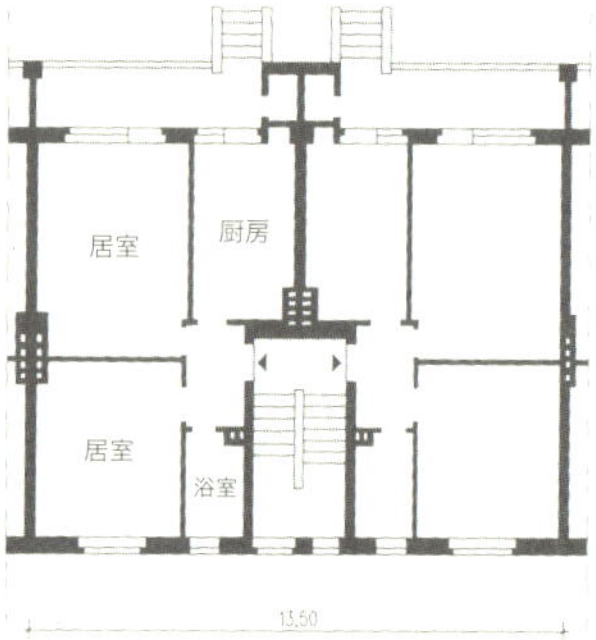
居室
厨房
居室
浴室
13.50
3

4

5

7

6

より行われた。同じ建物を裏側から見ると、かなり老朽化が目立つ。すでにかびや藻類発生の微生物汚染も見られる。タウトの作品によく見られるような何の飾りもない、単調な仕上げとなっている。ジードルング内部の庭は比較的広い。住宅を高層化する代わりに広い内部の庭を設け、住人の憩いの場所とした。従来ベルリンにあった集合住宅にはこのような配慮がなく、タウトの住まい手の立場に立って設計をするという思いやりが込められている。ある住棟は自動車が通行できるようになっている。

イデアールジードルング

- 建設年：一九二九～三〇年
- 所在地：Berlin Britz, Buschrosenplatz, Franz Körner Straße Rungiusstraße

ベルリン市の馬蹄形住宅があるブリッツ地区にこのジードルングもある。一九二九～三〇年にかけて建設が行われた。ブッシュローゼンプラッツ（Buschrosenplatz）、フランツ・ケルナー通り（Franz-Körnerstr.）、ルンギウス通り（Rungiusstraße）に囲まれた場所にこのジードルングは位置する。造園建築家レバーレヒト・ミッゲ（Leberrecht Migge）が協力をしている。発注者、所有者ともにイデアール（Ideal）という建築共同組合である。

ゲハーグの主任技師としてブルーノ・タウトは建築協同組合ブリッツ（Britz）のイデアールの建築計画に長年従事していた。タウトは建築協同組合との緊密な共同作業により「新しいベルリンの建築としてもっとも近代的で、もっとも愛すべき作品となった」と述べている。一九二九～三〇年にわたり、三期に分けて三五〇戸の集合住宅と一〇戸の独立住宅が建設された。集合住宅は南北軸に計画された。タウトが従来設計してきた集合住宅は、近代的ではあるが、実質的で、飾り気のないものが多かった。このイデアールでは古風で、南ドイツ風の雰囲気を醸し出すものであった。外壁は吹きつけ仕上げを施し、屋根は当時としては珍しく、陸屋根である。タウトは積極的に陸屋根の集合住宅を設計していったと言ってよい。ただし熱的緩衝帯として屋根裏部屋を設けている。また当時としては窓面積も大きく取られている。厨房器具は当時すでにシュッテ・リホツキー（Schütte Lihotzky）社により開発されたシステムキッチンが使用されていた。ジードルングの敷地図に示すように、比較的長い集合住宅が並行して建設されて

1
イデアールジードルング敷地図 [36]

2
イデアールジードルング立面図
上段：入り口側、下段：庭側 [36]

3
イデアールジードルング2室タイプ住宅の平面図 [36]

4
住棟間の通路と両側の庭

5
タウトが大切にした緑豊富な庭とバルコニーのある集合住宅

6
緑を大切にする住宅の庭

7
タウト設計の集合住宅に共通的に用いられる玄関

いる。そしてブッシュローゼンプラッツという広場も設けられ、住民の憩いの場となっている。立面図にはこのジードルングに建つ集合住宅の入り口側（上段）と庭側（下段）を示す。また、この集合住宅の二室タイプ住宅の平面図を示す。二室型集合住宅で、厨房と浴室がある。便器は浴室内に設けられている。厨房で食事も採られた。Baugenossenshaft・IDEAL（建築協同組合イデアール）との文字がある外壁の集合住宅を示す。写真4に住宅住棟間の通路と両側に庭を示す。各戸の庭は低い仕切りで仕切られている。この方法はオンケルトムズヒュッテなどと同じである。住戸の庭には薔薇が植えられているが、タウトが理想とした「都会においても田園生活を」というタウトの思想が現在も住人によって受け継がれている。住人がいかにも生活を楽しんでいる雰囲気がある。住棟には明るい感じのバルコニーが設けられ、庭にはタウトが大切にした緑が豊富に存在している。集合住宅の玄関は、タウト設計の他のジードルングと共通のものがある。ここでは緑色に塗装された扉を持つ集合住宅の玄関であるが、扉などを共通化することで、建設費の低減を図ったのであろう。入り口ごとに扉は黄色や赤色に塗装され、画一化されやすい集合住宅に変化を与えた。

1

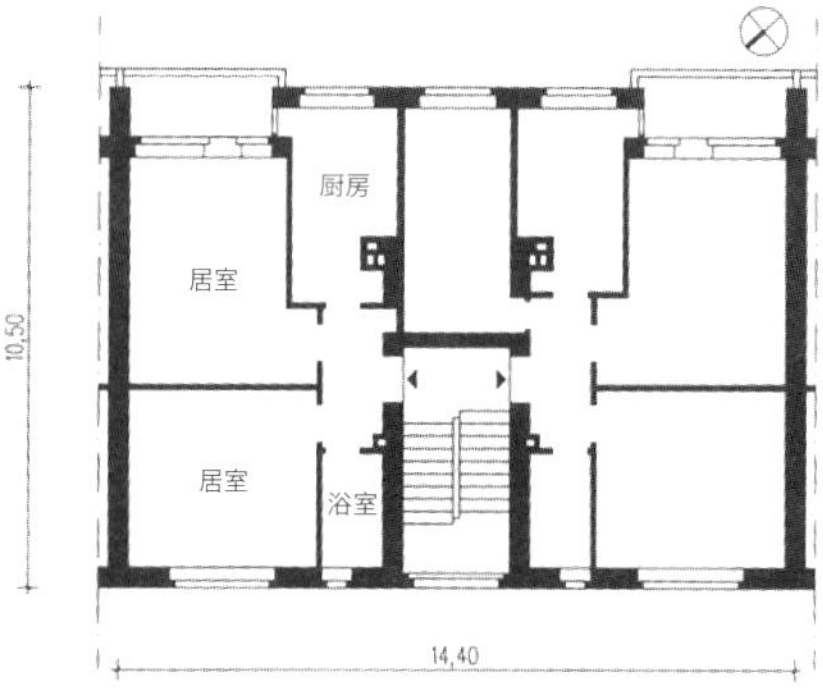

2

1　フリードリッヒ・エバートジードルングの敷地配置図[36]

2　フリードリッヒ・エバートジードルングの二室住宅平面図[36]

3　外壁につく扉の例

4　住宅団地内に車が入れるように工夫された住棟

ベルリン市ヴェッディング地区
フリードリッヒ・エバートの集合住宅

- 建設年：一九三〇〜三一年
- 所在地：Berlin Wedding. Zwischen Togostraße und Windhuker Straße, südösterlich Swakopmunder Straße

ヴェッディング（Wedding）地区は旧西ベルリンにあり、この地区のナポレオン宿舎（Quartier Napoleon）、鹿山国民公園（Volkspark Rehberge）と呼ぶ広い公園に接してフリードリッヒ・エバート集合住宅がある。この住宅団地はメベス(Mebes)とエンマリッヒ(Emmerich)の計画で進められていたところにブルーノ・タウトが加わった。それほど広くない敷地にコンパクトに住棟を納めた。タウトの作品としては珍しく、あたかも日本の住宅団地のように長方形の住棟を平行に配置している。これもほぼ南北軸に納められている。しかし住棟と住棟の間はしっかり芝生の緑地を確保し、樹木も植えられている。トーゴー通り41番地に建つ集合住宅も均整のとれた集合住宅である。住宅団地の外のスヴォコプムンダー通り(Swokopmundrstr.)から団地内に車が入れるように住棟の一部をくりぬいたようにした住棟がある。一九三〇年当時に車の普及を考慮していたタウトの先見性を見せつけるものである。このことは、オンケルトムズヒュッテの住宅団地で、当時すでに各戸にカーポートを用意したことと共通の事柄である。これら住戸では、他のタウト設計による住宅団地と共通の扉(ここでは赤と白)が用いられている。わが国では住宅内に入る扉はほとんどが外開きである。これは、室内で火災が起きた場合に、外へ向けて扉を開けられるほうが逃げやすいためとされている。一方、ドイツは外壁につく扉はすべて内開きである。来客に対して「いらっしゃいませ」と内側に開いて客を招き入れるのが礼儀であるとしている。また、強風で扉が閉まったときに、外開きであると幼児が手を扉にはさみ大怪我をする可能性があるので、その危険を避けるために外開きは用いないとのことである。外壁につく扉の例を示す。この住宅団地は一九三〇〜三一年に建設され、一九五〇年に補修が行われた。このときに外壁の吹きつけ塗装と窓の塗装がタウト設計のものと変わった仕上げがなされた。しかし、二〇〇〇年に記念建築物保護法により修復工事が実施され、タウトの初期の色彩がよみがえっている。

3

4

V

ブルーノ・タウトがベルリンに設計した集合住宅以外の建築

Other Architecture Designed by Bruno Taut in Berlin

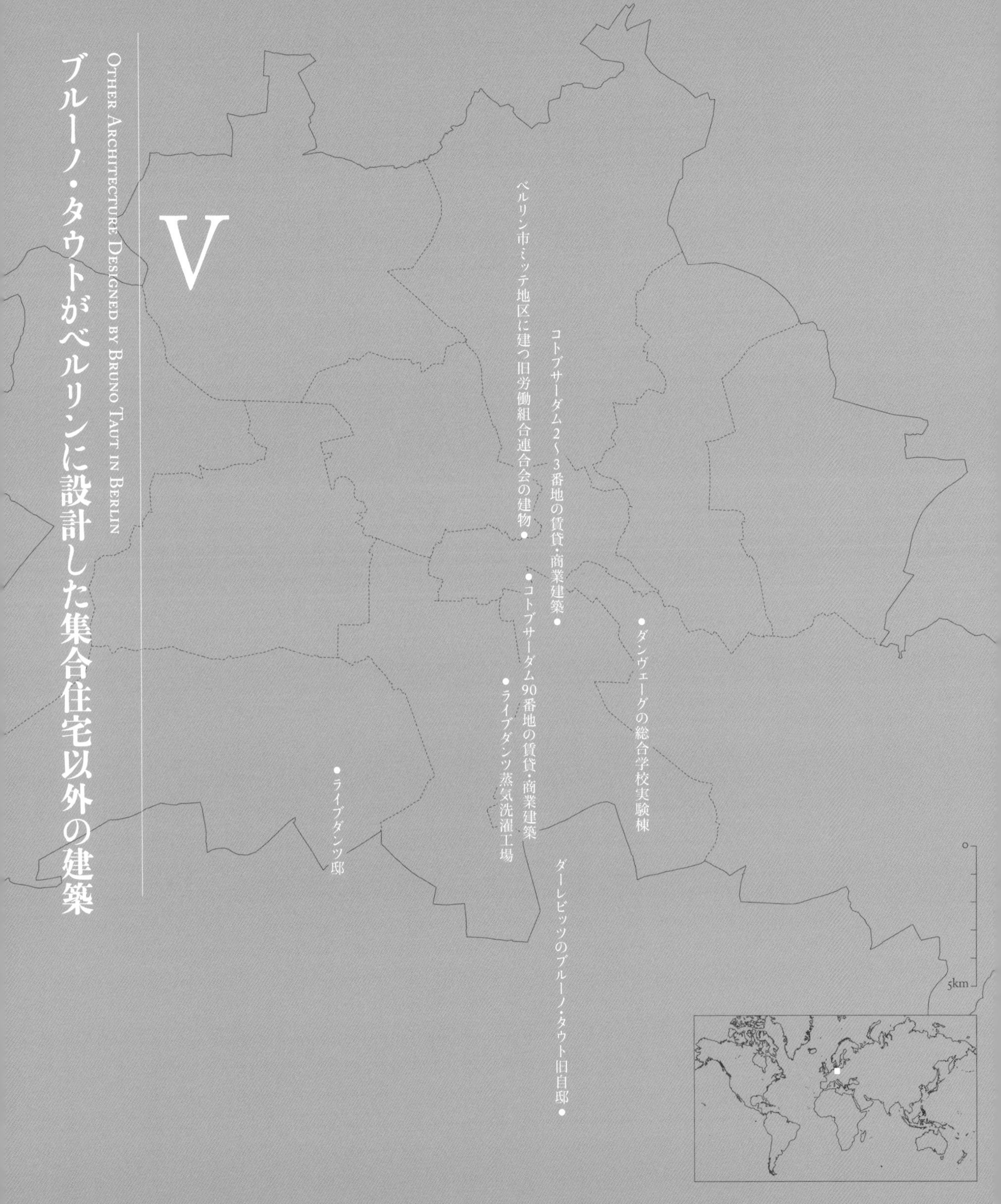

ブルーノ・タウトはベルリンで社会主義住宅（Sozialwohnung）をたくさん建設した建築家として知られるが、社会主義住宅のみならず、商業建築なども設計している。この章ではそれらを紹介する。

コトブサーダム2〜3番地の賃貸・商業建築

•建設年：一九一〇〜一一年
•所在地：Berlin Kreutzberg, Kottbusserdamm 2-3

この商業建築はベルリン市クロイツベルク（Kreuzberg）地区コトブサーダム2〜3番地にある。地下鉄（U-Bahn）のシェーンライン通り駅（Schönleinstr.）の直前にこの建物は建っている。主に平面計画は建築家アルテウール・フォクト（Arthur Vogdt）により実施され、ブルーノ・タウトはファッサードの設計を行っている。この建物の所有者はアルテゥール・フォクトであった。この建物の中に映画館があり、この内装をタウトが行った。しかし第二次世界大戦による戦災後この映画館はなくなっている。タウトは賃貸建築の価値を上げることに腐心した。古い建築法規に拘束されることを嫌い、張り出し窓、外に出ない屋根付バルコニー、一般バルコニーを設け、ファッサードに工夫を凝らした。さらに彩色により、特徴を持たせ、建物に投機の価値を持たせた。十九世紀の伝統的なファッサードとは異なり、ダイナミックなファッサードを実現した。第二次世界大戦で壊滅的な被害を受けたが一九七七〜七八年にかけてファッ

1

2

その後の改修により原設計と異なる形態となった部分

1 コトブサーダム2〜3番地の複合建築
2 二つの建物の敷地配置図[36]

サードは以前と同じ状態に修復された。タウトは同じ時期に同じコトブサーダム90番地にもやはりアルテゥール・フォクトの依頼により賃貸商業建築を設計している。二つの建物は敷地配置図に示すように比較的近い距離に建っている。ノイケルン地区は労働者も多く住み、ベルリン西郊と比べると雑然とした雰囲気である。その中でもタウトの作品は一段と輝いて見える。

コトブサーダム90番地の賃貸・商業建築

- 建設年：一九〇九〜一〇年
- 所在地：Berlin Neukölln Kottbusserdamm 90, Sprenbergerstraße 11, Bürknerstraße 12-14

この商業建築はベルリン市ノイケルン(Neukölln)地区コトブサーダム90番地にある。一九〇九〜一〇年にかけて建設された。敷地配置図に示したように正面はビュルクナー通り(Bürknerstr.)に面して建っている。また一部はシュプレンベルガー通り(Sprenbergerstr.)に面している。やはり張り出し窓、外に出ない屋根付バルコニー、一般バルコニーを設け、ファッサードに工夫を凝らした。さらに彩色により、特徴を持たせ、建物に投機の価値を持たせた。十九世紀の伝統的なファッサードとは異なり、ダイナミックなファッサードを実現した。第二次世界大戦で壊滅的な被害を受けたが一九八〇年にファッサードは歴史的建築物修復法により以前と同じ状態に復元された。

ベルリン市には12の行政区があり、ノイケルン地区はその一つである。この地区は人口三〇万人であるが、そのうち七万人は主にトルコ人、そして中東、バルカン半島からの移民である。ドイツの戦後復興や経済成長期に移ってきた低賃金労働者とその子孫たちである。筆者は一九七一〜七三年にかけベルリン工科大学に客員研究員として留学していた。当時これら労働者は客員労働者(Gastarbeiter: ガストアルバイター)と呼ばれ、歓迎されていたが、人数が増えるとともに客員労働者(Gastarbeiter)がドイツ人労働者の職も奪うようになり、ガストアルバイターは「招かれざる労働者」の意味も持つようになった。この大半はイスラム教徒であり、多くのドイツ人のキリスト教徒とは異なる宗教を持つ。ノイケルン地区北部はとくに学校でもトルコ人就学者がほとんどという学校もある。親の収入が少ない上、子供たちはしっかり母国語のトルコ語も勉強していない。家ではトルコ語で会話が行われても、通常はドイツ語のほうが不自由しない。となると「両方の言葉が中途半端ということになり、物を考えるしっかりした言葉を持たない人間が育っている」と筆者の友人でこのような問題と取り組んでいる元高等学校教師は深刻な顔で話してくれた。「まず母国語をしっかり勉強することが大切である」という主張であるが、ドイツ語が母国語なのか、トルコ語が母国語なのかわからない若者が増えているのである。

という次第で、この二つのタウト設計の商業建築が建つ場所は現在トルコ人が経営する店（とくに飲食店）も多く、町を行く女性もイスラムの風習によりスカーフをかぶるトルコ人も多い。ブルーノ・タウトは一九三八年十二月二十四日、亡命先のトルコで客死する。タウトがベルリンで設計した商業建築付近を多くのトルコ人が行き交い、タウトが設計したクロイツベルク・ノイケルン地区の集合住宅に多くのトルコ人が住むのも何かの縁があってのことであろう。

ベルリン市ミッテ地区に建つ旧労働組合連合会の建物

• 建設年：一九二七〜三二年

当初の設計者はブルーノ・タウトとフランツ・ホフマン（Franz Hoffmann）であり、一九二七〜三〇年の間に設計された。発注者がドイツ交通連盟であった。一九三〇年から労働者連合会に代わった。平面的にはほぼ四角形で中庭がある。五階建てで各階にリザリト（建物前面の突出部）がある。ブルーノ・タウトは台頭してきたナチス政権から社会主義に傾注した建築家として睨まれるようになり、日本への脱出を図る。そのことにより、途中から実弟のマックス・タウトが設計を担当してこの建物を完成させている。当初直角であった隅角部に

1

2

1 コトブサーダム90番地の複合建築
2 ベルリン市ミッテ地区に建つ旧労働組合連合会の建物

マックス・タウトは丸みをつけている。マックスはスパンを経済的に計算し、現在の物に変更している。このビルはミカエル教会広場（Michaelkirchplatz）とエンゲルダム通り（Engeldamm）の交点に建っている。

ライベダンツ邸

- 建設年：一九一〇〜一一年
- 所在地：Berlin Lichterfelde, Adolf Martens-Straße 14

労働者・庶民のための集合住宅設計が主であったブルーノ・タウトがこのような個人の大邸宅を設計していたというのも新しい発見であったが、これは洗濯業で財をなしたライベダンツ氏の自邸である。ブルーノ・タウトと実弟のマックス・タウトとともに設計事務所を開設していたフランツ・ホフマンが発注者のライベダンツ氏と義兄弟であったということにもよる。ライベダンツ氏がタウトに自邸の設計を依頼したのは、それより前の一九一〇〜一一年に工事が行われたフラム氏邸（Villa Flamm）があったことによる。ブルーノ・タウト設計のフラム邸をライベダンツ氏が気に入ったからだとの説がある。フラム邸はベルリンの西

3

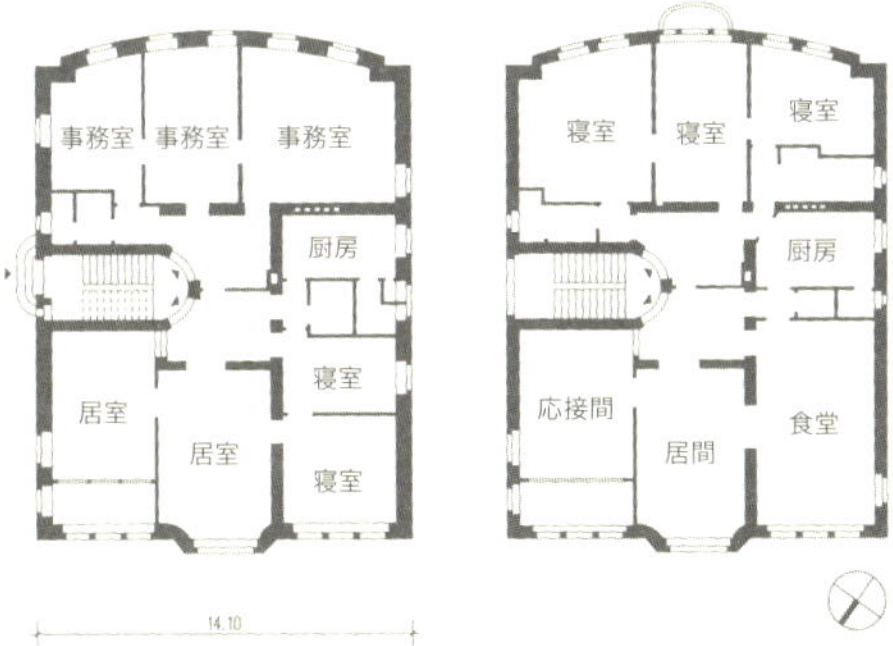

4

3　ライベダンツ邸
4　ライベダンツ邸平面図（左一階　右二階）[36]

郊の高級住宅地のニコラスゼー（Nikolassee）にあった。発注者はシャロテンブルグ工科大学（現在のベルリン工科大学）で船舶工学の教授であったオズヴァルト・フラム氏（Oswald Flamm）であった。フラム氏邸は戦災を受けなかったが、一九七〇年代にこの敷地に集合住宅を建設するために取り壊された。ライベダンツ邸はベランダのある二階建ての住宅で新古典主義の様式である。しかしフラム邸も同様であった。この点でもランベダンツ邸はフラム邸と酷似している。タウトはフラム邸をモデルにし、ライベダンツ邸もほぼ立方体でまとめている。かつ、そこに建築彫刻家の協力を得て湾曲した建築のモチーフを入れた。ベルリンに有名建築を多く残した大建築家カール・フリードリッヒ・フォン・シンケル（Karl Friedrich von Schinkel, 1781–1841）の名前を冠した建築学校があった。この学校の教育により、豊かな人が多く住むベルリンの西郊にある多くの高級住宅は、この方法に倣っている。ライベダンツ邸各階の床面積は二五〇平方メートルで六室よりなっている。玄関の傍らに受付室がある。かつてはこのような大邸宅では賓客を招いてパーティーが催された。早く到着した客はここでパーティーの開催を待った。ここの部屋にはパーティーの席次表も置いてあった。また単なる来客の場合は、ここで主人が来客と面会を行った。邸宅のアドルフ・マルテンス通り側の外壁は北側に当たる。ここにはドイツ人が忠実な木として好む樅の木が植えられていた。中庭、南側から外壁を見ると、外壁が湾曲して設計されたことがわかる。地上四階建て、そして屋根裏部屋があり、三階の中央にはバルコニーが設けられている。東側にこの建物の玄関がある。玄関は樹木をモチーフにした白い模様がついている。その上には内側が銅製の、雨除けの庇がついている。ライベダンツ邸は、現在は多くの家族の賃貸住宅になっている。玄関にはたくさんの表札と呼び鈴が並んでいる。

ライベダンツ蒸気洗濯工場

•建設年：一九一一～一二年
•所在地：Berlin Tempelhof, Teilestraße 23

ライベダンツ邸の設計をブルーノ・タウトに依頼したエルヴィン・ライベダンツ（Erwin Reibdanz）氏は職業とする蒸気洗濯工場の設計をブルーノ・タウトとフランツ・ホフマンに依頼している。これはベルリン市テンペルホーフ地区（Tempelhof）のタイレ通り(Teilestr.)23番地にある。この建物はベルリンで初めて表現主義の建築として有名になった。敷地が細長く、設計に苦労があったが平屋建てで、道路に近いほうに一般家庭用の洗濯工場、奥のほうほう」にホテルや工場から依頼される洗濯工場が配置され、その間に蒸気ボイラ室が設置された。当時は蒸気ボイラに接続された高い円形の煙突があり、建物と一体化されていた。工場の外壁は十九世紀に工場建築として主流であった支柱を立て、クリンカータイルで仕上げる方式であった。このクリンカータイルも唯平面的に張りつけたのではなく。凹凸を設けて張られた。第二次世界大戦で一部を損傷し、さらに改復が行われ、現在は一部にのみ当時建設された部分が残っている。現在は自動車の修理工場(とくにタイヤの交換を専門とする)となっている。ライベダンツ氏の墓標はベルリン市の市営ルイーゼ墓地にある。これはブルーノの弟マックス・タウトにより設計され、ベルリンのモダニズムの傑作と言われている。これについては本書一〇章のマックス・タウトの項で紹介する。

ダムヴェーグの総合学校実験棟

- 建設年：一九二八年
- 所在地：Berlin Neukölln, Dammweg 216

この建物はベルリン市ノイケルンのダムヴェーグ(Dammweg)26番地に建っている。所有者はベルリン市で発注者はベルリン市ノイケルン地区である。建設計画は一九二七年に始まった。ヴァイマール共和国は教育計画にも改革を試み、教育と建築を一体化した考えを打ち出した。学校教育改革者であったフリッツ・カルゼン博士(Dr. Fritz Karsen)とブルーノ・タウトは将来の学校のモデルとして学生数二〇〇〇から二五〇〇人の総合学校(Gesamtschule)を作った。もっとも進歩的な教育を考えるチームであった。労働者の居住地であるノイケルン地区のダムヴェーグにある一四万二七〇〇

1 旧ライベダンツ洗濯工場
2 旧ライベダンツ洗濯工場

平方メートルの広大な敷地を校地とした。学校教育の改革とは幼稚園、小学校、中学校、高等学校を一つの教育機関として統合しようとするものであった。そうすることで、幅の広い教育を提供でき、また学生、生徒には個別の対応ができることを考えた。校舎は円弧状にし、かつこれを連続させ、それぞれ学年別の教育が分断されないようにした。そして、前面道路との関係もよくなるようにした。校舎内の机や椅子も新しい教育方針に沿って作られたそうである。しかし現存する唯一のヴァイマール共和国のもっとも重要な学校計画の遺品は「実験ホール」である。この建物は、一九三〇年代にいったん学校の管理人の住宅になり、後工場、そして倉庫として使用された。一九九八～九九年にベルリン工科大学建築史研究室により、当初のブルーノ・タウトが設計を行ったときと同じ状態に修復された。正面の大きなガラスの扉は採光をよくするために設けられたもので、外壁のガラス窓は高い位置に設けられている。現在、この学校はベルリン市の教育・科学研究の事務所と、カール・レギン学校と呼ぶ職業学校になっている。カール・レギンとは社会主義者であった。二〇〇八年にベルリンでタウトが設計した四つの住宅団地がユネスコの世界文化遺産に指定さ

1

れたが、その内一つの団地はやはり「カール・レギエン」と名づけられている。

　タウトは集合住宅設計を通して、人々の生活を考えたように、教育のあり方にも理想を持っていた。そしてそれを実現したのが、ダムヴェーグの総合学校である。タウトが設計した校舎は現在ではその一部の実験棟しか残っていない。しかしタウトの理想、ヴァイマール共和国が目指した理想の教育の遺品として価値のあるものであるので、紹介を行った。

ダーレビッツのブルーノ・タウト旧自邸

- 建設年：一九二六〜二七年
- 所在地：Dahlewitz, Landkreis Teltow-Fläming, Wiesenstraße 13

ブルーノ・タウトは一九三三年台頭してきたナチス政権から逃れて来日する。その直前まで自らが設計し、住んでいた住宅がベルリンの南方約五〇キロメートルのところのダーレビッツ(Dahlewitz)にある。この住宅を最初に訪問したとき、夏の日も暮れ、薄暗くなって辞去しようとした際に、住宅の所有者であるディップナー氏に「お願いがあるのです」と呼び止められた。「ご覧になってお分かりのように、この住宅はもう大分傷んでいます。床からの湿気の上昇、外壁の傷みは相当進んでいます。今まで私の少ない収入で補修を行ってきましたが、今は年金生活になり、とくに旧東独の年金ではこの住宅を維持していくことは不可能です。この住宅はタウトの作品としてブランデンブルグ州の重要文化財に指定はされていますが、ブランデンブルグ州の州都はポツダムです。ポツダムには修復すべきお城だけでも非常な数になります。州の記念建築物の修復予算は殆ど観光収入に役立つ建造物に向けられ、とても個人所有の住宅には回ってきません。日本はタウトが好んだ国ですから、どうにかあなたのお力で修復資金を集めてくださいませんか？」とのことであった。

　これはたいへんなことになったと筆者は考えたのであるが、タウトは日本の文化を世界に紹介した日本の恩人である。にもかかわらず、当時の日本はタウトの期待に沿うようなことができず、失意のうちに日本を去りトルコへ向かったことを知っていた。したがって、お断りもできず「日本に帰って周囲の人とも相談します」と答えて、冷や汗をかきつつ辞去した次第であった。「日本経済新聞」（二〇〇八年七月十七日付朝刊）の文化欄に「朽

2

3

1　実験ホール玄関
2　玄関の反対側から見た実験ホール
3　校庭側から実験ホール

ちかけるタウトの家……故人が設計し暮らした旧東独の住宅、保存の呼びかけ」を執筆した。これらが元となり、日独のいくつかの新聞、雑誌が寄付運動を扱ってくれた。しかし、その間にも日本の経済状況はさらに厳しくなり、リーマンショックが寄付集めを不可能にしてしまった。その間にも旧宅の補修にいくら費用がかかるかドイツの建設業者から見積りを取ったり、記念建築物補修の専門家であるベルリン工科大学建築学科の教授の意見を聞いたりで何回か渡独をし、その度に旧宅を訪問した。ディップナー氏を喜ばす回答ができないまま時間は流れたが、二〇〇八年七月に朗報が入った。ブルーノ・タウトがベルリンに設計した住宅団地四件を含む合計六件の住宅団地が、ベルリンのモダニズム建築(Berliner Moderne)としてユネスコの世界文化遺産に登録されたのである。この報は、タウト研究を通じて交流があったベルリンの建築家ヴィンフリード・ブレンネ(Winfried Brenne)氏からもたらされた。氏は東西ベルリンが分かれていたころから、自費で建築材料を持ち込んで、たいへんな苦労をしつつ旧宅の修理を行ってきた方である。氏はブルーノ・タウトをドイツでも有名にするためにタウトの作品をユネスコ文化遺産の指定を受けるべく提出書類をまとめたり、たいへんな努力をされた方である。この正攻法があたり、四件の住宅団地は文化遺産に登録され、一躍ブルーノ・タウトの名が世間に知れ渡ったのである。そしてダーレビッツの旧宅にもブランデンブルグ州と記念建築物保護財団が修復の予算をつけることとなった。

二〇〇九年十月十一日(日)の午後、筆者は再度ベルリン中央駅よりドイツ鉄道(Bundesbahn)のローカル線に乗って、旧宅のあるダーレビッツへ向かった。ダーレビッツ駅のホームでは数人しか降車しない。晩秋のホームをすでに北風が吹きぬけ、初秋の服装で日本を出てきた筆者を震え上がらせた。以前訪問した際に、旧宅所有者のディップナー氏は「公共施設であるドイツ鉄道のダーレビッツの駅舎ですらまだ修復されないのですから、いくらブルーノ・タウトが設計し、自ら住んでいた名建築とはいえ、公的資金での修復は難しいでしょう」と述べていた。しかしこの住宅を公的資金で修復することが決まり、工事も始まったと聞いての訪問であった。公的施設であるダーレビッツの駅舎の修復も始まったのでないかと期待してはいたが、残念ながら前回同様、破れたガラス窓にはベニア板が張りつけたままであった。駅前通りを二〇〇メートルほど歩き、芝生通り

1

1 ドイツ鉄道ダーレビッツ駅 二〇一〇年撮影

（Wiesestr.）を右に入り、さらに三〇〇メートルほど歩くとタウト旧宅が現れる。以前と違って旧宅には修復工事用のシートが掛けられていた。我々の訪問を事前に知らせてあったので、ディップナー氏の令嬢で、近くに住むエミリア・マルコヴスキーさん、タウト研究家で近隣に住むヴェラ・ザイデルさんも我々をにこやかに出迎えてくれた。工事は一週間ほど前から始められたそうで、足場が掛けられ、塗装のための養生工事が始まったところであった。訪問日が日曜日ということもあって、その日は、工事は行われていなかった。

　この住宅は二階建てで、円形のケーキを四分の一に切ったような形をしている。道路に面して、チャコールグレーに彩色された円弧を描くように丸みを帯びた外壁がある。屋根はフラットの陸屋根である。住宅の片側には長方形のレンガ造りの物置、ガレージが添えられている。チャコールグレーの外壁に白色の玄関扉があり、窓枠は外から内に向かって三段階に造られている。窓枠は青、オレンジ、白と塗装が行われている。延べ床面積は二六四平方メートル、敷地面積は一五〇〇平方メートルである。一階と二階の平面図に見るように一階に扇状の形をした居間、厨房、書斎がある。さらに一階には飛び出すような形をして洗濯室、車庫、機械室がある。タウトは当時から車を使用していた。二階には寝室、浴室、バルコニーがある。現在二階には画家でもあるディップナーさんのアトリエもある。非常に派手な彩色であるが、ディップナーさんはここで仕事をするときがいち

2

2 庭側、ディップナー氏と筆者

1

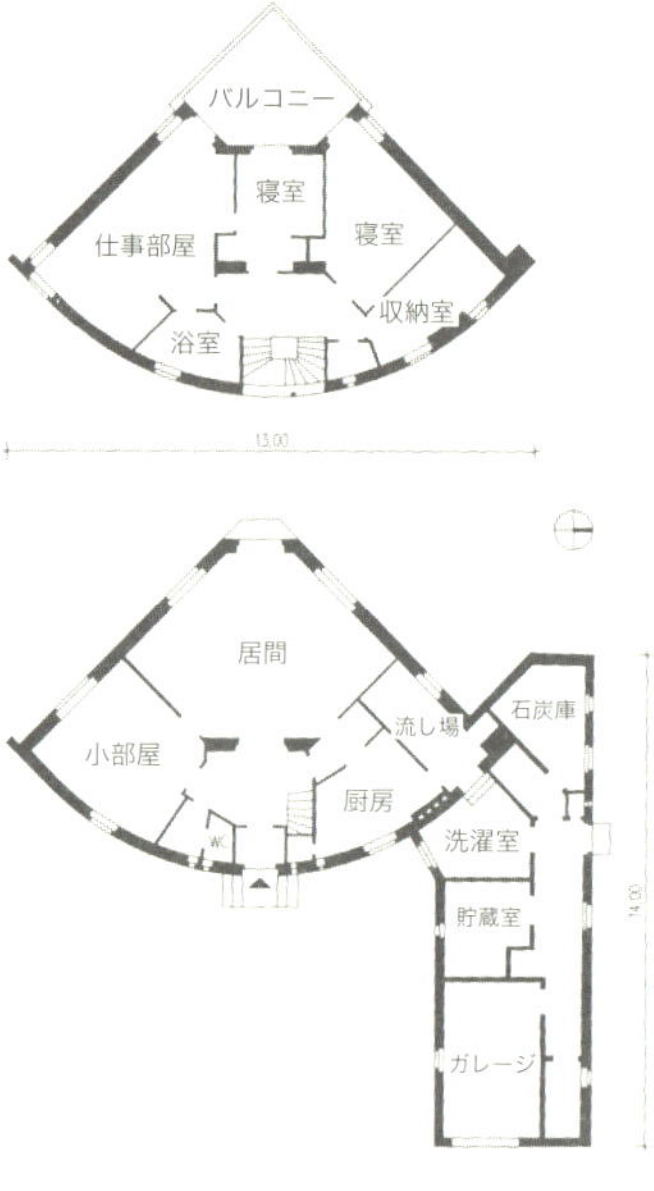

2

1 チャコールグレーに無機塗料で彩色された円弧状の旧宅外壁

2 タウト旧宅平面図（上二階、下一階）[36]

3 熱海の旧日向別邸を思わせる居間

4 居間の扉とドアノブ

5 居間から庭への眺めと着色された放熱器

6 二階アトリエ

7 派手な彩色が行われた窓枠

8 アトリエからベランダへつながる扉

9 出世作「ガラスの家」を彷彿させるガラスブロック

10 回り階段

11 二階の放熱器

6

3

4

5

11

10

9

8

7

ばん落ち着くと説明してくれた。アトリエからバルコニーへの出口も補色を使用した扉がついている。敷地の西側には広い草原が広がり、室内からも見渡せるように草原に向かう扉の窓は大きめなガラスが採用されている。草原の先にはダーレビッツの森が広がる。居間に入る扉も補色を使用し、ドアのノブもタウトの設計で凝っている。この居間は段状になっていること、内壁が海老茶色に仕上げられていることなど、タウトが在日中に唯一設計を行って現存している熱海の旧日向別邸洋間と酷似している。チャコールグレーの円弧状の外壁の一部は、タウトの若いころの作品「ガラスの家」を彷彿させるガラスブロックがはめ込まれている。この内側に一階から二階へ上がる階段があり、自然採光を施すようになっている。タウトは『日本・タウトの日記』に、在日中住んでいた高崎の住宅に関し、「少林山達磨寺の洗心亭には日曜日にも来客があった。ダーレビッツの住宅には休日の来客は全く無かった」と記している。おそらく、週日ベルリンで多忙な日々を過ごしたタウトは、週末この田園の中に建つ旧宅でのんびりと過ごし、英気を養ったものと想像される。

　室内工事はまだ始まっておらず、以前と同様な状態であった。室内には自然循環式温水暖房の大きめな放熱器が、やはり彩色されており、室内の装飾品のような役割も果たしているように感じられた。修復工事は、長くこの住宅の保全を行ってきたベルリンの建築家ヴィンフリード・ブレンネ氏が担当して行われた。

ダーレビッツとタウト

旧宅の居間でディップナー氏にお茶をご馳走になりながら、雑談を行った。なぜタウトのように忙しい人が、ベルリンから五〇キロメートルも離れた土地に住宅を建てたのかが我々の疑問であった。現在のように列車が早く走るようになってもベルリン中央駅からダーレビッツ駅まで四〇分はかかる。かつ列車の本数もきわめて少ない。当時はもっと少なかったに違いない。精力的にベルリンで仕事をしていたタウトにとってベルリンへの通勤はたいへんだったのではないかと考えた次第である。タウト研究家のザイデルさんは、この旧宅は「ダーレビッツのタウト二号住宅と呼んでいて、実は一号住宅があるのです、後でご案内します」とのことであった。ここに居を構えたのはブルーノ・タウトの伴侶エリカの母親がダーレビッツに住んでいたからで、タウトは当時かなり収入

1

もあったので、車を運転して通勤していたとのことであった。オンケルトムズヒュッテの団地などでも一九二六年に設計されながら当時すでに自家用車の普及を想定し、各戸にカーポートを設け、団地内の道路も交差点では道幅を広げるなどの工夫を凝らしている点も、当時自ら車を運転していたことによるものと理解できた。旧宅の右に飛び出したレンガづくりの平屋の入り口は、タウトが毎日自家用車を格納していた車庫だったのである。帰路ザイデルさんに案内していただいたタウト一号住宅は、二号住宅の道をはさんで前にあった。この二号住宅を建設する前にエリカとともに住んでいたもので、現在は大幅に改築されており、写真の右の白い部分だけが当時のまま残されているそうである。伴侶エリカの母親の住んでいた住宅はさらにダーレビッツの駅に近く、集合住宅の一室であったそうである。

　ブルーノ・タウトはこの住宅設計に心を砕き、自信のある作品と考えた。この作品を題材にし『ある住宅』(Ein Wohnhaus)という本を著している。ここに多くの写真が掲載されている。筆者は、これはモデルを使用して撮影したものと考えていた。しかしこの本に写っている人物はタウトの家族であることを、タウトのお孫さんであるスザンネ・キーファー・タウトさんを訪問したときに教えて頂いた。タウトは写真撮影も好きで、来日中も多くの写真を撮影している。食卓を囲んでいる写真では左側がエリカの娘エミー・ローレンツ、後ろを向いているのがエリカの母親、その右がエリカ、右に腰掛けているのがタウトとエリカの間の娘クラリッサである。タウトはエリカの母親が食事を運んでいる写真を二重写しで示している。当時としては高度な写真撮影技術である。

1 ダーレビッツのタウト1号住宅
2 タウトが使用した二重撮影[76]
3 食卓を囲むタウトの家族[76]

2

3

VI

ベルリンに残るタウト以外のモダニズム建築

Other Examples of Surviving Modernist Architecture in Berlin

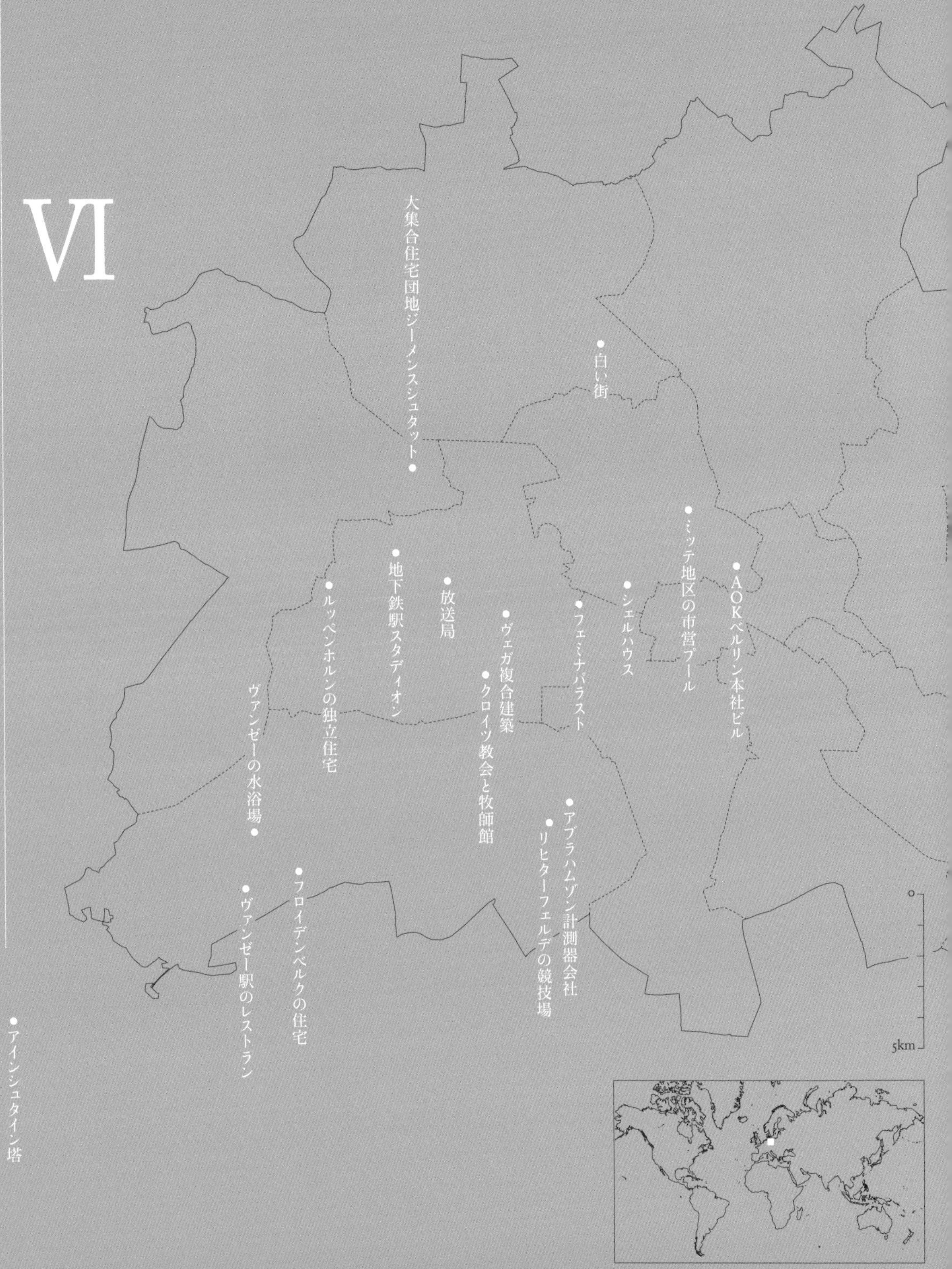

1

一九二〇年代はモダニズムの旗頭ブルーノ・タウトがベルリンを舞台に大活躍をした時代であった。では、ブルーノ・タウト以外の建築家の作品としてどのような建築がベルリンのモダニズムとして残っているであろうか？　もちろん多くの建築が残っているので、ここに紹介する建築の選択は筆者も苦しむところであった。筆者の好みを優先し、選択したものをここに紹介したい。これら作品の設計者は直接ブルーノ・タウトと関係はしていないが、ほぼ同時代に活躍した建築家たちの作品であるから、お互いに多かれ少なかれ影響をしあっていたはずである。

シェルハウス

・設計はエミール・ファーレンカンプ(Emil Fahrenkamp)。一九三〇～三二年建設。所在地 Reichpietschufer 60

本来はシュエル石油のために建てられた。現在、所有者は代わってベルリン市のガス会社になっているが、現在もシェルハウスと呼ばれている。一九五八年に記念建築物として保護されるようになった。鉄骨造りで波を打っているファッサードが特徴。一九九七～二〇〇〇年にファッサードの改修が行われた。

ルッペンホルンの独立住宅

・設計はヴァシリ・ルックハルト、ハンス・ルック

1　シェルハウス外観
2　ルッペンホルンの独立住宅
3　ミッテ地区の市営プール
4　シモンがベルリン市に寄贈したという銘板
5　AOKベルリン本社ビル
6　地下鉄駅スタディオン

ハルト(Wassili und Hans Luckhardt)他。一九二九～三〇年建設。所在地 Am Ruppenhorn 24-25 ドイツ大手建設会社フィリップ・ホルツマン社も設計にかかわった。山荘風の瀟洒な大住宅。

ミッテ地区の市営プール

•設計はカルロ・イエルクマン(Carlo Jelkmann)。内部設計はハンリッヒ・テッセナウ(Heinrich Tessenow)。一九二九～三〇年建設。所在地 Gartenstr. 5

一九八六～九三年にかけて改修工事が行われた。ガラス窓面積を大きくとり、自然採光を計った。外部ガラスは規則正しい窓割りを行った。硬質焼きのクリンカーをファッサードに用いている。これは二章で述べたようにユダヤ系ドイツ人で大商人であったシモンによりベルリン市に寄贈されたものである。

AOK(ドイツの保険会社)ベルリン本社ビル

•設計はアルフレッド・ゴッタイナー(Alfred Gottheiner)。一九三一～三二年建設。所在地

2

3

4

5

6

54

VI ― ベルリンに残るタウト以外の設計者によるモダニズム建築

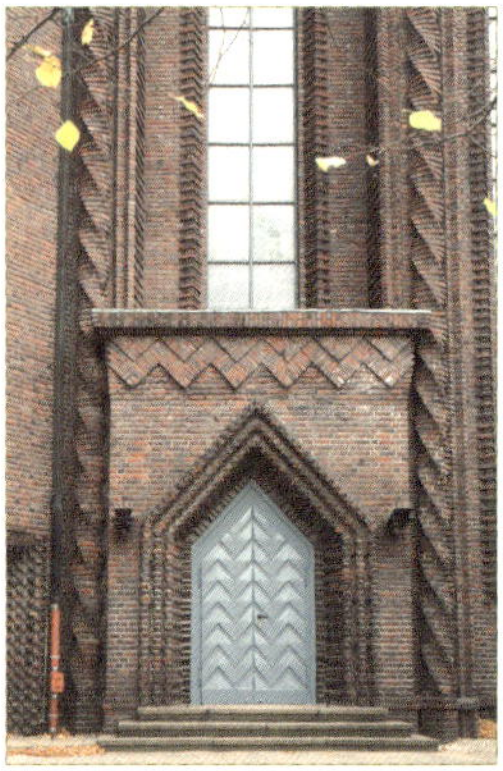

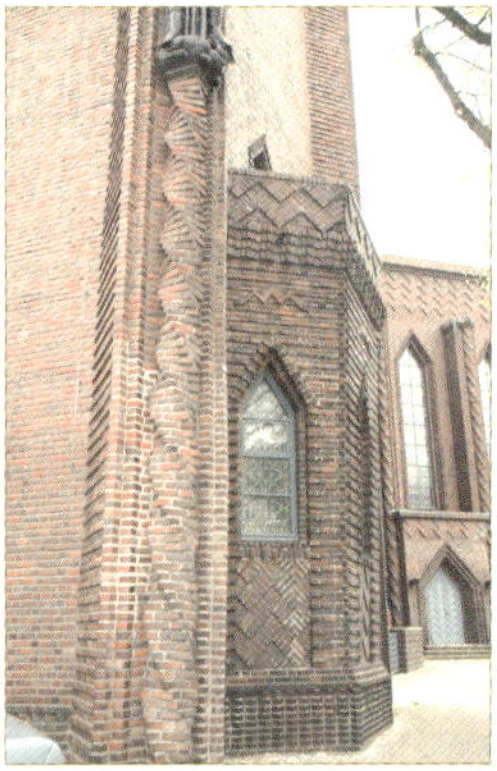

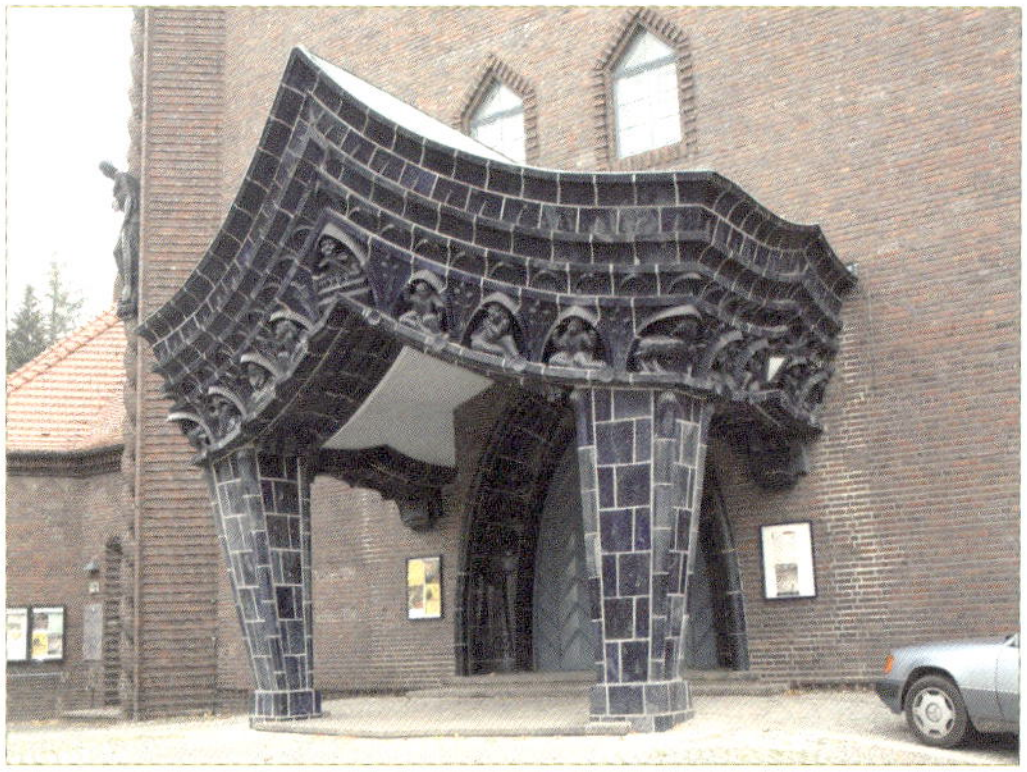

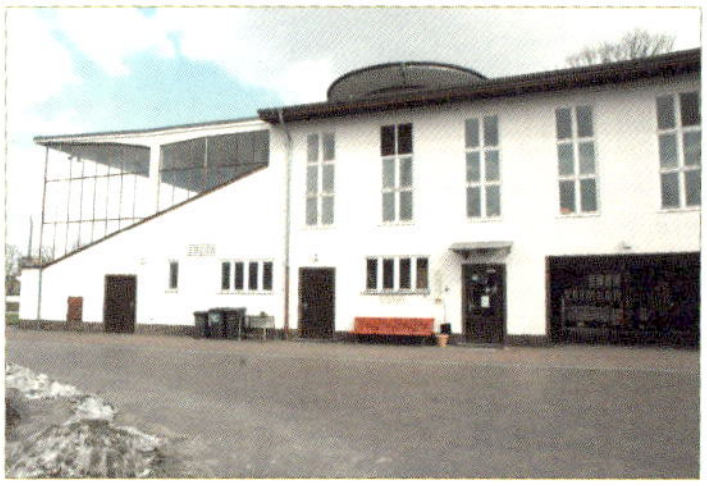

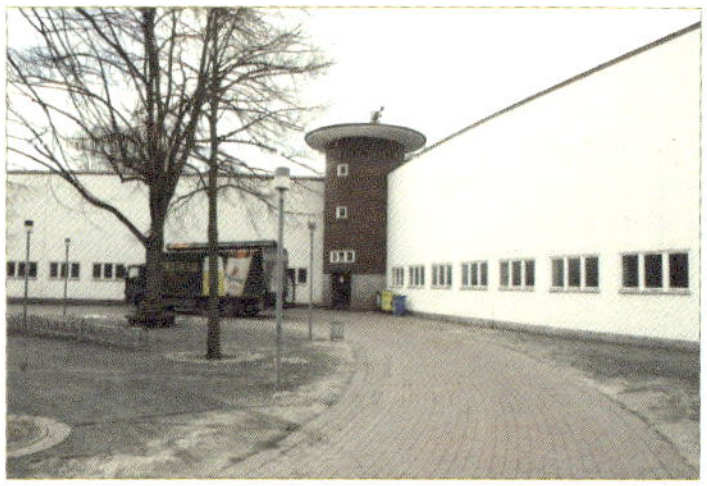

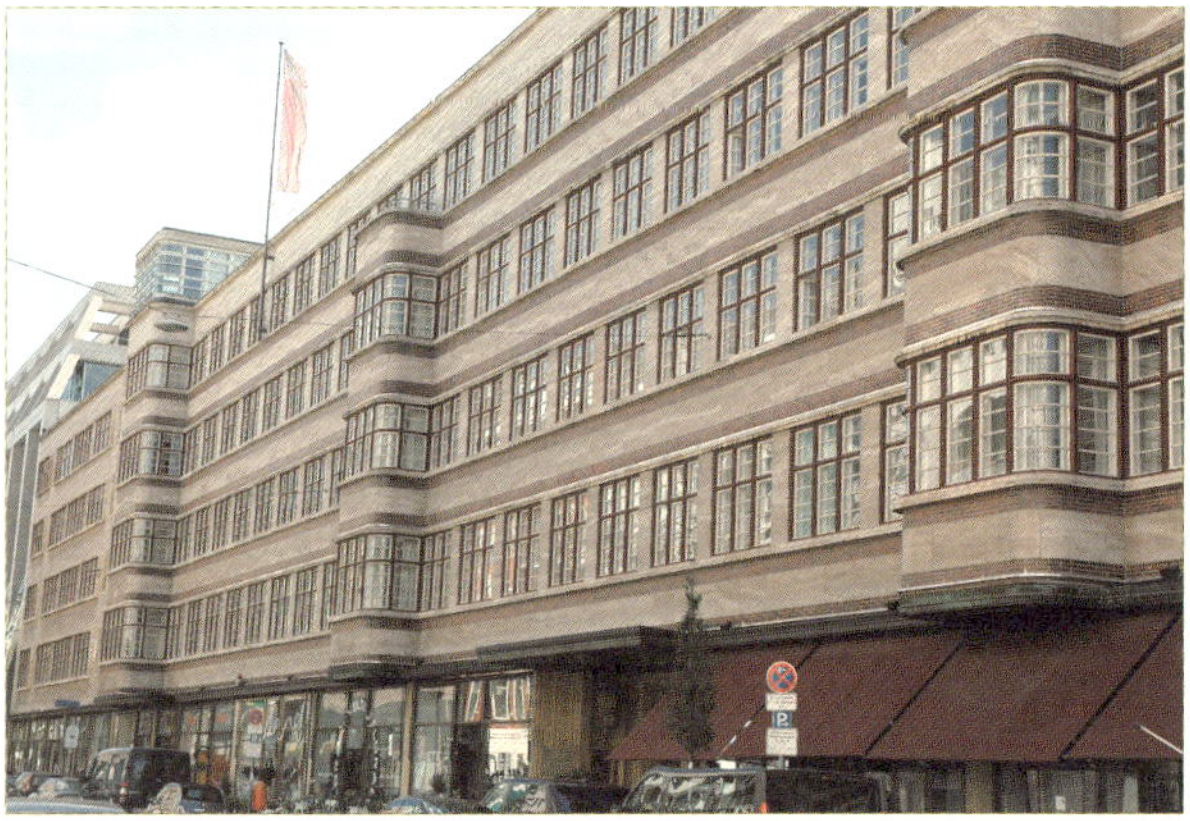

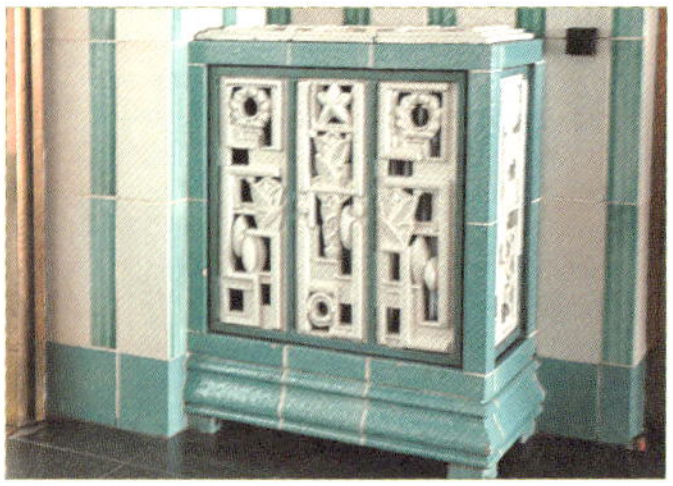

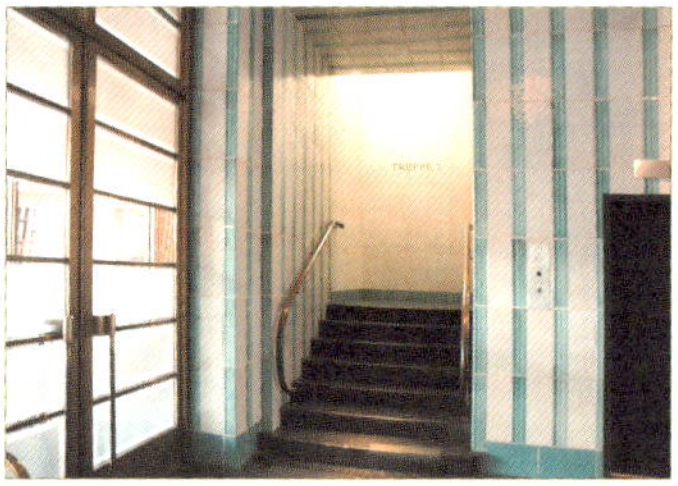

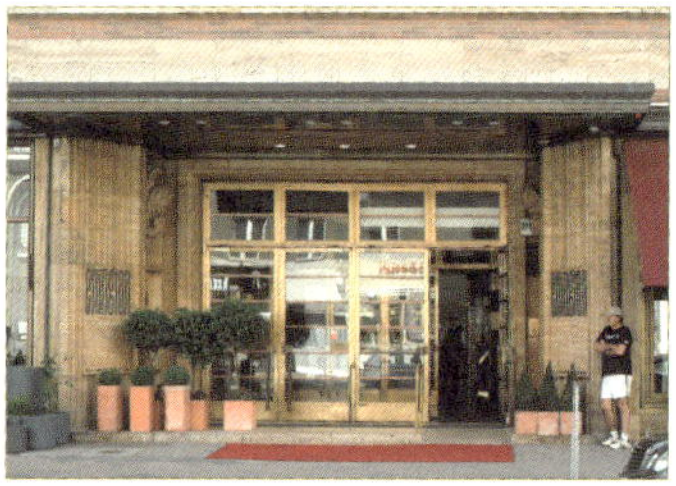

Rungestraße 3-6

表現主義的なレンガ建築。このような建築はハンブルグに見られる。柱を建物から表に飛び出させ、垂直に地面から最上部まで伸ばしている。

地下鉄駅スタディオン
（現在はオリンピア・スタディオン）

• 設計はアルフレッド・グレナンダー（Alfred Grenander）。一九二九〜三〇年建設。

ベルリンのオリンピック開催を目的に地下鉄駅がオリンピックスタディアム近くに建設された。オリンピック競技場はナチス好みの建築であるが、地下鉄駅はベルリンのモダニズムに含まれる建築である。

クロイツ教会と牧師館

• 設計はエルンスト・パウルスとギュンター・パウルス（Ernst und Günter Paulus）。一九三〇年建設。所在地 Hohenzollendamm Fokenbeckstraße の交差の場所

教会、牧師館、幼稚園が一体となった建物、高温で焼いたタイルが外壁に用いられ、入口部分の屋根はタイルで仕上げられている。

フェミナ・パラスト

• 設計はリヒャルド・ビーレンベルグ（Richard Bielenberg）とヨーゼフ・モザー（Josef Moser）。一九二八〜三一年建設。所在地 Nürnbergerstr. 50-55

今日ではホテルに改装されて使用されている。一階のファッサードが特徴的で、かつては社交ダンス場フェミナ・パラストと呼ばれていた。建物の長さは一五六メートルあり、バルコニーがアクセントを与えている。室内に設けられた放熱器も陶製の覆いが設けられ、建物との調和がとられている。アール・デコ風建築とも言える。

リヒターフェルデの競技場

• 設計者はフリッツ・フライミュラー（Fritz Freymüller）。一九二六〜二九年建設。所在地 Ostpreußendamm 3-17

1 クロイツ教会正門
2 クロイツ教会外壁
3 クロイツ教会玄関
4 リヒターフェルデ競技場
5 リヒターフェルデ競技場
6 フェミナ・パラストファッサード
7 フェミナ・パラスト玄関
8 フェミナ・パラスト内部と階段
9 フェミナ・パラスト放熱器の陶製カバー

建築家フライミュラーはシュテーグリッツ(Steglitz)地区に近代建築をたくさん建設した人として有名。陸上競技場を含む。

放送局

• 設計はハンス・ペルチッヒ(Hnas Poelzig)。一九二八〜三一年建設。所在地Masurenallee 8-14

外装と内部は一九八五〜九〇年に改装された。ドイツで第二番目の放送局。当時放送はニュースを伝達するのに大きな役割を果たし、重要な建築物であった。外装は茶色のクリンカータイル。内部のホールがすばらしい。各階に停車しないで人が飛び乗り、飛び降りする当時のエレベーターが現在も使用されている。新生トルコ共和国でアタチュルク大統領が建築の教育の質を高めるためにイスタンブール芸術アカデミー(現在のミマール・シナン大学)にドイツから主任教授を招聘した。当初決まったのがこのペルチッヒであった。しかし、ペルチッヒは急死し、代わって日本の高崎に滞在していたブルーノ・タウトが招聘されたのである。

1

2

1 放送局外観
2 放送局アトリウム
3 放送局外観
4 放送局外観
5 放送局アトリウム
6 放送局の、現在も使用されている停止しないエレベーター

3

4

5

6

アインシュタイン塔

• 設計はエーリッヒ・メンデルゾーン（Erich Mendelsohn）。一九二〇～二四年建設。所在地 Auf dem Gelände des Astrophysikalischen Institutes Potzdam

ブルーノ・タウトと同郷ケーニヒスベルク出身の建築家メンデルゾーンの代表作。厳密にはこれはベルリンでなく、郊外のポツダム市に建っている。

アブラハムゾン計測器会社

• 設計者はマルチン・プニツアー（Martin Punitzer）。一九二八～二九年建設。所在地 Nicolaistr. 7

電気の測定機器メーカーの工場として建設された。事務所部分も含み、モダンな工場であった。

ヴェガ複合建築

• 設計はエーリッヒ・メンデルゾーン。一九二七～三一年建設。所在地 Kurfürstendamm と Cicerostr. の角地

一九二〇年代にドイツの名作映画を多数制作したウファー（Ufer）の映画館、キャバレー、そして事務所、集合住宅が存在する複合建築ブロック。

3

4

5

1

6

2

7

8

9

白い街

•二〇〇八年にタウトの集合住宅団地四件とともにユネスコ世界文化遺産に登録された集合住宅団地。建設面積一四・三ヘクタール、緩衝帯面積五〇・一ヘクタール、総面積六四・四ヘクタール、一九二九〜三〇年建設。所在地 Emmentalerstraße Aroser Allee Rommanshorner Weg Genfer Straße Schillerring

この集合住宅群の設計にはヴィルヘルム・ビューニング(Wilhelm Büning)、オットー・ルドルフ・ザルビスベルグ(Otto Rudolf Salvisberg)らが参加した。一二七〇戸の住戸がある。レンガ造りであるが、全体が白色に彩色されているので、白い街と呼ばれている。オットー・ルドルフ・ザルビスベルグは比較的道幅のあるアローザー通り(Aroser Allee)を跨ぐように集合住宅を設計している。ここではその建物を紹介する。

大集合住宅団地ジーメンスシュタット

•二〇〇八年にタウトの集合住宅団地四件とともにユネスコ世界文化遺産に登録された集合住

1 アインシュタイン塔
2 ヴェガ複合建築
3 アブラハムゾン計測器会社
4 アブラハムゾン計測器会社
5 道路の上に建設された集合住宅(白い街)
6 ある集合住宅の玄関(白い街)
7 ジーメンスシュタットの住宅、フーゴー・ヘーリング設計
8 ジーメンスシュタットの住宅
9 ジーメンスシュタット、グロピウス設計、Jungfernheideweg、

宅団地。建設面積一九・三ヘクタール、緩衝帯面積四六・七ヘクタール、総面積六六ヘクタール、一九二九～三一年に建設。所在地 Mäckeritzstr. Jungfernheideweg, Geißlerpfad, Goebelstr. Heckerdamm

---

この集合住宅群の設計にはハンス・シャロン（Hans Scharoun）、ヴァルター・グロピウス（Walter Gropius）、フーゴー・ヘーリング（Hugo Häring）ら多くの有名建築家が参加した。ここではフーゴー・ヘーリングの作品を紹介する。八〇メートルの長さの集合住宅が九棟並んでいる。一住戸は二部屋、もしくは二部屋半のもので広くはない。これに円形のバルコニーがつき部屋を広く感じさせている。

ヴァンゼー駅のレストラン

• ベルリンの高架鉄道（S-Bahn）ヴァンゼー駅（Wannsee）駅に接続するレストラン。一九三三～三四年にドイツ帝国鉄道建設局によって建設された。ベルリンに存在する唯一のフランク・ロイド・ライトの影響を強く受けた建築である。所在地は Kronprinzessinnenweg 260

褐色のクリンカータイルで仕上げられ、傾斜をつけた窓ガラスの取りつけなどにライト建築の影響が見られる。アール・デコ風建築とも言える。

ヴァンゼーの水浴場

• Richard Ermisch と Martin Wagner の共同設計で一九二九～三〇年に建設。所在地は Strandweg 25

木造で建設されていたものが一九二七年に焼失し、鉄筋コンクリート造りで再建されたものである。建物の中は脱衣室、売店、レストラン、シャワー室がある。黄色のクリンカータイルで仕上げられている。

フロインデンベルクの住宅

• これを一九二〇年代のベルリンのモダニズム建築と言うには異論があろう。この大住宅は一九〇七～〇八年にかけて建設。所在地は Potsdamer Chaussee 48, Berlin

---

すべての文化的所産は突然生まれるものではな

く、必ず何らかの下敷きがある。この住宅設計者はヘルマン・ムテジウス（Hermann Muthesius, 一八六一～一九二七）で、大邸宅をはじめ、事務所建築などをベルリンに残した。シャロッテンブルグ工科大学（現在のベルリン工科大学）で建築学を勉強し、ベルリンの帝国議会を設計したパウル・ヴァロット（Paul Wallot）の設計事務所で働く。大学を卒業するとドイツの建設会社に勤務し、来日する。三年間東京で働き、ドイツのプロテスタント教会の工事を行う。アジアを旅行しながら一八八一年にドイツに帰国している。官庁関係の仕事をし、建築雑誌の編集者も務めている。一八九六年にロンドンのドイツ大使館文化部に勤務することとなる。そこで英国の田園都市、田園住宅に興味を持ち、調査を行い、関連の著作を多数発表する。一九〇四年に帰国後、ベルリンに自邸をはじめ、英国の田園住宅風の建物を多数設計する。その代表作の一つがこのフロイデンベルクの住宅である。ブルーノ・タウトが影響を受けたドイツヴェルクブンド（Deutscher Werkbund）でも活躍し、一九一〇～一六年の間、会長を務めた。

1

2

3

1　ヴァンゼー駅のレストラン
2　ヴァンゼーの水浴場
3　フロインデンベルクの住宅

MORDET
DESMARSCH"
MÜNCHEN
KZ

VII

ベルリンに残るナチス好みの建築とナチスドイツへの反省

Typical Examples of Surviving Third Reich Architecture in Berlin and Reflections on the Era of National Socialism

ナチス好みの建築

タウトが推進したモダニズムの建築とは前時代の装飾性、様式主義を否定し、合理的、機能的な建築を追求するものであった。それは生活苦に悩むドイツの芸術界における美の乱舞であった。建築のみならず絵画、文学、彫刻、音楽、舞踊、映画、演劇を狂乱状態に陥れ、旧来の様式を叩き潰した。機能主義的な思想が世界的に普及しつつあった。

一九三三年ナチスが政権をとるとバウハウスの弾圧を始め、ブルーノ・タウトが主導した表現主義建築、モダニズム建築も弾圧されるようになった。表現主義はもとより、国際主義、合理主義もユダヤ的なものとみなされ、排斥されていった。その結果、モダニズムを主張してきた建築家は亡命するなどして海外へ去らなければならなかった。では、ナチス好みの第三帝国国粋主義建築とはどのようなものであったのか？　ナチスの建築家として多くの演出を行ったのはアルベルト・シュペーア（Albert Speer, 1905–81）である。父、祖父も建築家で本人も高等教育を受け、緻密な人であった。ナチスの宣伝大臣であったゲッペルス、さらにヒトラーの信頼を受け、一九三四年にはナチス党の主任建築家となっている。また、ニュー

1

2

3

4

6

5

7

8

ルンベルクの党大会会場を設計している。古代アナトリアのヘレニズム期の建築、ペルガモンの大祭壇、ドーリア式建築を参考にした二四万人収容の大建築を設計している。ベルリン建設総監に任じられ、大首都計画とし、「ゲルマニア計画」を立案した。これは画家、建築家を目指していたヒトラーが構想としてスケッチしたものを下敷きにした。この計画の延長上にできるオリンピックスタジアムはナチス建築の例として現存している。この作品に対しブルーノ・タウトはトルコへ出国する直前の一九三六年九月二十日の日記に所感を述べている。

人間の知覚は、私たちが拡声器、望遠鏡、照明塔などのメカニズムを自由に活用するようになってから、著しく能力が高められた。この事実はまた、建築における新機軸でもある。これによって私たちの知覚は、人間の生具の間隔を遥かに超出する広大な範囲に達した。たとえばベルリンのオリンピック競技場では、一〇〇万人もの群衆が同時に見、かつ聞くことができたのである。

確かにマルヒは非常に勤勉な建築家だし、またその作品には雅致がある。しかし、今度のオリンピック建築はこれから先長い間、建築

1 オリンピック競技場の上を飛ぶツェッペリン号（Hans Liska 作一九三六年）[73]
2 ゲルマニア計画一九三九年）[73]
3 ゲルマニア計画一九三九年）[73]
4 オリンピックスタジアム
5 現在の日本大使館
6 イタリア大使館
7 テンペルホーフ飛行場
8 戦勝記念塔：ジーゲスゾイレ

1

2

3

4

5

1〜8 廃墟の状態であった旧日本大使館 一九七二年

界に俗物的な観念を植えつけるここになるかも知れない。

要するに「頭脳」と芸術とが欠けているのだ。巨大な軸を持って競技場全体を貫き(これは軸に対する偏執にほかならない)、この軸を挟んで相対する塔を数か所に立て、こうして会場を任意に区切っているが、その印象は射撃場そっくりである。

三国同盟を結んでいた日本国の大使館(1938–42, Ludwig Moshamer 設計)、イタリア大使館(1938–41, Friedrich Hetzelt 設計)テンペルホーフ飛行場(Zentral Flughafen Tempelhof, 1936–41, Ernst Sagebiel 設計)もナチス好みの建築である。ベルリンのティアガルテンに建つ戦勝記念塔(ジーゲスゾイレ：Siegessäule)もナ

6

7

8

チス好みの建造物である。当初はハインリッヒ・シュタックの設計により、プロシアがデンマークに勝利したことを記念して帝国議会の前に建造された。その後、普墺戦争・普仏戦争の勝利を記念し、改造された。アルバート・シュペーアの手により一九四一年大改造が行われ、今では観光名所となっている。場所もティアガルテンに移設されている。ヒトラーは、数千年の歳月が流れても遺跡として残る建築が優れた作品であると主張し、鉄筋コンクリート、鉄骨造りよりも石造建築を好んだ。アルベルト・シュペーアはヒトラーの信頼が厚く、軍需相に抜擢された。その結果、終戦後ニュールンベルク裁判にかけられ、シュパンダウの監獄に二十年間収監された。

日本大使館は旧西ベルリンに建っていた。終戦後西ドイツは首都をボンに移したため、日本大使館もボンに移った。その結果ベルリンの旧大使館は長期にわたり廃墟のような状態で残っていた。ベルリンに侵攻したソ連軍の砲撃を激しく浴びた痕跡があった。筆者は一九七二年に許可を得て廃墟となっていた旧日本大使館の写真撮影を行った。レンガ造りで、終戦近くは邦人を住まわせたのか、数多くの収容所のようなベッドが埃を被って残っていた。

ナチスドイツへの反省

タウトがベルリンで活躍した一九二〇年代は後に、なって黄金の一九二〇年代とも言われるように表面上は繁栄し、文化面でもすばらしい時代であった。しかし正当な選挙を通じてナチス党が政権を握るや、当初はドイツ全土に高速道路網（アオトーバーン）を建設、国民車（フォルクスワーゲン）を製造するなど、国民の支持を得る政策を実行した。アオトーバーンの建設は失業者に職を与え、景気の高揚に寄与した。第一次世界大戦で敗戦国となり、自信を失っていたドイツ人に国粋主義を浸透させた。若者の賛同者を得るようにヒトラーユーゲンド（ヒトラー青年団）を創設するなど、ドイツ国民の支持を得る政策を行った。政権取得時にはユダヤ系ドイツ人は金持ちが多かったので、そこから金銭提供を得られるように、直ちにはユダヤ人迫害を行ってはいない。当初は町のならず者（やくざ）、同性愛者、精神障害者、ジプシー（チゴイナー）などの少数民族を収容し、これも国民に歓迎された。一九三三年政権を取得するや、ドイツ帝国議会から出火する事件が起きた。これはナチスによる故意の放火と言われているが、ナチス政権はこれを共産党による放火と宣言し、共産党員を国会議員も含め逮捕するようになる。さらに弾圧は社会党にもおよぶ。そして共産党、社会党が自党の党利党略に懸命で団結をしなかったことから、簡単にナチスの党略通り独裁政権が成立

1

1 現在のドイツ国会議事堂
2 ベルリン市中央部に立つ、かつて強制収容所があった場所を示す看板：「我々は決して忘れてはいけない」と記されている

することになったのである。その後、反ユダヤを政策に掲げ、支持を広げていった。第一次世界大戦敗戦による払いきれない賠償金を規定したベルサイユ条約を承認したのはゲルマン人でなく、ユダヤ人であって、ユダヤ人の撲滅が必要であるという理論である。これが第二次世界大戦へつながっていった。まさにタウトが恐れていたことが現実になってしまったのである。タウトが故国を脱出したのはユダヤ人迫害が始まる前の社会主義者弾圧が原因である。ドイツは第二次世界大戦でも敗戦し壊滅状態となったが、奇跡の復興を遂げ、平和を取り戻している。しかし、ナチス政権時代の愚行を忘れてはいけないとして、ベルリン市の繁華街の一つヴィッテンベルグ広場には「我々は恐怖の次の場所を決して忘れてはいけない」として強制収容所のあった一二の地名を記した看板が立てられている。ベルリン市の、かつてユダヤ人が多く住んでいた地域には柱を立て、ナチス政権時代のユダヤ人虐待の政令を看板にして掲げてある。この地域の看板に記されている条令を年代順に並べると次のようになる。ナチスが政権を取ってから時代が経つにつれてユダヤ弾圧が厳しいものになってくること、さらに矛先がポーランド人にも向けられていたことがわかる。

2

ここではナチスの台頭とその蛮行を年代順に併記した。

一九三三年二月一日
　ヒトラーの圧力に屈したヒンデンブルグ大統領が国会を解散

一九三三年二月一日
　ヴァイマール憲法第四八条を行使し、ヒトラーによる最初の非常事態宣言

一九三三年二月二十日
　財界首脳がヒトラーと会談
　財界から選挙資金の提供を約束

一九三三年二月二十七日
　国会議事堂炎上
　「ドイツ民族への反逆および

破壊活動に対する法令」発布

一九三三年三月三日
ドイツ共産党党首エルンスト・テールマン逮捕

一九三三年三月五日
国会選挙、ナチス党は四三・九パーセントで、第一党となる

一九三三年三月十八日
ユダヤ人弁護士、公証人は将来ベルリン市の法律業務に従事することを禁止する

一九三三年三月二十三日
「民族と帝国の困難を排除する法律」が成立し、ヒトラーの独裁政治が始まる

1 ベルリン市内に立つナチスドイツ時代の法令「ユダヤ人はドイツ赤十字の社員になれない（一九三八年一月一日）」

一九三三年三月三十一日
一九三三年以降ユダヤ人医師により処置された医療費はベルリン市健康保険局では取り扱いを行わない

一九三三年三月三十一日
ユダヤ人裁判官は休職とする

一九三三年五月十日
ベルリン、ミュンヘン、ドレースデンなどで「焚書」が行われた
トーマス・マン、エーリッヒ・ケストナーなどドイツを代表する作家が含まれていた

一九三三年八月十六日
ユダヤ人はコーラス協会から除名

一九三三年十月一日
ドイツ自動車クラブはユダヤ人の入会を認めない

一九三五年九月十五日
純粋なドイツの血統を持つ国民とユダヤ人の結婚並びに婚外交渉は投獄対象となる。それにもかかわらず行われた結婚は無効である

一九三六年一月二十九日
外国からの訪問者に悪印象を持たせないため、極端な表現の看板は避けるべきである。「ユダヤ人お断り」という表現で十分である

一九三七年六月八日
ユダヤ人女性と結婚した郵便局員は退職のこと

一九三八年一月一日
ユダヤ人は赤十字社員にはなれない

一九三八年七月三十一日
健全な国民感情が無視された場合、遺言によるユダヤ人への財産贈与は無効となる

一九三八年十月五日
ユダヤ人は旅券に「J」の押印を受けること。ユダヤ人旅券に「J」の押印がない場合は国境で旅券が没収される

一九三八年十一月十二日
ユダヤ人は自営の手工業を経営禁止

一九三八年十二月
ユダヤ人出版社と書店は年末までに閉鎖のこと

一九三八年十二月三日
ユダヤ人の自動車免許と車検は無効とし、発行は行わない

一九三九年一月十六日
ユダヤ人の国外退去に当たり、装飾品、宝石貴金属類の持ち出しを禁止する

一九三九年一月十七日
ユダヤ人歯科医、歯科技工士、薬剤師、看護師の就業を禁止する

一九三九年三月二十四日
ユダヤの文化協会はシナゴーグを取り壊すこと。再建は認めない

一九三九年九月一日
ユダヤ人は午後八時（夏期九時）以降自宅からの外出を禁止する

一九四〇年七月四日
ベルリンではユダヤ人は食料品を午後四時から五時の間に購入のこと

一九四一年三月一日
ユダヤ人に強制労働義務化

一九四一年十月十八日
この日初めて多くのベルリン在住ユダヤ人が強制収容所へ送られた

一九四一年十月二十三日
ユダヤ人の国外への移住禁止

一九四二年二月十四日
パン屋、菓子屋は「ユダヤ人とポーランド人にはケーキを販売しない」と記した看板を設置のこと

一九四二年七月十一日
この日初めてアウシュヴィッツ絶滅収容所へ多くの人が送られた

1

2

4

3

5

一九四二年九月十八日
　ユダヤ人への食肉、食肉加工品並びに関係食料品の供給停止
一九四三年三月二十六日
　ユダヤ人流刑のため、職場における組織的逮捕

ベルリンで裕福なユダヤ人が多く住んでいたグリーネヴァルト地区、そこにはドイツ鉄道のグリーネヴァルト駅がある。この駅の一七番線ホームからユダヤ人は貨物列車に乗せられ、各地の強制収容所に送られた。このことを永久に忘れてはいけないとし、一七番線ホームは永久保存となり、ホームには「何年何月何日に何人のユダヤ人がアウシュヴィッツへ送られた」と刻印が施されている。ヴィッテンベルグ広場の看板の下から五つ目に記されている「ザクセンハウゼン」はベルリンから郊外電車に乗り三〇分もすれば着いてしまう、ベルリン市からもっとも近い場所にあった強制収容所である。筆者も見学をしたことがあるが、ここも永久保存になり、一般公開されている。ここでは一〇万人の人が虐殺されている。

　タウトはアインシュタインを名誉会長としたソヴィエト友好協会の会員で、そこで講演をしたこともあった。この協会はナチスから好ましくな

1　ユダヤ人を強制収容所へ鉄道輸送したベルリンのグリーネヴァルト駅
2　17番線からユダヤ人を強制収用所へ送ったことをドイツ鉄道の名において記している
3　線路にはベルリンからアウスシュビッツなどに送られたユダヤ人の数、日付が記されている
4　ベルリン中央駅（旧レールルター通り駅）
5　ザクセンハウゼン収容所の独房：ナチスに反対する有名な牧師が収容されていた

いものとして烙印を押されていた。タウトの親しい友人であった平和主義者エーリッヒ・バロンもレールター通りの監獄で虐殺されている。レールター通りとは現在ドイツ鉄道のベルリン中央駅のあるところである。強制収容所ができたのはバロンが殺害された後の一九三五年である。すでに来日していたタウトは一九三三年六月十日の日記に「エーリッヒが死んだ！　恐ろしい夜だ」と書いている。タウトもナチスに逮捕されれば、タウトの性格から他人を陥れるようなことはできなかったであろう。おそらく、エーリッヒ・バロン同様に拷問を受けたであろう。恐ろしいことである。ザクセンハウゼンの収容所はユダヤ人だけでなく、政治犯やナチスに不都合な思想家も収容されたのである。第二次世界大戦中に、ヒトラー率いるナチ政権が国家をあげて推進した人種差別的な抑圧政策により、最大級の惨劇が生まれたとされる強制収容所である。アウシュヴィッツと同様、入り口には「労働は自由を与える」というスローガンが残っている。アウシュヴィッツ強制収容所はザクセンハウゼン強制収容所をモデルにし作られたもっとも残酷な収容所と言われている。何時も見学者は絶えず、とくに先生に引率されて見学する高校生の姿も見られる。見学者は単にドイツだけ

6 ザクセンハウゼン収容所正門：「労働は自由を与える」と記されている

7 ザクセンハウゼン収容所の収容者ベット

8 エーリッヒ・バローンが住んでいた集合住宅（Kavalierstraße 22, Pankow, Berlin）

9 社会主義者エリーヒ・バローンが一九三三年二月二七日ナチス警察により逮捕され、レールター通りの監獄で殺害されたという看板

でなく、外国からの訪問も多い。しかし内容はまことに恐ろしく、死体収容所、死体解体室、死体搬送車などとともに目を向けられたものではない。一九四二年一月にベルリン市西郊のヴァンゼーという湖の近くの館でナチス高官によるヴァンゼー会議が開催された。いかにしてユダヤ人を絶滅させるかという会議であった。ここも現在では人道に反することを行った記念館として保存され、一般に公開されている。ドイツはこのような恥部を積極的に公開することで、過去に起きた歴史を忘れないようにする努力をしている。

筆者がベルリンに滞在していた一九七〇年代に、当時の西ドイツのヴィリー・ブラント首相はポーランドを訪れ、ユダヤ人ゲットー前で膝まずいて謝罪をしている。わが国では最近は政権がころころ代わる。ヒトラーが正式な手段をとって選挙で勝ち、政権を取ったのもヴァイマール共和国時代、やはり政権がころころ代わったときであった。わが国の現在も首相が頻繁に交代している。首相が毎年変わることで国家が失うものは多い。外交交渉は、妥結まで一年以上かかるのが常である。「相手は約束を履行している」という信頼関係は必要である。ドイツはこういう反省からか、政権を取るのはたいへんであるが、いったん政権を取ってしまうとやはり国民の代表ということで、そう簡単に政権交代はない。首相の任期は四年である。わが国のマスコミも誰かが政権を取ると次の日から政権批判を始め、権力の座から引きずりおろすことを目的とした記事が増えてくる。ドイツでは、戦前のナチスが国民投票・住民投票といった形で合法的に独裁を行ったことへの反省から、直接民主主義的要素を排除し、間接民主主義による政治を徹底して行っているのが特徴である。また、連邦議会での選挙では、ある一定の得票率（五パーセント）あるいは小選挙区での議席を得られないと連邦議会に議席が持てない仕組みを導入し、ヴァイマール共和国時代に見られた小政党乱立と極右・極左勢力の議席獲得を阻止してい

1

2

1　ザクセンハウゼン収容所の遺体処理台。二本の薔薇が立てられていた
2　ザクセンハウゼン収容所の死体運搬車

3

る。行政府の長であるドイツ連邦首相は、連邦議会議員から選出され、内閣を組織する議院内閣制を採用している。連邦議会の解散についてはドイツ特有の仕組みを採用している。そしてブルーノ・タウトが少年時代から望んでいた恒久平和が訪れることを期待するが、現実は部族間紛争、宗教対立は収まっていない。戦争は二度の世界大戦に代表される総力戦へと発展した。もはや勝敗にかかわらず国家は疲弊し、戦場から離れた銃後にも戦火がおよぶようになり、戦争と社会の平和を両立することが困難になった。わが国は領土問題を巡り、周辺国と紛争が絶えない。私たち日本人からみれば、ドイツの過剰とも思われる戦後の処理、反省に参考とすべき点も多い。

3
国会議事堂前にある処刑された国会議員の碑

タウトと家族

BRUNO TAUT AND HIS FAMILY

VIII

ブルーノ・タウトは建築家として、文筆家として、たしかに偉大な業績を残しているが、そこには、それを支えた女性がいた。一人は正妻のヘードヴィヒであり、またタウトとともに来日したエリカである。また建築家上野伊三郎にしても、タウトの著書を多数翻訳した篠田英雄、森儁郎にしても、エリカがタウトの正妻でないことは知っていたであろう。しかし、翻訳ではエリカをタウト夫人としている。タウトが日本に滞在した一九三三(昭和八)～三六(昭和十一)年という時代では、正妻でない婦人と生活をともにすることを公にすることはできず、篠田英雄も正妻でないことを承知で夫人と表現したに違いない。当時を考えればこれも致し方ないことであろう。

青春の地コリーンと正妻ヘードヴィヒ

ブルーノ・タウトは青春時代にベルリンの東北五〇キロメートルほどのところにあるコリーン(Chorin)という村で生活をした。タウトは当時、若い芸術家が集まっていたコリーンで、創作活動に対するたいへん大きな影響を受けた。ここにはドイツ皇帝の森林研究所があり、日本から北村という青年が留学していた。タウトはこの青年から浮世絵はじめ日本の文化を学び、日本に興味を持った。コリーンはベルリンからタウトの生誕地ケーニクヒスベルクなど東プロイセンに行く街道にあり、中世の時代からシトー派の修道院(クロスター)があった。馬車が行き交い、賑わっていたそうである。この修道院は廃墟になって久しい。ここに長く続いた鍛冶屋があり、それを経営していたのがヴォルガスト家であった。そして鍛冶屋とともに食堂、兼旅館を経営していたことを本書四章の「ブリッツの馬蹄形住宅」の項で述べた。食堂、旅館の営業許可を修道院が出したというのであるが、この権利をシャンクレヒト(Schankrecht)と言った。そのことからこの食堂はクロスターシェンケと呼ばれた。クロスターシェンケにはヴォルガスト家の娘たちが店に出て、快活に振る舞ったので、若者にたいへんな人気であった。そしてタウトはヴォルガスト家の三女ヘードヴィヒ(Hedwig)に想いを寄せ、タウト二十六歳の一九〇六年に結婚している。当時タウトはシュトゥットガルトのテオドール・フィッシャーの建築事務所に勤務していたが、ここから一日に二回は手紙を出したそうで、多くの恋敵を退け、ヘードヴィヒの心を掴んだようである。在日中、少林山達磨寺でコリーンを思い出し、日記にも記述しているほどである。

1

2

1 コリーンの修道院廃墟
2 当時の鍛冶屋

一九三四年八月二十七日の日記（篠田英雄訳、岩波書店）を採録する。

快晴、敏子さんが達磨寺の近辺を案内してくれた。四囲の山々はこれまで見たこともないほどはっきりした輪郭を示している。もっと遠方にはこれも山頂まで惜しみもなく露わした浅間山の偉容。敏子さんは浅間山は私の父、榛名山は私の母だという。田舎ばかりで育ったというのに利発な娘さんだ。コリーンの娘たちを思い出した。寺の近くには敏子さんだけが心得ているさまざまな小道がある。……

とある。コリーンの娘たちというのは自分の妻を含めたその姉妹たちである。日記に出てくる敏子さんとは少林山達磨寺の当時の廣瀬大蟲住職の次女で、タウトの世話をした方である。『タウトの日記』では長女となっているが、当時長女は嫁いでおり、タウトは次女を長女と思ったらしい。ドイツにおけるタウト研究家として知られるアーヘン工科大学、シュパイデル教授にヴォルガスト家の家族写真を頂いた。この写真で右から二人目がブルーノ・タウトの妻となるヘードヴィヒである。また、左から二人目に、ブルーノ・タウトの実弟でやはり建築家としてベルリンで大きな業績を残したマックス・タウトの妻となったマーガレッタ（Margaretta）が写っている。兄弟が姉妹と結婚したのである。しかしこのようなときに男性は力を発揮するようで、この年にタウトはシュトゥットガルトの郊外ウンターレキシンゲンにあるプロテスタント教会の改修工事を行っている。

　ヘードヴィヒは長男ハインリッヒ（一九〇七年二月二十五日生、一九九五年死去）、長女エリザベート（一九〇八年九月十二日生まれ）が、相次いで生まれると病を得た。一九一七年にはハインリッヒを子供のいない、コリーンで生活するマックス・タウ

3

4

3 ヴォルガスト家家族写真
4 ブルーノ・タウト、正妻ヘドヴィッヒと長男ハインリッヒ、長女エリザベート

ト夫妻に預けるようになる。この辺りからブルーノ・タウトとヘードヴィヒの間に亀裂が入ったようである。ハインリッヒは成長すると共産党員となり、ドイツ民主共和国（旧東独）の首都ベルリンのフンボルト大学教授として教鞭を取った。ブルーノ・タウトは政治とはうまく行かない人であった。モスクワで仕事をするものの当時の政権と合わず仕事を放棄したり、ナチス政権を逃れて来日したり、日本でも希望の職には就けないなど苦労の多い人であった。一方、子息ハインリッヒは父を反面教師とし、当時のドイツ民主共和国では共産党員でないと人間らしい生活はできないと悟ると党員となり、体制とうまく合わせた生活をしたらしい。

ハインリッヒの母親、ヘードヴィヒは金銭的にもたいへん苦労して生活をしていたようである。

マックス・タウトの伝記に、起立しているマックス・タウト夫妻、その間の椅子にうつむき加減に腰掛けている晩年のヘードヴィヒの写真がある。撮影は一九六五年ごろとなっているが、ヘードヴィヒは一九六七年に亡くなっている。コリーンでのヴォルガスト家の写真に写っている快活であった娘時代の面影は全くない。

ブルーノ・タウトの弟のマックス・タウトと妻マーガレッタは生涯をともにし、現在はマーガレッタの故郷であるコリーンのヴォルガスト家の墓地に眠っている。正妻ヘードヴィヒの墓が何処にあるのか、筆者は訪独の都度探し求めていた。あるときは旧東独で、ヘードヴィヒの出身地コリーンにあるのではないかとコリーンの修道院の墓地管理人に尋ねたり、町役場でも尋ねた。また西ベルリンでも調査をおこなったが発見はできなかった。ドイツのタウト研究家もタウトの作品には興味を持っていても、家族関係には興味が薄く、情報を得ることができなかった。

二〇一〇年三月にベルリン市ブリッツにあるタウト設計の馬蹄形住宅を訪問した。ブリッツの馬蹄形住宅団地はタウトがコリーンの義父の経営する鍛冶屋で見、山積みとなっていた馬蹄からヒントを得ていたことを確かめるためであった。馬蹄形住宅の保存会の方々に聞いてみたが、確たる情報は得られなかった。そしてタウトが来日し、工芸を教授することになるが、鉄や竹を曲げて工作することができたのは、コリーンで義父の仕事を鋭い観察眼で見ていたからである。建築家は、家具の設計はできても皆が自分の手で工作することはできないのが通常である。しかしタウトは自分で工作する技術を持っていたのである。ここで

「タウトの鋭い観察眼」と書いたが、タウトが伊勢神宮を訪問しても直接の拝観は許されなかったはずである。それにもかかわらず、タウトは伊勢神宮の構造を言い当て、かつスケッチを残している。タウトには人に見えないものも見える観察眼があったのである。

何度目かの訪問であったが、このときは馬蹄形住宅の保存組合の方々と連絡が取れていた。馬蹄形住宅も一九二五～三〇年にかけて建設されたものであるから、損傷も生じている。筆者も熱海の旧日向別邸の保存に関与している関係から、此処の保存組合を訪問し、保存の意見交換などを行った。その会合に集まってくださった方の一人が偶然にもヘードヴィヒのお孫さんを知っているとのことで早速電話をかけて、墓地の場所を聞いてくださった。お墓はベルリンのツェーレンドルフの森の墓地（Waldfriedhof Zehlendorf）にあるとのことで、正門を入ってから墓標までの道を教えて頂いた。その翌日その墓地を訪問、教わったとおりに探したのであるが、そう簡単には見つからなかった。教わった場所近くの墓石をシラミ潰しに探した。そして約二時間、しかもベルリンの三月、立春は過ぎたというのに寒さは厳しく、風はないものの外気温度はマイナス一〇度であった。真冬に比べれば日の暮れは遅くなっているが、なかなか見つからないのと、厳しい寒さに何度か諦めて宿に引き返そうかと思った。いよいよ日暮れに近づいたころ、しばらく墓参も行われていなかった

1

2

3

4

5

1 フンボルト大学正門
2 老境のヘードヴィヒ（中央）
3 マックス・タウト夫妻の墓石：コリーン
4 ヘードヴィヒ墓石
5 ブラント元首相の墓石

であろう、枯れた草などに隠れた、小さなお墓を見つけた。まさに三人くらいの人間で持ち上げられそうな、薄茶色系花崗岩の墓石であった。しかしこれこそ探し求めていたお墓であった。ここにはヘードヴィヒはヘードヴィヒとタウトの間に生まれた娘エリザベートとともに眠っていた。京都市左京区鹿ヶ谷・法然院にある、灰色系花崗岩の自然石に「寂」の文字を刻む谷崎純一郎の墓と雰囲気が似ていた。もちろんヘードヴィヒの墓は谷崎の墓に比べればだいぶん小さい。

この墓地は、かって東方政策を展開し東西冷戦の解決に努力した、ヴィリー・ブラントドイツ連邦共和国元首相はじめ有名人の墓が多い。ちなみに墓の場所を教えてくださったブルーノ・タウトとヘードヴィヒのお孫さんはクリスチーネ・シリーさんという。現在ブルーノ・タウトの作品の一つであるベルリン・アイヒカンプの住宅に住んでおられる。しかもブルーノ・タウトの実弟マックス・タウトがアトリエとして使用していた建物である。筆者は二〇一〇年六月二十五日にクリスチーネ・シリーさんをご自宅に訪問することができた。「ブルーノ・タウトのお孫さんに直接お会いでき感激している」と述べると、先方も喜んでくださり、タウトが長く住んでいた少林山達磨寺や、タウトの日本での唯一の作品である、熱海の旧日向別邸の写真を興味深く何回も何回も見てくださった。クリスチーネさんは祖母のヘードヴィヒはドイツで非常に苦労していたこと、母親のエリザベートも父親は日本を中心に外国生活が長く実際には叔父、叔母のマックス・タウト夫妻に育てられたことなどを話してくださった。自分はドイツの環境問題を政策としてきた「緑の党」を立ち上げ、後にドイツ社会党（SPD）に移り社会党政権時代一九九八～二〇〇五年にわたり内務大臣を務めたオットー・シリー（Otto Schily, 1932–）と結婚したとのことであった。しかし事情があり、離婚したそうである。オットー・シリーとクリスチーネさんの間の娘であるジェニー・シリー（Jenny Schily, 1967–）さんはドイツの有名な俳優になっている。一九八一年に「ドンキホーテの子供たち」でデビュー、二〇一〇年には「犯罪地——ヒッチコックとヴェルニッケ」で主演女優を演じている。クリスチーネさんは「近くに住む娘のジェニーさんを紹介する」といって案内してくださったが、残念ながら留守でお会いできなかった。留守を守っていた娘婿さんと会話を交わすことができた。夫人のジェニーさんもたいへんなタウトファンであるし、日本で公演することもあるであろうから、

1 クリスチーネ・シリーさん

是非来日し、曾祖父のゆかりの地をめぐってみたいと、気さくに話してくれた。筆者は二〇一二年四月六日、東京のドイツ文化センターで開催された日独友好一五〇周年の記念行事で、ブルーノ・タウトに関する講演を行った。そのときにもクリスチーネ・シリーさんは、達筆な自筆でお祝いと感謝の手紙をくださった。

タウトの活動を支えたエリカ

一九三三〜三六年までの日本滞在中タウトの仕事を、大いに助けたのは伴侶エリカ（Erica Wittich）であった。一九一六年、タウトは職場の部下であったエリカと知り合い、同棲するようになる。

　エリカの功績について篠田英雄は『日本・タウトの日記』で昭和五〇（一九七五）年六月に追補した解説に次のように記述している。

　エリカ夫人は、一九三九年九月に、タウトの遺稿ならびに遺品とデスマスクを携えて、再び日本を訪れた。デスマスクは、高崎におけるタウトの旧居「洗心亭」のすぐ傍の少林山達磨寺に納められたのである。この年の十二月二十四日に、エリカ夫人と少数の知友とが達磨寺に集まり、住職広瀬大蟲を導師として一周忌の法要を営んだ。その後、日本をも含めて世界の情勢は急速に変転し、また悪化した。ドイツ人であるエリカ夫人にとって、日本はもはや住みよい地ではなくなった。夫人は翌年四〇年十一月に東京を去って上海に渡った。出発の際の持ち物としては、僅かな手回りの品だけだった。彼女はソ連に入国することを強く希望し、このためのいわば足がかりとしてこの「国際的」都市を選んだのであるが、しかしその期待は空しく、ついに上海を離れることができなかった、そして……たぶん四十六年にアメリカを経て帰国したらしいが、日本のどの知人も、その後の消息を知ることができずにいる。だが夫人はすでに高齢の筈である。上野氏は、一九五八年に戦後のベルリンを訪ねたが、マックス・タウト氏ですら、エリカ夫人が東ドイツに居住しているということ以外には何も知るところがなかった。いずれにせよ、この日記とともに、日本に関するタウトの著作原稿は、その保全に忠実であったエリカ夫人のお蔭で、すべてこの国に残されることになったのである

この記述だけでも、タウトが客死したトルコのイスタンブールから直接故国ドイツへ帰国しても不

思議でないところ、タウトのデスマスク、遺稿、遺品をわが国に運び、ゆかりのある少林山達磨寺に納めたというエリカのわが国の文化財保全に対する功績の大きさが十分に覗える。

エリカは英語を話したが、ブルーノ・タウトは英会話が苦手であった。少林山達磨寺現住職の廣瀬正史氏の証言によると、日本滞在中、ほとんどの時間を過ごした達磨寺での会話は、当時の住職廣瀬大蟲の次女敏子とエリカが英語を話すことで通じ合ったそうである。また、エリカは速記を得意とし、タウトの速記を行い、かつ清書をした。このことにより『タウトの日記』、かつわが国の建築文化を広く世界に知らしめることになる著書を残すことができたのである。筆者も外国でたくさんの建築物を見学することがある。現在のように写真技術が発達していても一日に三件、建築物を見学し、設計者名、規模などをメモしたつもりでも後になって混同していることがある。タウトの日記などによる非常に正確な記述には、エリカの努力と秘書としての才能が必要であったのである。

エリカは交渉力にも優れており、ブルーノ・タウトが日本で活動することの下支えを行った。また、自由学園でドイツ料理を教え、生活の糧を得ていた。このことは当時の「婦人之友」にも書かれており、『タウトの日記』にも記述されている。「エリカはそれほど料理が好きではなかったのではないか？」という説もある。というのは、洗心亭では食事は庫裏から運んでもらっていたからである。それにもかかわらず、女学校である自由学園でドイツ料理を教えたのである。当時の「婦人之友」を読むと食材が不足していたこともあり、贅沢なドイツ料理ではないが、しっかりした家庭料理を教授している。洗心亭では、燃料、食材にも不自由をきたす時代で、節約のために庫裏でまとめて食事を作り、運んでもらっていたものと考えられる。当時日本人の主食は米であった。地方からも徴兵が行われると米作にも不自由をきたし、もっと楽に収穫できるジャガイモに日本人に慣れてもらおうという意図があったらしい。エリカはドイツ料理と称し、ジャガイモを中心とした料理を教授したそうである。このことは当時のわが国の国策にも適っていたのである。ブルーノ・タウトが最初に出版した著作『ニッポン』は口述となっているが、これはエリカが口述筆記したものである。口述筆記では、文章には記述者の表現法や、場合によっては哲学も入りうる。そのため、話す者と書く者の一体感がないと成立し

1

2

1 洗心亭ライティングデスク
2 旧日向別邸ライティングデスク

ないたいへん困難な作業である。これをこなしたのがエリカであって、彼女の働きがなければ、タウトの数々の著書が世に出ることはなかったかもしれない。エリカがタウトの文章を清書した折りたたみ式のライティングデスクは、現在も少林山達磨寺の洗心亭に当時のまま保存されている。ちなみにタウトも伴侶エリカが愛用したライティングデスクを気に入ったのか、氏が日本で残した唯一つの作品旧日向別邸にもライティングデスクを設計している。これは、日向氏が商人であったために、和室に番頭台を設けた。その傍らにライティングデスクが設けられたのである。

達磨寺にタウトのデスマスクなどを届け、ドイツ帰国後、エリカは行方知れずということになっていた。しかし筆者はこの墓もベルリンに住む友人の助けを借り、ほぼ偶然発見することができた。その墓はタウトとエリカの間に一九一八年十月二十四日に生まれた娘クラリッサ（Clarissa）により、ベルリンの馬蹄形住宅からそれほど遠くないブリッツ（Britz）の墓地に建てられていた。タウトの名が併記されているが、タウトの墓はイスタンブールにあるため、これはメモリアルである。ブリッツにはタウトが設計し、世界文化遺産に登録された大規模ジードルング馬蹄形住宅がある。墓標にエリカ・タウトと刻まれているのはブルーノ・タウトがエリカとの間に生まれたクラリッサを正妻ヘードヴィヒに入籍を頼み、ヘードヴィヒがこれを寛大にも受け入れたことによるものである。クラリッサにはスザンネさんと呼ぶ娘、タウトの孫がおられ、現在フランクフルトの郊外に住んでおられる。筆者にも手紙をよこし、

自分の母親（クラリッサ）はその両親が外国でばかり生活し自分の面倒を見てくれなかったことを常に口にしていた。天才は子供を持つべきでない、しかし自分はタウトファンです

と認めていた。筆者は二〇一〇年六月二十九日にスザンネさんを訪問することができた。スザンネさんはキーファーさんという男性と結婚し、現在スザンネ・キーファー・タウト（Susanne Kiefer Taut）と称している。前出のハインリッヒ・タウトも子供のいないまま亡くなっているので、タウト姓が残っている子孫はこの方だけであろう。ちなみに両親に面倒を見てもらえなかったクラリッサは、ベルリンの南に約五〇キロメートルの郊外ダーレビッツ（Dahlewitz）に住んでいたエリカの母親により育てられた。スザンネさんに母親クラリッサが残したアルバムを見せて頂いた。クラリッサは幼少のころは可愛い顔で写っている。しかし思春期

3

3 エリカの墓石

ごろになるとどの写真もうつむき加減の寂しそうな顔になっている。両親に面倒を見てもらえなかった少女の顔である。

タウトは秘書としてはきわめて優れた能力を持つエリカとともに来日し、その能力を十分に使い、また生活をともにした。そして生活をともにしながら正妻ヘードヴィヒのことを想っている。いわば変わった結婚観を持った人と言われても仕方がないであろう。タウトも日記でダーレビッツに残してきた家族を心配する記述はある。「これでは家族崩壊だ！」とも書いている。家族のことを思いつつ、ナチス党が政権を取ってしまった当時、帰国もままならない状態でいらだちも理解できる。このような精神状態にもかかわらず『ニッポン』『日本文化私観』、『日本美の再発見』『日本・タウトの日記』などを著し、タウトファンを作っていった。しかしこれはタウトの没後に出版されたもので、印税は実際に出版に貢献したエリカに払われたのか、法律的に権利を持つであろうヘードヴィヒのほうに払われたのか、もしくは戦争のドサクサで払われなかったのかなどを考えることはまさに下衆《げす》の勘ぐりであろう。タウトは建築家として日本では不遇の毎日であったが、一九三六年イスタンブールの芸術アカデミーで教授のポストを得、新生トルコ共和国の初代大統領アタチュルクの信頼を得て多くの建築活動も行えた。しかし残念ながら過労が原因し、一九三八年十二月二十四日に急逝する。ベルリンの新聞には正妻ヘードヴィヒの名前で死亡広告が出された。不遇であったヘードヴィヒも苦労しながら二人の子供をしっかり育て上げ、最後は自らの名前でタウトの死亡広告を出したのも、しっかりしたドイツ婦人として尊敬されるものである。タウトは子息のハインリッヒが結婚の希望を手紙で送った際に「結婚するのはよしなさい」と答えたそうである。自分はコリーンでハインリッヒの母親ヘードヴィヒと結婚しておきながら、エリカと二〇年以上生活をともにしている。タウトはこれを「実地試験」と呼んだそうである。「桂を第一のものとするタウトが自分では日光東照宮的手法を選ぶことが理解できる」と唯一の弟子水原徳言はハインリッヒを案内したときの感想文に書いている。

秘書エリカを籍に入れず、正妻ヘードヴィヒも長期にわたり別居生活をしながらも離婚していない。タウトの変わった結婚観と言えばそれまでであろう。筆者は一九七一～七三年の間ベルリン工科大学に在籍していた。そのときに同僚や友人で異母の兄がいる、異母の姉がいるという人達が

Am 24. Dezember 1938 starb im Alter von 58 Jahren der
Architekt
Bruno Taut
Professor und Chef der Architekturabteilung der Akademie der Schönen Künste in Istanbul und Generalchef des Architekturbüros des Türkischen Unterrichtsministeriums.
Die Beisetzung erfolgte durch ein Staatsbegräbnis in Istanbul.
Im Namen der Familie und Freunde
Hedwig Taut

1
1 タウトの死亡広告

いた。ハインリッヒ・チレの絵にも「貧乏人の引っ越し」というものがあり、家賃を払えなくなり、家を出ていく男性についていくドイツ婦人の絵がある（本書三章）。どうしてこんな男についていくのか？　不思議にも思ったが、ドイツは第一次世界大戦で敗戦国となり、多くの若い男性が戦場に散った。このことにより男女数のアンバランスが起こり、一人の男性が複数の女性の面倒を見た時代でもあったのである。ブルーノ・タウトもその一人であったのであろう。

実弟マックス・タウト

ブルーノ・タウトにはマックス・タウト（Max Taut, 1884–1967）という実弟の建築家がいた。マックス・タウトは一八八四年に兄ブルーノ・タウトと同じく東プロシアの首都ケーニヒスベルクで生まれた。三人の兄弟がいたが、次兄のブルーノは一八八〇年生まれなので四歳違いである。ブルーノ・タウトはナチス政権から逃れて来日し、ユダヤ人説が流されたが、これを否定する証拠として、実弟マックスが戦前、戦中、戦後とドイツで活躍したことがあげられる。

マックスも早くから建築家としての才能を発揮し、一九〇六年にはミース・ファン・デル・ローエと出会い、ドレースデンの展覧会に出展した独立住宅が金賞を取っている。

兄ブルーノはテオドール・フィッシャーに師事し、材料の芸術的な扱いを重視する作風であった。弟マックスはミース・ファン・デル・ローエの弟子でミースはヴァルター・グロピウスとともにＡＥＧタービン工場を設計したペーター・ベーレンスの弟子である。したがって構造力学を重視した作風がある。ブルーノ・タウトは盟友フランツ・ホフマンと一九〇九年にベルリンで共同の設計事務所を開設する。マックス・タウトは一九一三年にこの設計事務所に合流している。

一九一二年には兄ブルーノとオランダ旅行をしている。兄とはよく仕事をともにし、その影響を強く受けている。たとえば旧カールスルーエ中央駅はタウト兄弟の共同設計であった。またドイツヴェルクブンドがシュトゥットガルトのヴァイセンホーフジードルングで行ったコンペにそれぞれ住宅を出品した。一九二六年のことである。しかし残念ながらともに第二次世界大戦で焼失してしまった。

したがって作風には共通したところが多い。

一方、兄はベルリン住宅供給公社（ＧＥＨＡＧ）の技師として集合住宅をたくさん設計しているが、マックスは兄との競合を避けたのか、事務所建築、工場、学校、独立住宅を多数手がけた。一九二二年にはシカゴの新聞社シカゴ・トリビューン社の高層建築設計コンペに参加している。

兄ブルーノは兵役を拒否し、暖炉の製造工場で勤務するが、マックスは一九一四〜一八年の間兵役に服している。思想的には兄ブルーノと共通する点が多いが、兄よりは柔軟に世の中を渡ったのであろう。ブルーノとマックスのそれぞれの夫人は姉妹である。ブルーノ・タウトは子息のハインリッヒと娘のエリザベートを残して一九三三年に来日する。その前にもモスクワへ仕事をしに出かけている。その間、子供たちの面倒を見たのは叔父、叔母の、マックス・タウト夫妻であった。ハインリッヒに子供はいなかったが、エリザベートには娘クリスチーネがいた。マックス・タウト夫妻には子供がいなかったことからエリザベートはマックス・タウト夫妻の幼女のようなかたちで育っている。クリスチーネさんはマックスの遺産を受け、かつてマックスが自ら設計し、アトリエとして使用していた住宅に住んでいる。マックスは建築設計を行う傍ら、ベルリン芸術大学教授として建築設計の講義を行い、多くの弟子を育てた。

マックス・タウトの作品

兄ブルーノが一九三八年トルコのイスタンブールで死去するやトルコへ渡り、兄の仕事の後始末をしている。一九四四年までベルリンのアイヒカンプ(Eichenkamp)というブルーノとマックスの住宅の作品がある場所に住んでいたが、第二次大戦でこの住宅が焼失するや夫人の出身地であるベルリン郊外のコリーンに移住し、ここからベルリンに通って仕事をしている。ブルーノ・タウトも弟のマックス・タウトも青春時代にこのコリーンを尋ね、湖と森で英気を養った。両兄弟ともコリーンの風景をパステル画にしている。マックス・タウトは一九六七年にベルリンで亡くなった。夫人の出身地コリーンの修道院内に埋葬された。マックスは生涯マーガレッタを伴侶として現在、コリーンの修道院内ヴォルガスト家の墓地にともに眠っている。墓石はマックス・タウトが設計したのか、基台と四五度傾けて座り、他のヴォルガスト家の人々の墓より目立つ存在である。

旧ドイツ印刷連名

マックスは一九二三年にはベルリン市のクロイ

ツベルク(Kreuzberg)地区にドイツ印刷連盟の建物を設計した。内部の彩色は兄譲りのものであった。一九二四〜二六年に建設され、Dudenstr.10に存在する。これはフランツ・ホフマンとの共同設計であった。建物自体は複合建築で道路に面する集合住宅と背後の五階建て印刷業建物からなる。二つの建物は低層の建物で接続されているが、この結果、ほぼ正方形の中庭が存在することになる。低層階の建物を設けたことで住宅の日照の悪化と住宅から庭への眺望の悪化を軽減している。住宅は一戸当たりの居住面積が一〇〇平方メートルで各階一八戸の住宅からなる飾り気のない建物である。ブロック状のファッサードに深い開廊、ガラスの張られたバーゴラが設けられている。色彩に関しては黄色、赤色、黒色に彩色されたクリンカータイルが用いられている。印刷業の建物は鉄筋コンクリート造りである。マックス・タウト、フランツ・ホフマンの二人の建築家はコンクリート造りの簡素さの中に美術文化を持ち込んだといえる。

学校群

ベルリン市のリヒテンベルク(Lichtenberg)地区のNoldnerplatz, Schlichtallee, Fischerstr に建つ。マックス・タウトがコンペで残した作品で一九二七、一九二九〜三二年に建設された。敷地も一辺が五〇〇メートルに及ぶ巨大なものである。小・中学校、職業学校、教育と文化センターなどがある。図書館、会議室もある。マックス・タウト学校(Max Taut Schule)の看板もあり、マックス・タウトも兄ブルーノ・タウト同様に敬愛された建築家であったことが分かる。

1 ドイツ印刷連盟

2 マックス・タウト学校

消費協同組合の百貨店

ベルリン市クロイツベルグ地区のオラニエンプラッツ（Oranienplatz）に建つ消費協同組合の百貨店。一九三二年にマックス・タウトの設計により建設されたが、百貨店としては数年しか使われず、事務所に転用された。L字型をし、五階と九階建て。窓が多く、貝殻石灰岩板で外装を行う。一階の柱は細い。入り口には「マックス・タウトの建物」（Max Taut Haus）と書かれている。

旧ドイツ帝国鉱山労働者共済組合建物

旧ドイツ帝国鉱山労働者共済組合でベルリン市ヴィルマースドルフ（Wilmersdorf）地区ブライテンバッハ広場（Breitenbachplatz 2）にある。一九二九〜三〇年に設計され、設計者はマックス・タウトとフランツ・ホフマンである。L字型をし、三階建て。ガラスを多用し、中から外の眺めを良くした。鉄骨の上に陶磁器の茶紫の外装を施した。二つの建物を繋げる階段が美しく、これがマックス・タウトの得意技である。

第二次大戦で激しく破壊されたが再建され、現在はベルリン自由大学の建物になっている。

労働組合の事務所建築

ベルリン市ミッテ（Mitte）地区のWallstr.61-65, Inselstr. 6, Markisches Ufer 32-34に建ちマックス・タウト、フランツ・ホフマン、ヴァルターヴルツバッハ（Walter Wurzbach）の設計。ヴァル通り（Wallstr.）とインゼル通り（Inselstr.）並びにウーファー通り（Uferstr.）に囲まれた土地に建つ。鉄筋コンクリート造りの典型的事務所建築といえる。外の柱間隔がそのままスパン間隔になり、事務室を形成している。窓枠を初めさまざまな色彩が用いられている。七階にペントハウスがあり、建物の下を地下鉄が走る。

1

2

1 消費者協同組合の百貨店
2 消費者協同組合の百貨店入口

ベルリン市ミッテ地区に建つ旧労働組合連合会の建物

一九二七〜三〇年に、ブルーノ・タウト、フランツ・ホフマン、マックス・タウトが設計。発注者はドイツ交通連盟。一九三〇年から労働組合連合会になった。当初の計画はブルーノ・タウトとフランツ・ホフマンによって行われ、平面的にはほぼ四角形で中庭を持つ。五階建てで各階のリザリト（建物前面の突出部）がある。施工実施に当たり、マックス・タウトが設計の変更を行い、隅角部に丸みを持たせた。彼はスパンを鉄筋コンクリート＝経済的なものに変更している。会議室には「団結は新しい力を創造する」というレリーフがあったが一九四五年に破壊されている。ブルーノ・タウトの初期の設計は隅角部が直角であった。ブルーノ・タウトは「桂離宮は素晴らしい」とべた褒めする一方、「日光東照宮はイカモノ、インチキ建築物である」と酷評するなど、物事をはっきりと判断する人であった。このような人は建物の隅角部は直交するのを好むであろうし、弟のマックスは兵役にも出かけてしまうほど柔軟な思想で生きた人である。マックス・タウトが隅角部に丸みを持たせるように変更したのもこの性格が現れたのではないだろうか。

3

4

5

6

3 旧ドイツ帝国鉱山労働者共済組合
4 旧ドイツ帝国鉱山労働者組合の階段
5 旧労働組合の事務所建築
6 旧労働組合連合会の事務所建築

集合住宅

ベルリン市クロイツベルク地区のDudenstr.12-20に建つ。一九五四〜五五年にマックス・タウトが設計し、建設された。四〜六階建てで、一階は商店が入っている。六階建ての建物は一九二五年にマックス・タウトが設計を行った旧ドイツ印刷業組合の建物に繋がっている。この奥に一〇階建ての建物がある。四階建ての鉄筋コンクリート造りの前に一階建て半円形の突出した部分があり、現在は町の図書館となっている。この半円形の部分が四階、六階、一〇階建ての三つの建物郡を纏める役割を果たしている。

ベルリン市ハンザフィアテルの集合住宅

ハンザフィアテルの集合住宅とは、ベルリンの中心部ティアガルテン地区にある住宅団地である。ドイツが第二次大戦で敗北し、建設技術が衰微してしまったものを一挙に戦勝国の水準に引き上げようとして集合住宅の国際コンペを行い、世界の有名建築家に集合住宅を建設させたものである。コルビジェの作品「ユニテ」もあったが、あまりに大きすぎ、敷地内に入らないので、オリンピック競技上の近くに建設された。ハンザフィアテルにはエゴン・アイアマン、オスカー・ニーマイア、アルヴァー・アアルトー、グロピウス、アルネ・ヤコブセンなど当時の世界の有名建築家の作品が並んでいる。そこにマックス・タウトの集合住宅もある。

一九五七年にマックス・タウトが設計したもので、高架鉄道（S-Bahn）のベレビュー（Bellevue）駅近くのティアガルテンに建つ。ハンゼアーテンヴェーク（Hanseatenweg）とバルティングアレー（Bartingallee）の角である。低層住宅が並ぶ中にある三〜四階建ての住宅である。隣にはデンマークの建築家カイ・フィッシャー（Kay Fisker）の住宅がある。南北軸の建物で近くに建つエゴン・アイアマン・オスカー・ニーマイヤー（Egon Eiermann,

1 クロイツベルクの集合住宅

2 ハンザフィアテルの集合住宅

Oskar Niemayr）の集合住宅と平行に建っている。東側に庭園が広がっている。マックスは兄ブルーノの生存中はあまり集合住宅を設計していない。兄の没後にハンザフィアテルの集合住宅などに着手し、よい作品を残している。

グリニッケの狩の館修復工事

ベルリンでもポツダムとベルリンの境にあるグリニッケというところに「狩の館」がある。ポツダムは旧東ドイツで、この館が建つのは旧西ベルリンであった。ベルリンとポツダムとはヴァンゼー（Wannsee）という湖が境界となっていた。その上にグリニッケ橋という橋があり、東西ドイツの捕虜兵士の交換がこの橋の上で行われたことでも有名である。ベルリンの壁の崩壊に際し、ブランデンブルグ門を乗り越えて東の人々が西側になだれ込み、歓迎を受けたのは記憶に新しいが、このグリニッケ橋を渡って旧西ベルリンへ入ってきた人も多かったのである。マックス・タウトはこのグリニッケの「狩の館」の改修工事を担当している。本来は一六九三年にきわめて短期間の治世を行ったフリードリッヒ三世のために作られたもので、当初の設計はディサルト（Diesart）である。一八六〇〜六一年にフリードリッヒ・カール（Friedrich Karl）のために宮廷建築家フェディナンドアリニム（Fedinand Arinim）が改装をし、フランス風バロックを取り入れた。一八八九年にはアルバート・ガイヤー（Albert Geyer）が塔の改修を行っている。そして、一九六三年の改修をマックス・タウトが担当した。マックスはガラスの出窓のある張り出しを作っている。現在この館の一部は地元の小学校としても使用されている。

ライベダンツ氏の墓石

エルヴィン・ライベダンツは一九一九年に死去した。その墓石はブルーノ・タウトの弟マックス・タウトにより設計され、ベルリン市ノイケルンの墓地に建てられた。墓地の名称を市営ルイーゼ墓地（Luisestädische Friedhof）と呼び、所在地はSüdstern 12, 10961 Berlin である。この墓石はベルリン・モダニズム（Berliner Moderne）の代表作の一つにあげられている。ドイツの出版物でも所在地が曖昧、もしくは誤っており、筆者もなかなか発見できずにいたが、ベルリン市の墓地管理局で調べ、やっと正しい所在地をつかんだ次第である。ドイツの住所は日本と違い分かりやすく、タクシーの運転

3

3 グリニッケの「狩の館」

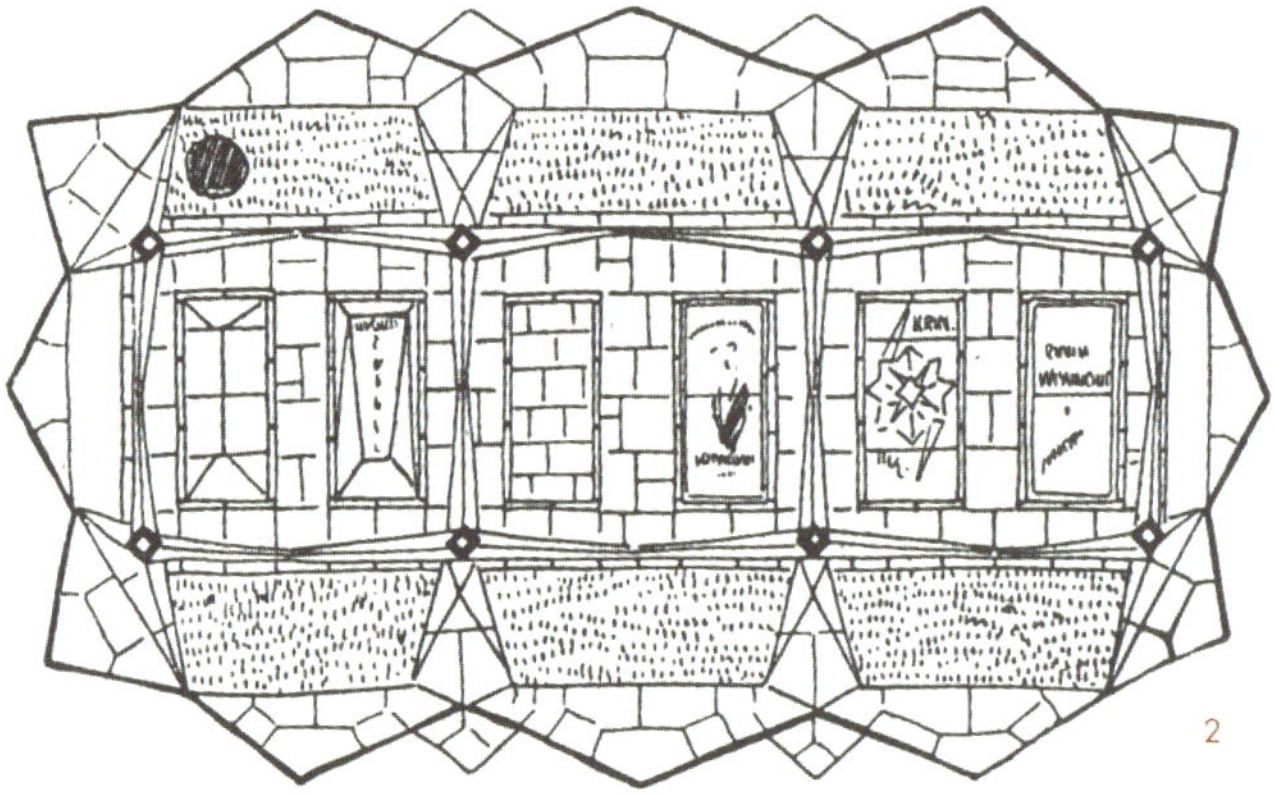

2

1

3

手に住所を告げるだけで、間違いなくその場所に届けてくれる。これはすべての道に名前がつけられており、住宅の番号が規則正しくついているからである。しかし墓地は住宅でないので、この番号がない。しかも、大規模な墓地であると、墓地内に入ってから探すのがたいへん困難である。筆者も墓地にたどり着き、ライベダンツ氏なら有名な方だから分かるであろうと、たまたま居合わせた墓堀り職人に聞いたが分からなかった。たまたま持ち合わせたライベダンツ氏の墓石の写真を見せると、「ああこれかね、誰の墓か知らんが、これはあるよ、この道を真っ直ぐ往き、道の交わった所を左に曲がりな！　その近くだ！」と教えてくれた。よく日本から墓石の写真を持参したものと自分を褒めた。言われた通りに歩くと、たしかにこの特徴のある墓石が現れた。しかも持参した写真よりかなり傾いている。建設はライベダンツ氏の亡くなった一九一九年で、当初、墓石自体は青緑、一部は濃紺に、そして頭部の星と星に繋がる鳥の尾に見える部分は金色に着色されていたそうである。しかし、墓地管理事務所から派手すぎるとしてクレームがつき、色彩は洗い流されたそうである。時代とともに墓石自体もやや劣化してきていて、かつ地盤のせいか傾きも始まっている。エルヴィン・ライベダンツの名前も墓石の下部にあったそうだが、現在ではこれも土中に埋没してしまい、誰の墓だかわからない状態になっている。したがって墓地の入り口で筆者が「ライベダンツ氏の墓はどこにあるのでしょう？」と墓堀り職人に聞いても答えてもらえなかったことに納得がいった次第である。マックス・タウト設計によるライベダンツ氏の墓石、この墓石のデザインはブルーノ・タウトがマクデブルクで発行していたフリューリヒト（Frühlicht：曙光）にも紹介されている。

ヘルマン・ヴィッシンガーの墓標

ベルリン市シュターンスドルフの中央墓地にマックス・タウトが設計したヘルマン・ヴィッシンガーの墓標はモダニズムの作品として有名である。これは一九二〇～二一年にかけて設計された。

長男ハインリッヒ・タウト

ハインリッヒ・タウト（Heinrich Taut, 1907–95）はブルーノ・タウトと正妻ヘードヴィヒとの間の長男である。一九〇七年に生まれた。年子の妹エリザ

1　ライベダンツ氏墓標

2　ヴィッシンガー氏墓標の平面図、これはブルーノ・タウトが出版したFrühlicht1921/22 冬号に掲載されたものである

3　ヴィッシンガー氏墓標

ベートがいる。続けての出産にヘードヴィヒは弱ってしまい、ハインリッヒはコリーンの家に預けられた。マックス夫妻に子供がいなかったことから、マックスの家で養われ、マックス・タウトの遺産、コリーンの遺産も継承することになる。ブルーノ・タウト自体が父親に面倒を見てもらえず、アルバイトで学費を稼ぎ、学校に通った。そのようなことから親が子供の面倒を見るという考えがなく、子供の面倒を見なかったようである。ハインリッヒはスイスのバーゼル大学で学び、父ブルーノと会ったのは一九三一年十一月が最後であったとハインリッヒは書いている。その場所はブルーノ・タウトが仕事をしていたモスクワである。ハインリッヒ二十四歳のときである。ブルーノ・タウトはエーリッヒ・バロンの影響で『共産主義宣言』やマルクスの基本思想を身につけた。ハインリッヒもその影響が強く、一九六四年に『社会主義並びに共産主義における労働と需要の弁証法』(Zur Dialektik von Arbeit und Bedürfnissen im Sozialismus und Kommunismus)という本を著し、旧東ドイツで共産主義学者としての地位を固めた(タウト旧宅の現所有者：ディップナー氏証言)。これはフンボルト大学の学位論文となっている。さらにフンボルト大学の教授に就任している。純粋の共産党員であった。当時の東独は、国内で優遇されたオリンピック選手ですら出国を機会に亡命をしてしまうという状態であった。旧東独時代には一般人の自由主義圏への出国は認められなかった。

　ハインリッヒは夫人タマラとともに一九七七年にタウトの唯一の弟子である故水原徳言氏、土肥美夫氏らの招待を受け、九〜十月にかけて一ヵ月間来日し、父タウトの足跡を辿っている。当時は東独と西独に分かれていた時代で、東独国民であったハインリッヒ・タウトが自由主義圏の国へ夫人とともに出国するということは至難の業であった。それができたのはよほど当時の東独政府に信頼されていた筋金入りの共産党員であったのであろう。

　ハインリッヒは桂離宮、伊勢神宮、高崎市少林山、宮島、日光東照宮など、ブルーノ・タウトゆかりの地を水原徳言、土肥美夫の案内で一九七七年九月二十六日〜十月二十五日にかけて旅行している。その旅行記の中でハインリッヒは「六歳のころ父親に絵を褒められて嬉しかった」と書いている。しかしブルーノ・タウトはふつうの意味での父親ではなかったと記している。ブルーノ・タウトは「地上における調和は、芸術、とくに建築の美によってのみ創り出される」こと

1

1　ハインリッヒ・タウト著作

を信じていた。タウトの美的・世界観的確信は彼の友人パウル・シェアバルトによって培われたもので、その結果、家庭的「日常茶飯事」に対するあらゆる責任をわきへ押しのけてきたと述べている。モスクワ以来父には会っていなかったが、精神的なつながりはあったし、会いたかったとも記している。ブルーノ・タウトが日本滞在中日記を書き、カーボン紙でコピーを取りハインリッヒに送っていたそうであるが、すべてが届いていたわけではない。一九七七年の訪日に際し、ハインリッヒ夫妻に同行した水原徳言は

> 伊勢神宮の造形がハインリッヒさんを満足させるものではなかったし、反対に東照宮の社殿を全て否定する見方には賛成できないと感じたことも確かだと思いました。その双方に今日の日本人の精神的支柱となるようなものはなくなっているもので、職業的、商業的な目的で利用されているだけだと思います

と『ハインリッヒ・タウト夫妻日本旅行随行記』に記している。

　この日本旅行は子息ハインリッヒにとっては父親の日本での足跡をたどり、弟子水原徳言にとっては師匠の足跡を四〇年を経た後でたどるということである。両名の会話により、ブルーノ・タウトに関する新しい発見もあったようである。この四〇年という時間が過ぎ去り、ハインリッヒは父ブルーノ・タウトが称賛した伊勢神宮の前では誰も柏手を打って参拝するものはなく、単なる観光地として人々が集まっていることに驚いている。父親がキッチュと呼んで嫌った日光東照宮拝殿では、数百人の人が一心に手を合わせている姿に感心もしている。「バロックに興味を持っていた父タウトが、この日本的バロックとも言える日光東照宮を認めようとしなかったのは、日本建築の指向すべき近代的な形としては東照宮に学ぶべき点がなく、桂にはそれを求めることができたのであろう」と述べている。「東照宮には徳川家康という立派な経営者がこの立派な社殿の中に祀られているので、少しでもそのご利益にあやかりたいと願いを込めて拝んでいるのであろう」とも述べている。

　ハインリッヒはほぼ一ヵ月に及ぶ日本旅行から帰国し、さらにフンボルト大学教授を務めた。『マルクス主義の歴史的批判的辞書』を作成するワークショップに参加したが、まとめるのに苦労している。ハインリッヒには子供はいなかった。

タウトの来日と桂離宮・伊勢神宮

IX

Bruno Taut's Stay in Japan and His Encounter with the Katsura Detached Palace and Ise Shrine.

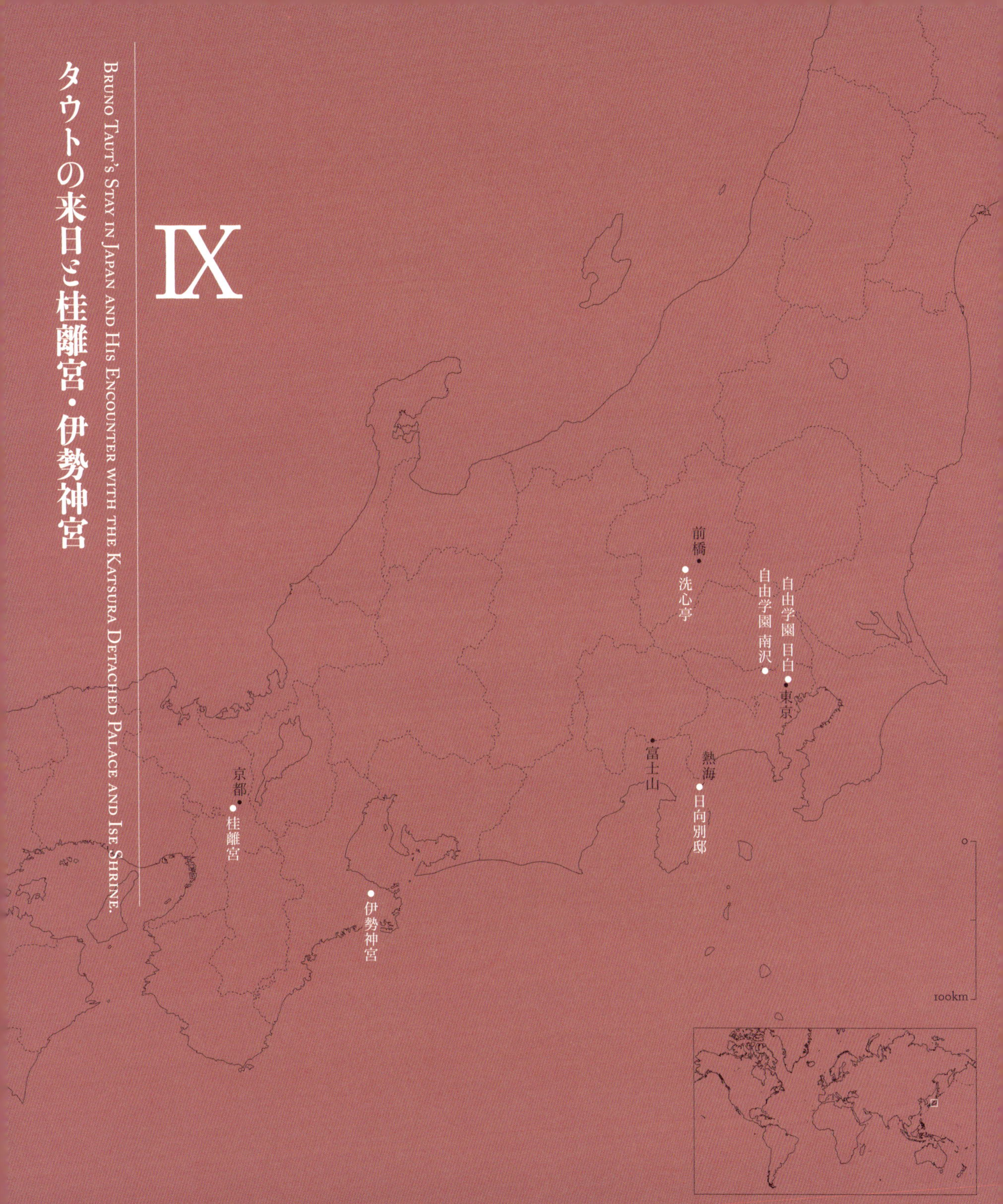

タウトの来日

一九三三年、ヒトラーが政権を取ると、亡命のような形で、青年時代より憧れていた日本に伴侶エリカとともにやってくる。当初の予定をはるかに越えて三年半を日本で過ごすが、日本も第二次世界大戦に向かって一歩を踏み出そうとしていた時代で、建築家タウトにとって日本ではよい職はなかった。タウトにとってふさわしい待遇を受けることもなく、一九三六年十月十五日にトルコのイスタンブール芸術アカデミーの教授として赴任するために離日する。しかし、タウトを受け入れた建築家上野伊三郎らの努力によって、来日の翌日上野夫妻の案内で桂離宮を訪ねている。日本の素材を十分に生かし、かつ簡潔な建物と庭園からなる空間が、自然と人間との調和をはかりつつ、かつ京都という伝統ある都市の景観とよく融合していることに感動する。「涙が出るほど嬉しい」とも日記に書き「今日はおそらく私の一生の内でもっとも善美な誕生日であったろう」とも記している。さらに伊勢神宮、大徳寺狐篷庵、飛騨白川の合唱造りの民家などに直接触れてその感を深めた。日本の伝統的建築、ひいては日本文化の本質に敏感に触れ、かつそれを正しく取得している。タウトの興味の対象は単に建築ばかりでなく、民芸、キモノ、焼き物、香、生け花、文学、造園、日本の自然、と非常に広い。また自らの講演をもとに著述にも励み『ニッポン』『日本文化の再発見』『日本文化私観』『日本・タウトの日記』などを著し、日本人に自信と感銘を与えた。ちょうど日本が太平洋戦争に突入しようという時代に日本文化を外国人によって褒められるというのは当時の日本政府にとっても具合のよいことであったに違いない。タウトの作品は文部省推薦図書となり、当時多くの国民がこれを読んだ。しかし、読者の多くはタウトの本職が建築家であったことを知らなかった場合も多い。単なる文化評論家くらいに考えていた同胞も多いはずである。しかしタウトはきわめて短い一九二〇年代に一万二〇〇〇戸もの集合住宅をベルリンに完成させた、れっきとした建築家であった。ドイツでは想像もつかないハードなスケジュールをこなしてきた人であった。来日前にも単なる建築設計だけでなく、多くの著述を行い、ドイツをはじめとする建築界に影響を与えてきた。

第一次世界大戦後の世界的不況により、日本の農村は荒廃が深刻であった。これを克服するために、地方では農村の振興が急務であった。タウトはまず仙台の商工省工芸指導所で工芸の指導にあたった。これは一九三三年九月に東京の三越で商工省工芸指導所の展覧会を見学したことが契機となっている。工芸指導所の国井喜太郎所長に批評を語ったことがきっかけで、顧問として働くこととなった。タウトの履歴書では一九三三年十一月から三四年三月まで仙台国立工芸指導所嘱託となっている。西欧の真似をするのでなく、日本独自の技法と素材を生かした工芸品を作るように指導し、尽力した。群馬県においても同様で、一九二九年にパリの留学から帰国した高崎の事業家井上房一郎がこの課題に取り組んでいた。群馬県特産の絹織物に捺染し、改めて婦人服地に改良すること、工芸品の制作、家具の造作などを行っていた。(株)久米設計の創始者久米権九郎の紹介と斡旋で、タウトは井上房一郎に協力することとなり、高崎郊外の少林山達磨寺の洗心亭に住み、工芸品制作の指導にあたった。一九三四年八月一日にタウトが洗心亭に住むようになって、一九三六年十月日本を去るまで、ここを拠点として仕事をした。タウトは洗心亭と自然の調和を好み、住職広瀬大蟲一家にもたいへんよく待遇して貰い、感謝していた。少林山は、タウトが青春時代を過ごしたコリーンと似ているという。時々コリーンを想いつつ、ここで日本文化に関する書籍を読み、また多数の著述を行った。建築設計や大学で教えるといった職はなかったが、タウトにとっては思いがけない貴重な時間をここで過ごすことができたのである。また伴侶エリカの献身的な助力もあった。洗心亭には、エリカが速記を清書した作りつけの折りたたみ机（ライティングデスク）が残っている。この時間をタウトは自嘲気味に「建築家の休日」と呼んでいる。

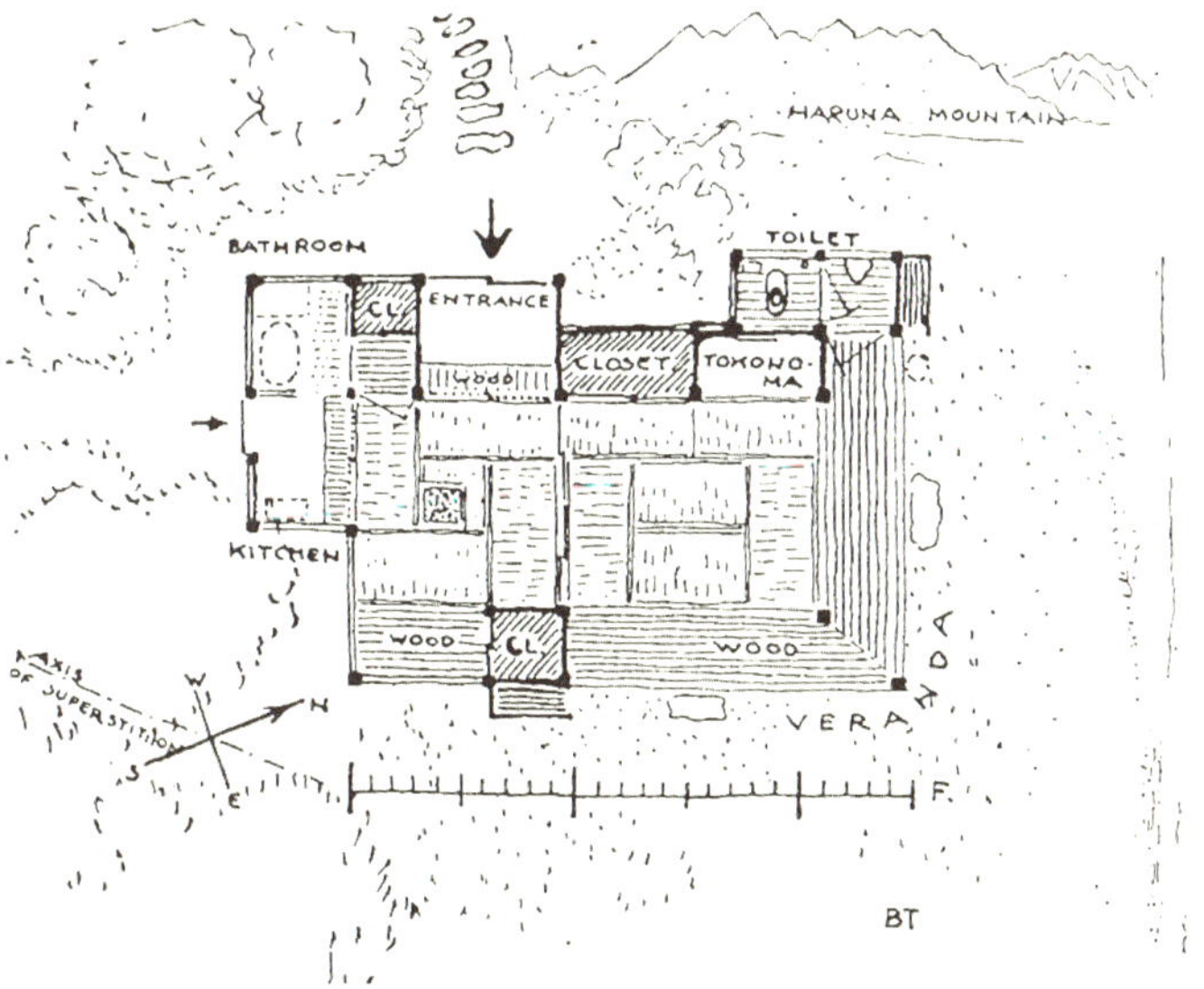

1

2

1 タウトがスケッチした洗心亭平面図[45]
2 洗心亭

タウトは洗心亭の生活について、

此処こそ私が去りがてに思った最初の土地である、私たちはできることならこの静閑と簡素な生活、また私たちを取り巻く諸人の親切を味わいつつ、秋の更けるまで滞在したいと希っている。

洗心亭に居を定めてから、私は初めて十四世紀に吉田兼好が『徒然草』に書きとどめている心にくい感想を理解できるようになった。

（一九三四年八月二十八日の日記）

と記している。タウトは『徒然草』を英訳本で読んでいる。洗心亭の生活をすっかり気に入り、日本文化に関する多くの本を読み、またここで著述が行われたのである。鴨長明の『方丈記』を読んでは、鴨長明の庵がわずか一丈しかないことに「私の洗心亭の方が少し広い」と書いている。

『方丈記』とは、わが国で初めて災害の記録を残した作品で、今までも関東大震災や阪神淡路大震災、さらに二〇一一年三月の東日本大震災の度に注目され、読み返されたものである。「住宅とはもろいもので、華美な住宅に住み、華麗な生活を送ることなぞ無意味なことである」ということを教えている。また災害を簡潔にルポし、時の政権を巧みに批判している。鴨長明は優秀なルポライターであり、ジャーナリストであった。タウトもまめに毎日日記をつけてドイツに送るなど、やはりジャーナリストとしての性格を持っていた。政権に批判を加えることでも鴨長明の思想に大いに共鳴しうる点があったと考えられる。

また、

住職の広瀬さんが、私たちを慰めようというので、素晴らしい催しをしてくれた。村の小学校の全女生徒が（低学年の小さな子供から一三、四歳までの娘さんが一〇〇人たらず参加した）、**先生達に引率されてお寺の講堂に集まった。まず広瀬さんが私についていろいろ話し、それからこの児童達の唱歌や舞踊が始まった。日本の子供達は真面目で、しかも気取りのない無邪気さと自然な朗らかさは実に気持ちが良い、自分の演技に拍手が送られなくても、きまり悪がるような子はいないし、またもっと驚いたのはこの子供達……とりわけ高学年の娘さんが、いったん壇に上ると大人と少しも変わらないほど端正な態度を取ることだ。**

（一九三四年九月九日の日記）

とも記している。この年の八月、子供たちを残してきた故国ドイツではヒンデンブルグ大統領が死去、ヒトラーが総統に就任、戦時色はますます濃

1 タウト作による洗心亭の床の間と便所を仕切る薄い間仕切り〔45〕

2 タウトが高崎を去るにあたって行われた送別会、エリカの右が上野伊三郎、タウトにお酌をしているのが廣瀬大蟲住職次女の敏子さん

3 一九三六年一〇月八日、沢山の人に見送られ、タウトとエリカは高崎を発った。

くなった。タウトはこれを憂い、しかも何もできないことにいらだちもあった。その中での広瀬大蟲住職の取り計らいはとくに嬉しかったに違いない。また子供たちの無邪気さに心を癒されたのであろう。

一九三四年十月十四日の日記に、

洗心亭の床の間には(ここで私は今日も香を焚いた)、すばらしい掛け物が懸かっているしまた見事な花器には花が活けてある、ところがこの床の間の裏側は……便所である。してみると、裏側は「必要」のための、つまり自然必然的な生理的要求を充たすための場所であり、こちら側はそのようなものとはひとつも係わりのない、芸術と文化のための場所である。全く性格を異にした二つの世界だ。

精神的な場所と実際的な場所が薄い壁一つを挟んで存在している。タウトは、

この裏側の世界が世俗的生活に「必要な」もの、即ち大砲や政策などを擁して勢威を振るい、表側の世界に服従を要求しているのである。

と続けている。

さらに一九三四年十一月十九日の日記に、

洗心亭の楓樹は、少林山一帯の雄大な風景に鏤(ちりば)められた宝石さながらだ。しかしよく眺めると一本の枝にも、燃えるような紅から濃い緑までさまざまな色調と濃淡とが見られる。片側が美しい赤で別の側が緑色をした林檎そっくりだ。私たちは、遍身を眼にしてこの美観を飽かずに眺めている。

と記している。京都から東京経由で少林山達磨寺に戻ったタウト。京都で体調を崩したタウトは洗心亭に戻り、安堵したのであろう。樹木に対する観察は、タウトがコリーンに滞在したときにも沢山の樹木のスケッチを行い、鋭い観察を行っている。

十一月二十三日の日記でも、

私はコリーンの森林を思い出した。コリーンでもやはり美的な見地から植林が行われたのである。昔の……それも年老いた……山林官の芸術的配慮なのだ。

と記している。

一方、指導を行った工芸品の一部は井上房一郎が銀座に設けた「ミラテス」で販売もされた。高価ではあったが、非常に高級な工芸品は富裕層に歓迎された。ここで工芸品を購入した貿易商日向利兵衛が、後にタウトに熱海の別荘地下部分の内装工事を発注することとなる。これがタウトが日本に残した唯一の建築作品となる。一方群馬県では工芸学校の設立も企画され、県の工業試験所

1

2

3

の高崎分場も群馬県工芸所として独立した。ここの所長に、タウト来日以来タウトの世話をし、タウトの身体器官の一部になっていたと言っても差し支えない、建築家上野伊三郎が迎えられる。タウトはその嘱託となって働くこととなる。タウトは上野に此処の所長で苦労する必要はないのでないかと同情する。時局は戦時色を強め、タウトとエリカにとって居心地はよくなくなってきた。工芸品製造に必要な材料は軍需に回され、工芸研究も軍事研究のほうが優先された。工芸に関わる職人も兵役に就いた。こういうときにトルコからイスタンブール芸術アカデミー教授の口がかかり、愛した洗心亭、広瀬住職一家、八幡村と涙の別れをすることになる。

日本におけるタウトの年譜はおよそ次の通りである。

一九三三年（昭和八年、タウト五十三歳）

五月三日

伴侶エリカを伴い、天草丸で敦賀上陸。

上野伊三郎はじめ日本インターナショナル建築の中西六郎、中尾保の出迎えを受ける。京都の下村正太郎邸（大丸呉服店を大丸百貨店とした実業家）の客となる。下村正太郎は芸術に明るく、タウト在日中世話をやく。

五月四日

上野伊三郎夫妻らに案内されて桂離宮を見学。ちょうどタウトの誕生日であったことから日記に「今日はおそらく私の一生の内でもっとも善美な誕生日であったろう」と書き、桂離宮をアクロポリスのパルテノン神殿と並ぶ世界的な建築物と褒める。

五月十八日

東京帝国ホテルへ。建築家石本喜久治、山脇巌、朝日新聞記者で建築家である斎藤寅郎に迎えられる。タウトはフランク・ロイド・ライトの設計による帝国ホテルを気に入らなかった。

自動車で帝国ホテルへ、……ホテルの中は頭を押さえつけられるような感じだ（この建築の外観もそうだが）。**芸術的にはいかものだ。ごこもかしこも大谷石ばかり、そのうえ至るところに凹凸があって、埃の溜まり場になっている**（まったく非日本的だ）、**仰々しい寺院気分……これが「芸術」なのだろうか。さまざまな階段はさながら迷路である。客間の使用はこのうえもなく非経済的だ。ライトに深い失望を感じる。**

と日記に記している。

五月二十日
日光へ行き、金谷ホテルで昼食、湯元に宿泊。斎藤寅郎が同行する。

五月二十一日
日光東照宮を見学。「威圧的で親しみがない」と批判、「建築の堕落だ……その極致だ」と日記に記す。

五月二十二日
久米権九郎に案内され、東京赤坂の三井男爵邸を見学。

五月二十四日
赤坂の山王ホテルに移動する。

五月二十五日
上野伊三郎の通訳により、東京朝日新聞社で講演をする。朝日新聞の社長も参加。

五月二十六日
明治書房主・高村鍵造より『ニッポン』の出版の話を受ける。早稲田大学建築学科教室を訪問。

五月二十六日
東京の諸建築を視察。吉田鉄郎、山田守、谷口吉郎が案内する。

六月二日
東京帝国大学建築学科教室を訪問。

六月十二日
京都に戻る。葉山、鎌倉、箱根を見た。

六月二十三日
ドイツ領事館を訪問（大阪）、領事不在。

六月二十九日
比叡山の上野伊三郎別荘に行き、『ニッポン』の原稿を書き終える。

七月十六日
京都で祇園祭りを見る。下村正太郎、上野伊三郎が案内。

七月二十一日
葉山に移る。久米権九郎の別荘に泊まり、九月十三日まで滞在。

九月六日
東京へ行き、さまざまな芸術展を見学。三越の商工省工芸指導所の展覧会を見学、国井喜太郎所長に批評を語る。これが契機となり、後に工芸研究所顧問となる。

九月十三日
建築家蔵田周忠宅へ移る。九月二十四日まで滞在。

九月十七日
画家の楠瀬日年宅、無私庵訪問。建築も素晴らしいし、氏の考え方に賛同、素晴らしい日と日記に記す。

九月二十五日
京都へ移る。

九月二十九日
上野伊三郎に案内され、大徳寺・狐篷庵を見学。小堀遠州の墓を詣でる。

十月一日
下村正太郎、上野伊三郎に案内され、伊勢神宮を見学。「桂以後のもっとも素晴らしい日」と日記に書く。

十月二十七日
生駒山の小都市計画をつくる。これは現在の近畿日本鉄道によるもので、タウト来日の際に天草丸に出迎えた中尾保の仲介によるものであった。

十一月四日
京都から東京へ向かう車窓で富士山をつぶさに観察。

神々の山だ。ここに日本、神道及びその文化の起源がある。世界で最も純雅なこの山の姿は天と地をつなぐものである。

と述べている。

十一月十日
仙台へ移動、その間五日間東京に滞在。

十一月十一日
工芸指導所へ。(タウトの履歴書には一九三三年十一月より三四年三月まで仙台国立工芸指導所嘱託とある)

十一月十五日
アサヒグラフに「ドイツと日本の農家を比較した写真と記事を書く。

十一月十七日
東京へ、ブブノワ夫人の家に滞在。以降同夫人の家がタウトの東京における定住の家となる。

十二月二十四日
鎌倉の前田青邨を訪問、富士山を見ながら京都へ移動。皇太子誕生に関する新聞記事を読む。

一九三四年(昭和九年)タウト五十四歳

一月一日
下村正太郎邸で新年の賀。下村の案内で滋賀県滋賀郡途中村へ行く。青年時代を過ごしたコリーンを想い出す。

一月二十三日
日本を去りたいと考える。さまざまな仕事が思うように運ばないからである。

二月二日
東京へ。
二月八日
仙台へ。工芸指導所を辞する決意をする。三月五日に最後の講演を行う。
三月七日
仙台を離れる。途中、群馬県の益子で陶芸家浜田庄司を訪問し、ブブノワ宅へ入る。
三月二十八日
ドイツ領事館を経由して、ドイツ労働者住宅の設計に応募した作品を送ろうとする。
四月八日
再び京都へ。
五月五日
再び大徳寺・狐篷庵を訪問。小堀遠州の墓を詣でる。
五月七日
再び桂離宮を訪問。
五月九日
上野伊三郎に伴い、修学院離宮を訪問。係官が一年前の訪問を覚えていてくれた。
五月十五日
東京へ。渋谷区代々木にある国際フレンド会館を宿所とする。久米権九郎の世話で大倉陶園の顧問として働くことになっていたが、この話は頓挫した。
五月二十四日
久米権九郎の紹介で、高崎の実業家井上房一郎と初めて会う。
五月二十五日
柳宗悦宅でバーナード・リーチに会い、よい印象を受ける。ここでは河井寛次郎も居合わせた。夕方、横浜に渡米する下村正太郎を見送りに行く。
六月一日
『ニッポン』を出版。
六月六日
建築家レーモンドを同氏の事務所に訪問。
六月十日
久米権九郎とともに高崎に行く。草津温泉を訪問、一泊して帰る。
六月二十五日
京都へ行き、東京帝国大学で予定している講義の資料を持ち帰る。
七月九日、十日、十二日、十三日
東京帝国大学で講演、上野伊三郎が素晴らしい通訳を行う。
八月一日

高崎市郊外の少林山達磨寺の洗心亭に住む。以来、日本を去るまでここを日本における住居とする。高崎の実業家井上房一郎の招きにより、工芸作品のデザインを担当する。蔵田周忠の学生五名が少林山に泊まって図面を描く。井上工芸研究所の水原徳言がタウト工芸作品のために働く。水原はタウト唯一人の弟子と言われ、タウトに非常に可愛がられ、また水原もタウトを心から慕った。達磨寺では広瀬大蟲住職とその家族に丁重に受け入れられた。洗心亭を取り巻く自然もタウトの気に入るところとなり、ここでの生活に満足していた。日本文化に関する著述のほとんどがここで行われた。

十二月二十七日

バーナード・リーチ、柳宗悦が来訪。洗心亭に宿泊。二日間にわたり芸術論を交わす。翌日は井上房一郎も参加。

一九三五年（昭和十年）タウト五十五歳

一月二日

ようやく日本での生活に不安を感じるようになる。日本の芸術について執筆。後に森儁《とし》郎氏により和訳され『日本文化私観』として出版された。

二月十一日

東京銀座にタウトの工芸作品を販売する「ミラテス工芸店」が井上房一郎によって開店される。

三月一日

ベルリンで共同の建築設計事務所を持っているフランツ・ホフマンから帰国を勧める手紙を受領。帰国しても自由がないとして断る。

三月二十二日

久米権九郎が進めていた大倉邸の設計に協力。

四月十三日

高崎で講演。上野伊三郎が通訳を行う。

四月十五日

東京の日本建築学会で講演を行う。通訳が上野伊三郎であった。

五月七日

熱海の日向別邸の設計に着手する。

五月十三〜六月一日

『日本の家屋と人』を執筆するため、上野伊三郎とともに取材旅行を行う。京都→岐阜→高山→白川→富山→柏崎→長岡→新潟→佐渡→鶴岡→秋田→弘前→松島を巡り、旅行記を発表する。

六月九日
「午後、井上房一郎氏に伴われて内務省警保局長唐沢俊樹氏の住居を訪ねる。唐沢夫人は井上夫人と姉妹の関係である」と日記には何気ない表現で記されているが、内務省警保局長とは特高を指揮する立場にあった。このようなことから、タウトが特高につきまとわれることはあったが、手出しはできなかったのである。井上房一郎の手の込んだ仕掛けだと言ってよい。唐沢俊樹氏は昭和三〇年に岸内閣で法務大臣を務めている。

七月十三日
伊豆の上多賀海岸に避暑し、熱海の日向別邸工事設計監理を行う。

九月九日
洗心亭に帰る。鈴木道次がドイツを訪問、タウトが残してきた家族と会い、その報告をする。

九月二十六日
洪水が起こり、洗心亭が孤立した。タウトは見舞金を村に寄進し、しばらく少林山を去り、東京に住む。

十一月十五日〜二十一日
東京日本橋の丸善で「タウト作品展」を開催。

十二月三日
建築についての考察を書き始める。後、これをトルコで出版。タウトの死後、岩波書店で『建築芸術論』という題で出版。タウト最後の著書となる。

一九三六年(昭和十一年)タウト五十六歳

二月六日〜十一日
秋田地方へ冬の旅を試みる。これには木版画家勝平得之が案内をした。

二月十三日〜十七日
京都へ。

四月二日〜二十九日
喘息に苦しみ、転地療法を行う。

五月一日
工芸研究所が上野伊三郎を京都から所長として招く。タウトはここの嘱託として働く。

六月七日
高松宮の視察があった。タウト工芸作品を展示してご覧頂く。

七月二日
トルコ・イスタンブールから招待状を受け取る。

九月十日
高崎の観音様について「いかもの」には違いないが、ハンブルグのビスマルク像、ニューヨークの自由の女神よりはよいと述べた。ちなみに観音様はタウトを招き入れた井上房一郎の父親により寄進されたものであった。

九月十一日

イスタンブールからの招聘を受諾する。

九月二十日

熱海の日向別邸が完成。関係者を招く。吉田鉄郎(設計と監理に協力)、水原徳言(工芸品制作、竹工事に協力)、島田巽(アサヒグラフ編集長)、高村鍵造(著書出版)、ブブノワ夫妻(タウト友人)、山野冨佐夫(家具担当)が招かれた。ブブノワ、水原徳言の即席の画を入れて記念撮影が行われた。

九月三十日

トルコから「契約成立、出発せよ」と来信。

十月六日

少林山達磨寺で別れの宴が催された。

十月七日

高崎で別れの宴が催された。

十月八日

洗心亭を去る。

十月十日

東京、赤坂・幸楽(二・二六事件の料亭)で送別会が催された。

十月十二日

ドイツ大使館へ挨拶に赴く。『日本文化私観』が完成。知友に贈呈するために署名をする。

十月十四日

京都で最後の鑑賞。曼殊院、詩仙堂を訪問。

十月十五日

関釜連絡船でエリカとともに離日。

岩波新書の赤本でブルーノ・タイト著の『日本美の再発見』という本がある。桂離宮をはじめ、伊勢神宮、飛騨白川の農家および秋田の民家などの日本建築に「最大の単純の中の最大の芸術」の典型を見いだした、という内容の本である。この本は、エリカがトルコから高崎の少林山に持ち帰ったタウトの原稿から作られたもので、篠田英雄により翻訳された。岩波書店から一九三九年に出版され、『日本美の再発見 建築学的考察』という題であったが、のち改版され『日本美の再発見』となる。このタイトルはブルーノ・タウトがつけたものではなく、篠田英雄の命名である。

タウトと桂離宮・伊勢神宮

タウトは、来日するとその翌日、一九三三年五月四日に、京都郊外にある桂離宮を訪れる。

桂離宮は、江戸初期に後陽成天皇の弟の八条(のち桂)宮、智仁親王が造営した別荘である。

源氏物語になぞらえた回遊式庭園や、書院、茶屋が、往時の姿のまま残っている。

そして桂離宮の簡素で機能的な美しさに驚嘆する。

実に泣きたくなるほど美しい……

桂離宮を見たタウトは、栃木県にある日光東照宮を訪れる。しかしここではタウトはさほど感銘を受けなかった。タウトは、二つの建物を比較して、次のように書いている。

日光の大がかりな社寺の如きものなら世界にもたくさんある。それが桂離宮となるとまるで違ってくる。それは世界にも類例なきものである。東照宮のような建築物は他の国でも珍しくないけれど、桂離宮は比類のない傑作だ。

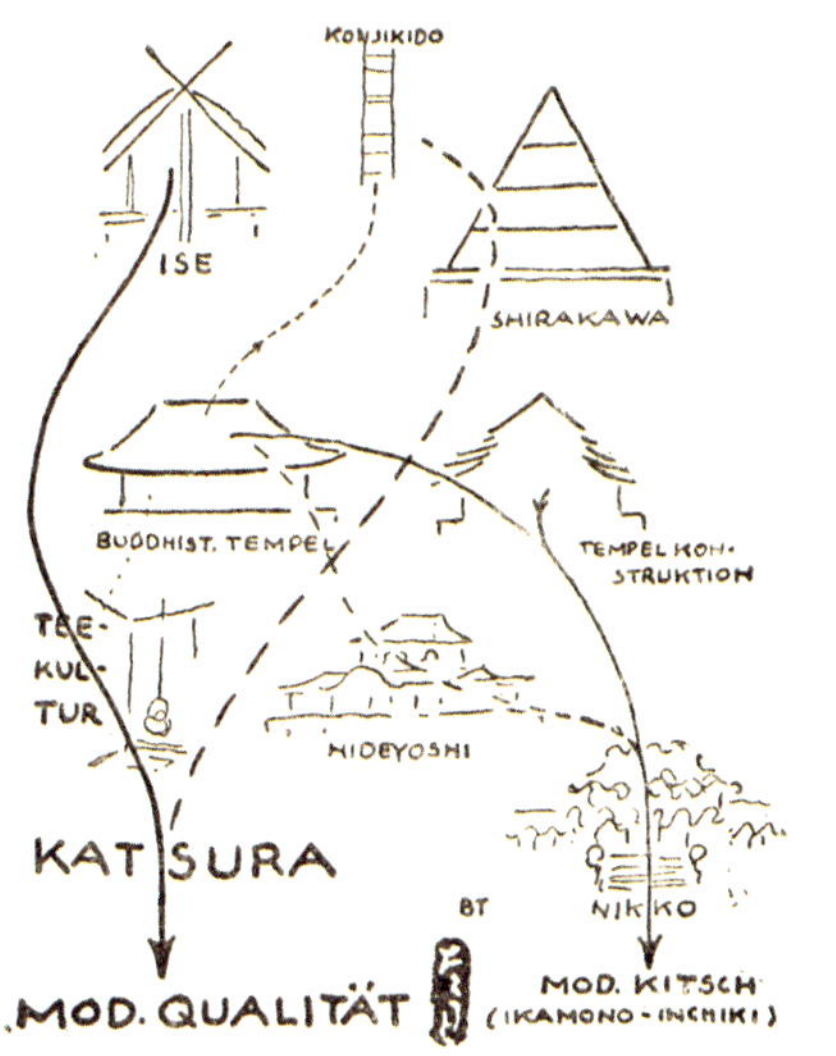

1

というのである。タウトは、桂離宮を「天皇趣味」と呼び、東照宮を「将軍趣味」と呼んで対比している。

桂離宮は建築家岸田日出刀が昭和四(一九二九)年に著した『過去の構成』に「モダーンの極致がある」と記しており、タウトが初めて桂離宮の美を発見したのではない。昭和十六年(一九四一)年十二月八日、日本は英米に対し宣戦布告をし、太平洋戦争に突入した。昭和十四年(一九三九)にタウトの天皇家の文化を誉める、伊勢神宮を誉める、神道を称えるといった著書が出ることは、当時の日本政府にとって好都合なことで、国粋主義高揚のために推薦を受け、多くの読者を得た。この本が出たときはタウトの死後であるが、本来反戦主義者、恒久平和を求めていたブルーノ・タウトにとっては迷惑な話であったかもしれない。

タウトはマクデブルクで色彩宣言をあげ、「すべての建築に色彩を!」と唱えた。かつそれを実践した。ベルリンの集合住宅群にも派手な着色を行っている。しかし来日すると白木の伊勢神宮や桂離宮をほめたたえた。これではあまりにも

1 タウト作、皇室芸術と将軍芸術の流れ「皇室芸術は茶道文化の流れを取り入れて、桂離宮に到達し、将軍芸術は秀吉の豪華絢爛趣味を経て、日光東照宮にたどり着く。これはキッチュ(いかもの、いんちき)である。」[7]

変わり身が早いとの誇りを受けよう。そもそもマクデブルクでは表現主義の建築家、ベルリンでは社会主義の建築家、日本では日本美再発見の建築家、トルコでは体制に寄り添う建築家と変わり身が早い。

　日本の白木建築を誉めたタウトは、当時の日本人の着物とドイツ人の服装との対比を行っている。当時の日本人の和服は非常に派手な色をしていたそうである。とくに仙台の婦人の和装は派手であったと書いている。それに対し、当時のドイツ人の服は、現在の日本人サラリーマン同様ドブネズミ色が多く、非常に地味であったそうである。したがって、派手な和服には白木の建物が合い、地味な服装には、着色をした派手な建築が似合うとのことである。

　タウトの二回目の桂離宮訪問は一九三四年五月七日である。日記に、

> **桂離宮を拝観する、たっぷり四時間を費やした。案内の係官は去年の五月四日に私たちが初めて拝観に来た時の事を覚えていた。実際、あの日は日本が私に与えてくれた素晴らしい誕生日の贈り物であった――……そう言えばあの日も三時間あまりをここで過ごしたものだ。大方の外人は、この離宮全体の拝観を一五分そこそこで片づけてしまうそうだ。今日はもう陶酔しない、それ以上だ、至心の鑑賞である。つつじの紅い花、晩春の陽差はやや暑く、もう初蝉が鳴いていた。桂離宮……小堀遠州のこの古典的作品は、私に新鮮なあるものを啓示する――それはこの人の精神的自由である。彼が桂離宮で開顕した微妙極りなき関係の芸術は、一歩を錯過すれば殆どいかものに堕するかも知れない、……いや、ここではこのような言葉を慎まねばならぬ。世界で最も誤解せられ易いものは、この偉大な自由に如何はない。私はこれまでに幾度となく桂離宮の美を、筆にまた口に讃嘆してきた、しかしそれでもまだ足りないのだ！　ここのお庭を閑歩しながら、ひとつの着想が私の頭に閃いた、……たとえ私の主観的な観想にせよ、日本の筆を用いて桂離宮の印象をスケッチと詞書とで描きこめてみよう、固より「形似」を事とするのではなく、感興にまかせて描破しよう。**

と記している。こうして生まれたのが『画帳・桂離宮』（岩波書店）でブルーノ・タウト生誕一〇〇年を記念し一九八一年三月に出版された。

　ここからいくつか、抜粋を行う。

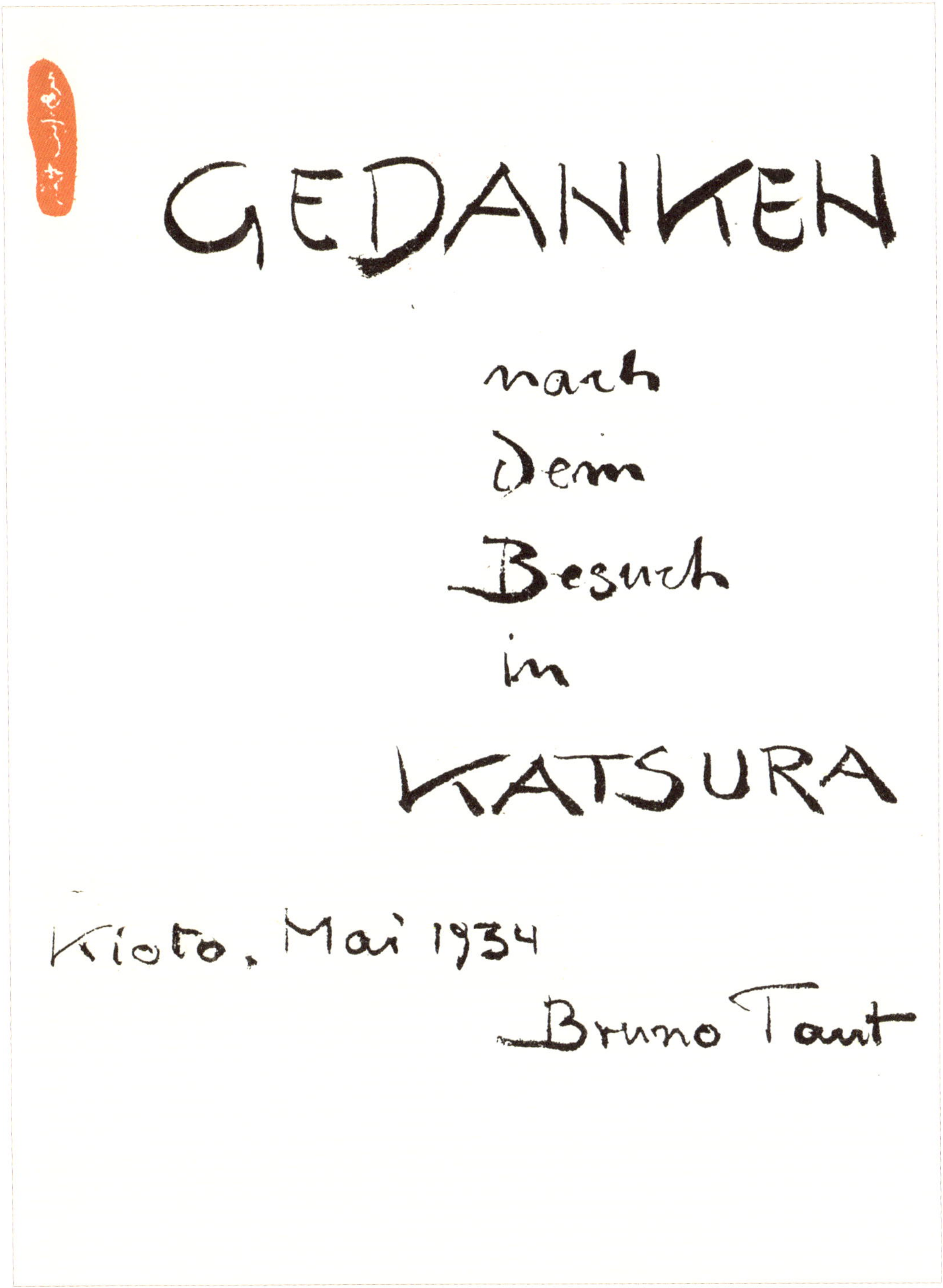
GEDANKEN
nach
dem
Besuch
in
KATSURA

Kioto, Mai 1934
Bruno Taut

「回想、桂離宮を拝観して、京都、一九三四年五月ブルーノ・タウト」[77]

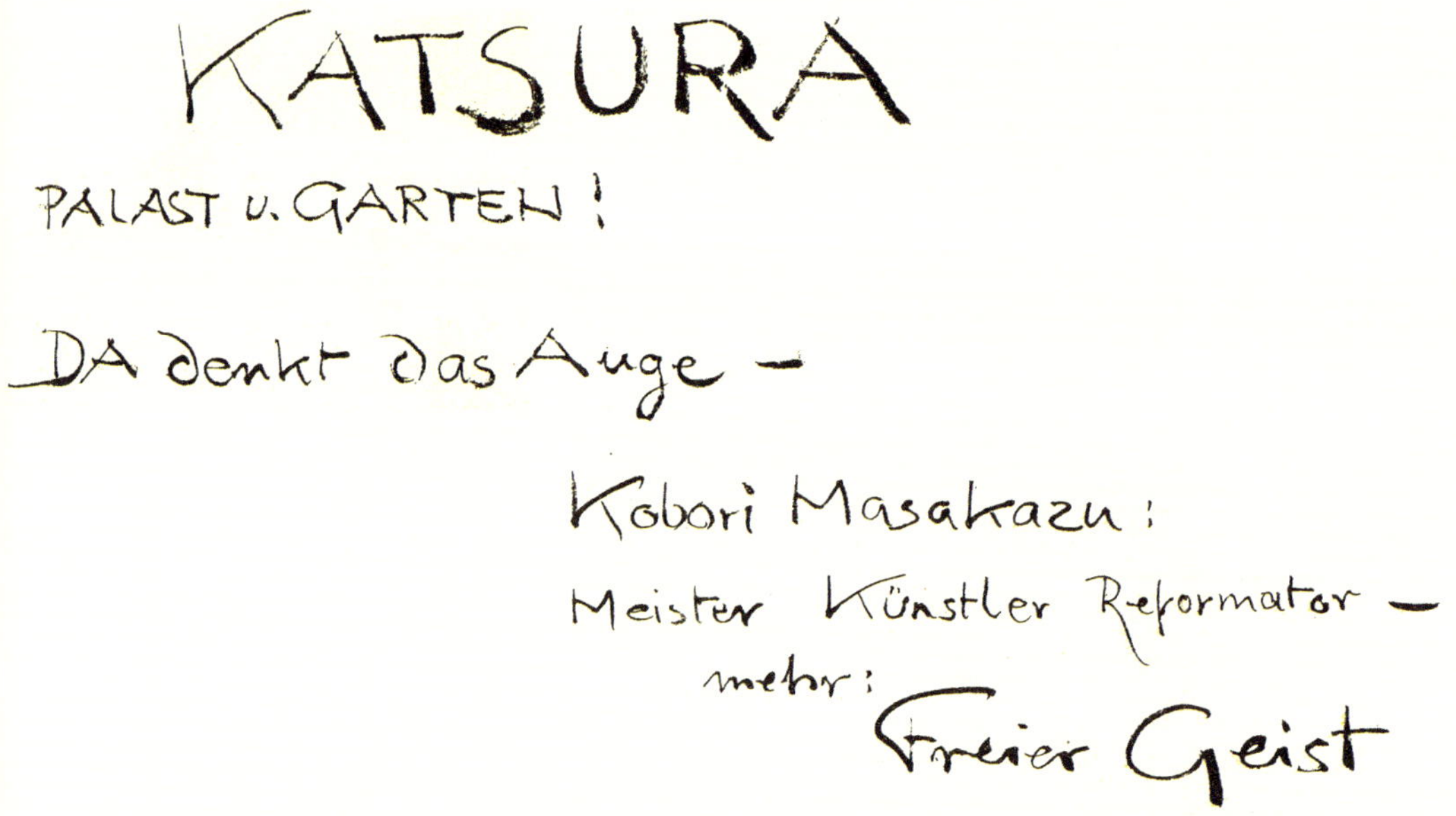
KATSURA
PALAST u. GARTEN!
DA denkt das Auge –
Kobori Masakazu:
Meister Künstler Reformator –
mehr:
Freier Geist

「桂離宮、宮殿と御苑、ここでは目が思惟する、小堀政一：巨匠、芸術家、改革者」[77]

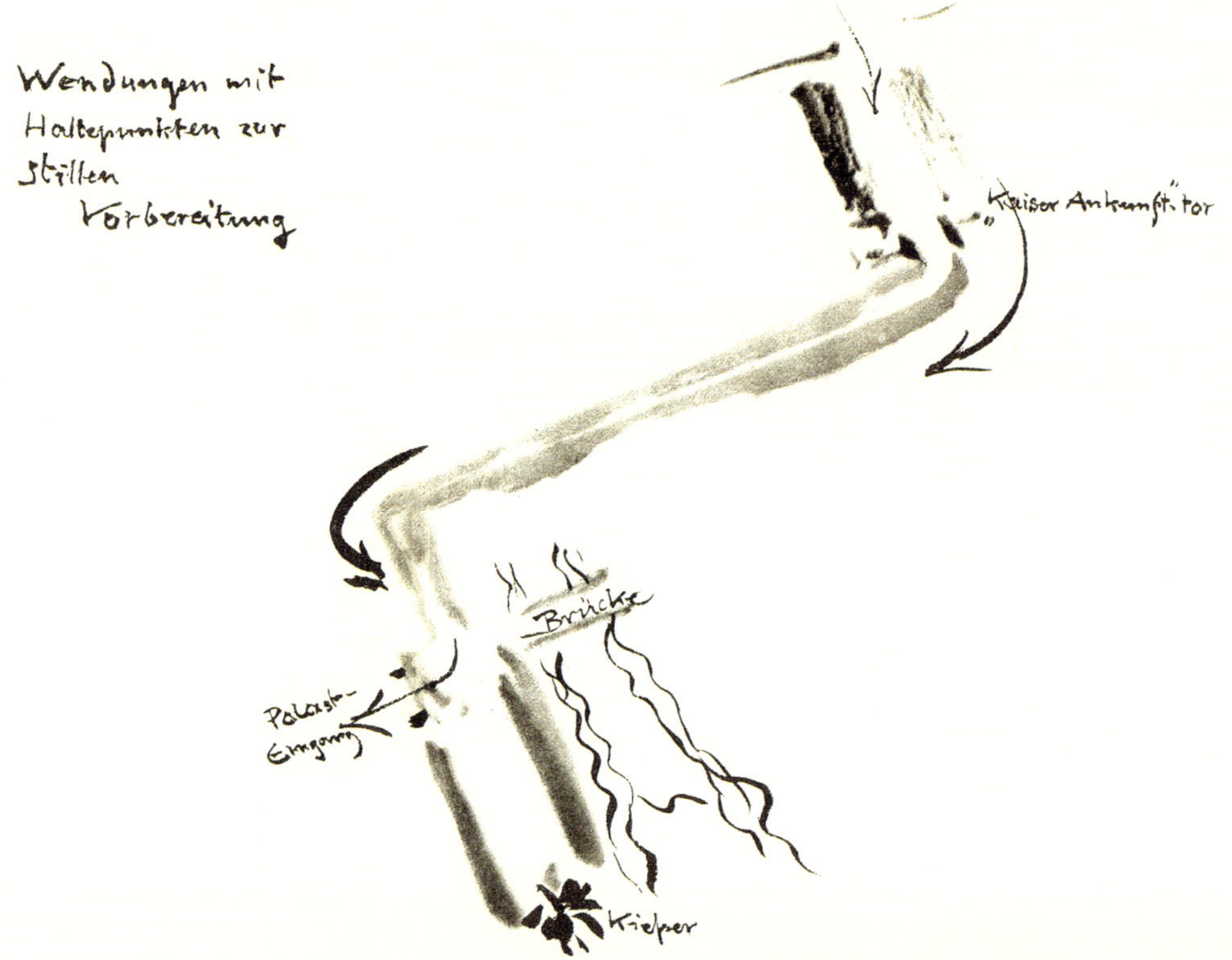
Wendungen mit
Haltepunkten zur
stillen
Vorbereitung
Brücke
Kiefer

「静かに精神を整えるための立ち止まる点を持つつづら道」[77]

Ihr geht zur Warte-halle
es sieht nicht so gemütlich aus-
zum Teehaus zu gehen
und hart
ist die Steinbrücke und ernst der Zugang zum Teehaus

「君たちは控えの間へ赴くのである、茶室への道はあまり快適な形をなしていない」[77]

Ihr habt die philosophische Ruhe bewiesen
das Tokonoma heiter ist
Seid frisch beim Essen u. Trinken
Die Zikaden singen
Es ist alles gut
Wasserfall

「蝉が鳴いている、すべては良し」[77]

「生活そのものが最大の簡素な形式を与える。自然は形式である。宮殿、交点としての一株の樹木、飛び石道、芝生、繁み、つつじ、一切が最も簡素な生活形式だ」[77]

Das Leben
selbst
gibt
die ein-
fachsten
Formen

Form
ist
Natur

Haus,
Baum als
Knotenpunkt –
Steinwege,
Rasen,
Büsche,
Azaleen –
alles
einfache
Lebens-
formen!

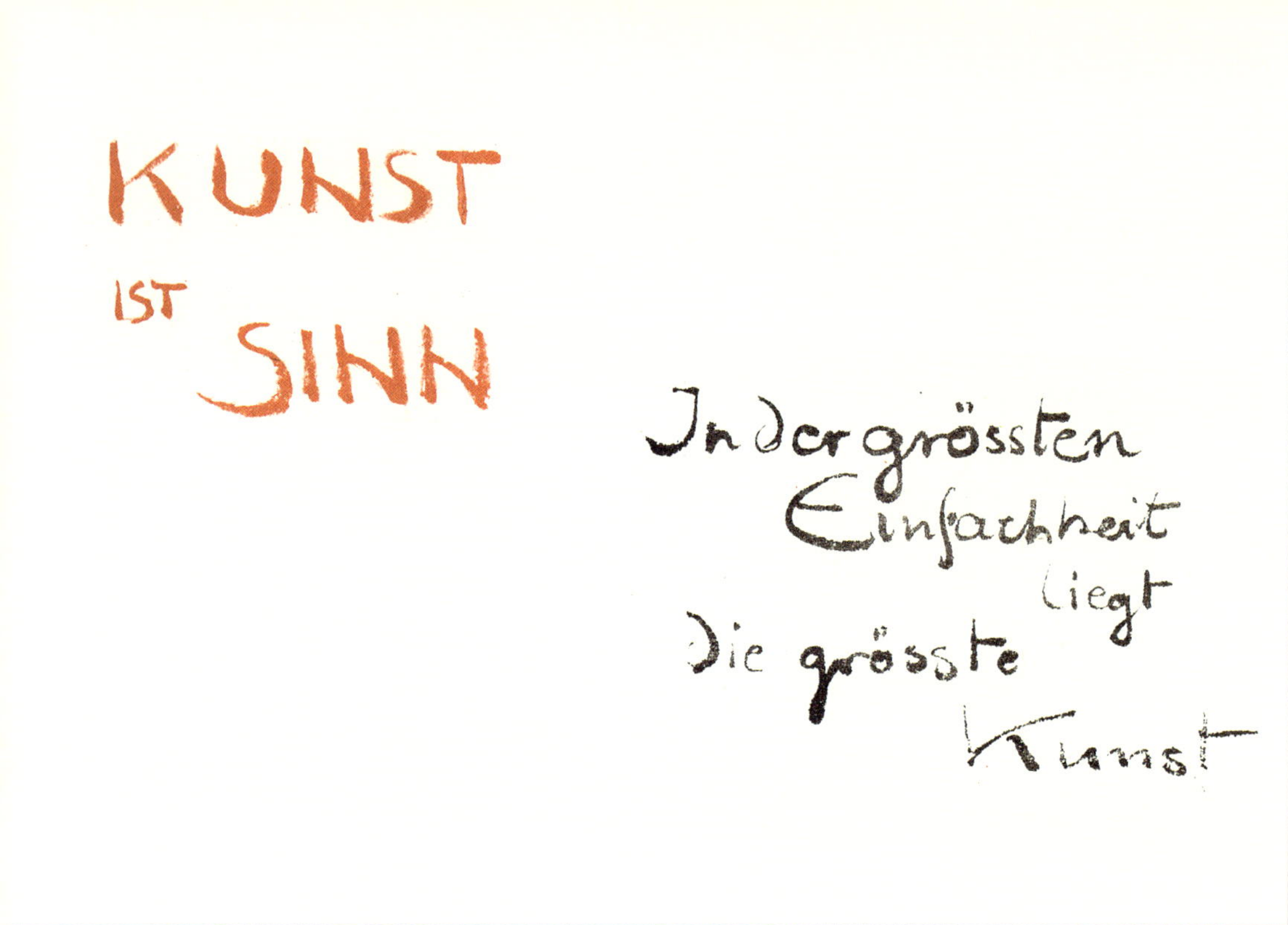
KUNST
IST
SINN
In der grössten
Einfachheit
liegt
Die grösste
Kunst

「芸術は意味である。最大の単純さの中に最大の芸術がある」[77]

DAS WERK
Kobori Enshus
steht
vollkommen
allein
in der Welt

「小堀遠州の作品は全世界において完全に唯一無二である」[77]

大徳寺狐逢庵・小堀遠州の墓。墓前の花立てにタウトが手向けた石楠花が活けられている。[77]

日向別邸

ブルーノ・タウト設計による日本における唯一の建築物である旧日向別邸「熱海の家」

わが国滞在中一九三三年に「生駒山の小都市計画」（現在の近畿日本鉄道）を計画したがこれも実施に移されず、旧日向別邸「熱海の家」はわが国に残る唯一のブルーノ・タウトの作品ということになる。一九三五年五月に熱海の日向別邸の設計を始めている。タウト設計による部分は木造二階建て、上屋の擁壁を兼ねて造成された人工庭園（建物南側の相模灘側）の地下部分にある。建物の概要は次の通りである。

•敷地面積：
　七〇七・三八平方メートル
　（実測六四八・二六平方メートル）

•敷地形状：
　南側・相模湾を展望した傾斜地

•構造：
　上屋　木造銅版葺き二階建て（日向の家）
　地下　鉄筋コンクリート造一階（タウトの部屋）

•建築年月：
　上屋　昭和十年二月
　地下　昭和十二年

•延床面積：
　上屋　一階　一四六・三八平方メートル
　　　　二階　五八・六七平方メートル
　　　　計二〇五・〇五平方メートル（約六二・〇坪）
　地下　計一二九・八九平方メートル（約三九・三坪）
　合計三三四・九四平方メートル（約一〇一・三坪）

この建物は平成十七年に熱海市指定有形文化財に指定され、平成十八年に国の重要文化財に指定されている。

日向利兵衛熱海別邸（熱海市が取得後「旧日向別邸」と呼ばれる）「熱海の家」は、昭和八年～十一年にかけて日向利兵衛により建築された住宅・ゲストハウスである。携わったのは渡辺仁とブルーノ・タウトの建築家二人と清水組（現在の清水建設）である。ブルーノ・タウトは地下室部分を担当した。建築家渡辺仁は、一九三八年完成の第一相互ビル（旧第一生命本社ビル）の設計者として有名である。他に、一九二七年に横浜ニューグランドホテル、一九三二年に銀座和光（旧服部時計店）、一九三七年に東京国立博物館（旧東京帝室博物館）などを設計し、昭和建築史を彩る多くの作品を手がけた。

傾斜地に建つ二階建ての木造住宅（一期）、清水組により引き続き行われた基礎部（離れ・地下室）とその屋上庭園（二期）、そしてブルーノ・タウトによる、基礎部の躯体を使っての改築（三期）である。三期工事では 大工棟梁・佐々木嘉平が手腕を発揮した。

ブルーノ・タウトの設計を手助けしたのが東京中央郵便局を設計した吉田鉄郎である。ブルーノ・タウトは東京には西欧の模倣をした建築が多いと批判し、例外的に絶賛したのが吉田鉄郎設計の東京中央郵便局であった。しかし多くの反対運動にもかかわらず、平成二十一年に取り壊しにあった。ブルーノ・タウトの指示に従い忠実に建築材料を集めたり、設計監理の補佐をしたのがブルーノ・タウトの唯一の弟子といわれた水原徳言であった。

発注者であった日向利兵衛（一八七四～一九三九）は大阪の実業家で、きわめて高い工芸的芸術性のある家具類を販売する「唐木屋」の一人息子として生を受け、語学と幅広い人脈で貿易活動を行い、とくにアジア貿易で財をなした。美術、建築に造詣が深く、紫檀、黒檀など高級品の貿易を手がけた。タウトのデザインした電気スタンドを銀座のミラテス工芸店で買って、そのデザインに共感したという日向利兵衛氏が、熱海の地ですでに完成していた邸宅の鉄筋コンクリートの下部構造にできた空間（いわば半地下室）に、居間と社交場をつくることを依頼したものである。そこには、日本的な素材を使い、桂離宮の面影をも追うことのできそうなデザインが垣間見られる。タウト自身の言葉によれば「全体として明快厳密で、ピンポン室（あるいは舞踏室）、洋風のモダンな居間、日本座敷及び日本風のヴェランダを、一列に並べた配置はすぐれた階調を示している。」ということになる。依頼にあたっては、タウトをたいへん尊重したのであろう、手際よく日向利兵衛は上多賀に民家を借り入れタウトと伴侶エリカに与え（一九三五年九月九日までここに滞在し、設計業務を行った）、工事中はすべてをまかせ、完成まで現場（地下部）には下りることがなかったと言われている。

日向別邸はその後、民間企業（日本カーバイト）の保養所として使われていたが、ある篤志家により買い取られ、それを熱海市に寄贈された。その結果、平成十六年に熱海市の所有となり、現在では一般公開もされている。

来日以来建築設計を手がけられなかったタウトにとって、タウトの情念が吹き出したかに感じられる作品である。

旧日向別邸の地下室部分は平面図に示すように配置されている。地下室は大きく分けて手前から社交室、洋間、日本間、縁側の四つになる。それぞれが純日本的な要素と現代的な要素を巧みに組み合わせた構成になっている。この地下室には一階の居間から階段を下りて入る。主にタウトがベルリンで設計した住宅の階段はいつも趣がある。決して直階段は設計しない。この旧日向別邸においても同様で、階段下部の踏み板を矩形でなく台形に作った設計は、ベルリンのいくつかの集合住宅と同様の手法である。

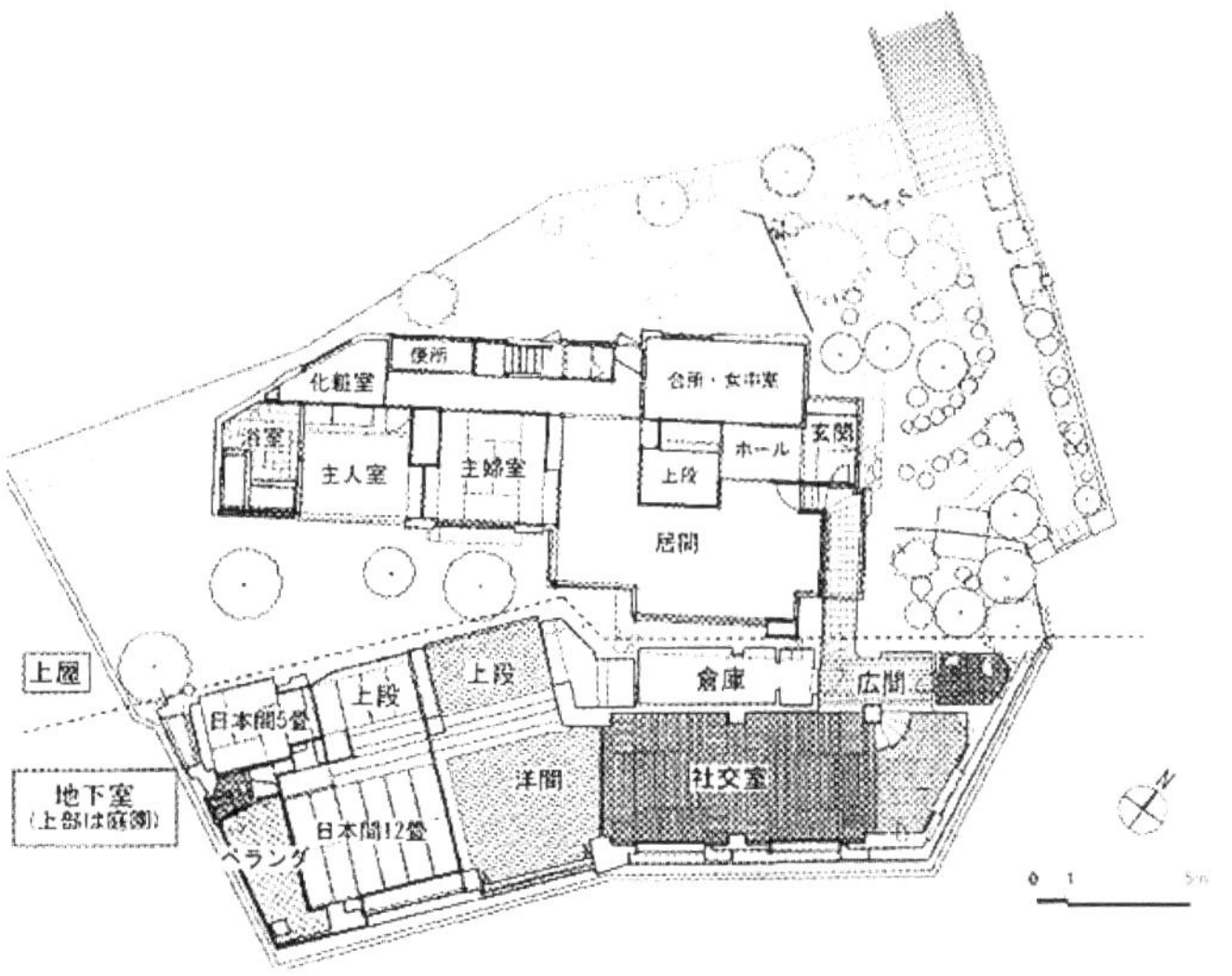

1

社交室

また地下室部分の社交室には台形の踏み板からなる三段の階段で下りていく。ここには真竹を曲げて作った手すりが設けられている。真竹の先端は階段の踏み板に器用に穴を開け、ここに挿入されている。タウトは来日以来、宮城県仙台旧商工省工芸所と関係を持ち、また高崎に住むようになってからは井上房一郎が主宰する井上工芸研究所で工芸の仕事をする。このときの従業員の一人が水原徳言で、タウトにも可愛がられ、自らもタウトを慕い、タウトの唯一の弟子と呼ばれた。旧日向別邸でもタウトの指示に従い、漆の下塗り、工芸品制作、竹工事に協力をした。アルコーブ東西の一角は細い白竹の竪張りである。竹の格子、北側の一角は細い竹による竪張りで表面仕上げなどであるが、この壁には隠し収納庫も設けられている。これら竹に関する造作は、工芸家黒田道太郎の作

2

3

4

品である。夏向きの社交室は一時ピンポン室、ダンス室としても使用されていた。日向利兵衛の趣味はダンスと玉突きであった。この照明は煤竹につり下げられた裸電球（20ワット）により行われている。南北二列で北側は奇しくも五六個ぶら下げられている。旧日向邸が完成したのは一九三六年九月で、この年の十月には、タウトは失意のうちに日本を発ち、トルコへ向かっている。これが、タウト五十六歳のときであった。裸電球は、タウトが好んだ日本の夏祭りに用いられた電球から来ている。ドイツの都会では、人々が屋外で一緒になって踊るという習慣はない。しかし、タウトがジードルングを設計するにあたり、「ベルリンのような都会で田園の生活を送れるように」ということをモットーに、ジードルングでの共同生活、住民の交流ということを大切にした。そして、そのようなことが可能になる場所を設計した。このような場所は、本書で発表したようにファルケンベルクの田園都市、トレッビンのフライエ・ショレのジードルング、アイヒカンプのジードルングなどに見られる。もちろんタウトがそのような場所を設計に盛り込んでも、実際に住人がそこで、皆で踊ったかは疑問である。ところが来日し、あちこちで日本の夏祭りを見てタウトはそれに感激

1 旧日向別邸平面図（熱海市資料）
2 社交室へ降りていく階段
3 社交室への段
4 竹の格子
5 隠し収納庫

5

したに違いない。とくに京都で見た祭りが印象的であったのであろう、そのことを日記に記している。五六個の裸電球はタウトの日本の思い出の置き土産であった。この裸電球を吊るすのにも、器用に細工された細い黒竹が用いられている。あたかも藤の蔓のように見えるが、じつは竹である。社交室の床は楢材とチークの矢筈張り、天井には小幅な桐の板を用いている。

洋間

洋間は色彩といい、段を用いていることなどが、タウトが自ら設計し、日本へ脱出するまで住んでいた、ベルリン郊外のダーレビッツにある旧宅と酷似している。ここでは四段あり、蹴上寸法が下段から一五〇ミリメートル、一六五ミリメートル、一八〇ミリメートル、二〇〇ミリメートルと変化がある。踏み面も変化があり、下段から三五〇ミリメートル、三九〇ミリメートル、三二五ミリメートル、三六〇ミリメートルと幅が異なっている。ダーレビッツの旧宅ではこの段に座り、ガラス戸を通してダーレビッツの森を眺めるように仕組まれており、旧日向別邸では熱海の海を見下ろすようにされている。旧日向別邸は、傾斜のある岩盤の上に建設されている。この傾斜の上に段を設けて一メートルの高低差を解決している。

濃いワインレッドの絹張りの壁が特徴的である。床は板張り、天井は鼠色の漆喰塗りで、間接照明を用いている。

1

1　社交室裸電球
2　傾斜地に設けられた段と洋室
3　和室

IX | Bruno Taut's Stay in Japan and His Encounter with the Katsura Detached Palace and Ise Shrine.

日本間

ここは畳敷きであるが、一般にわが国でするような敷き方はされず、あたかも寺院でするような敷き方、「四つ井敷き」である。棹縁天井で、壁は鶯色の土壁である。柱や鴨居はつや消しの弁柄色（昔インドのベンガル地方のものを輸入したので名づけられた）に塗られている。洋間と同様に、上下二段に分かれ、段には台湾檜が用いられている。上段には小さな書見コーナーがあり、折りたたみ式文

1

2

3

4

机があり、和紙にて表装されている。この部分は帳場を思わせる雰囲気であり、貿易商であった日向利兵衛の希望であった。上段の和室は、向かって右側にある四畳半の和室とつながっている。この間にコンクリートの柱と梁があったが、コンクリートの柱を囲むように、簡易的な棚が和紙で表装されて、左右にある。この四畳半の和室には書院がついており、壁が聚楽土である。簡易的な押入れがあるが床の間はない。この二つの和室は襖で仕切られている。

縁側

地下室の西の部屋は縁側と称するベランダである。ガラリつきの蔀戸があり、西日を遮蔽しつつ、通風もできるようにしている。この蔀戸は内開きでつっかえ棒で固定するようになっている。蔀戸を開放するときには、天井から吊り下げられた金具に掛けて開放し、通風をはかった。大和天井に床は黒瓦を45度傾けて敷き込む「四半敷き」である。壁は白色漆喰塗りである。

ブルーノ・タウトがわが国に残した唯一の作品であるが、なにしろ一九三六(昭和十一)年の竣工である。ダーレビッツの旧宅同様に傷みも激しい。旧日向別邸にはドイツからもタウト研究家が見学にやってくる。

ブルーノ・タウトと大政翼賛会

一九七三年に日本芸術院会員、一九七七〜八一年の間日本ペンクラブ会長を務め、一九八五年に文化功労者となった高橋健二氏(一九〇二〜九八)は太平洋戦争中大政翼賛会の文化部長を務めていた。大政翼賛会とは、一九四〇(昭和十五)年十月十二日から一九四五(昭和二十)年六月十三日まで存在していた公事結社であった。国粋主義的勢力から社会主義的勢力までをも取り込んだ左右合同の組織であった。構想の結果として大政翼賛会が発足し、国民動員体制の中核組織となる。総裁は内閣総理大臣。中央本部事務局の下に下部組織として道府県支部、大都市支部、市区町村支部、町内会、部落会などが設置される。本部は接収した東京會舘に置かれた。ナチス党と似た存在であったが、ナチス党総統はヒットラーであったのに対し、大政翼賛会は内閣総理大臣が総裁を務めたところが異なる。大政翼賛会の文化部長は文部大臣以上の権力を持っていた。戦争遂行を目的とし、高橋健二氏は一九四三(昭和十八)年に大政翼賛会から「戦争生活と文化」という小冊子を出している。この

1 4畳半和室
2 西側蔀戸と木製天井
3 タウト作の机と椅子
4 タウト作の照明器具

本は二万部印刷された。

　この本に「若き女性と文化」という項目がある。ここで文学者高橋健二は、大政翼賛会文化部長の肩書で、次のように書いている。

　何か西洋的なもの、都会的なもの、享楽的なもの、消費的なもの、華やかなものを文化的と考えるのは退廃的な文化観だと言はなければなりません。『日本美の再発見』の著者ブルーノ・タウトが指摘しているように、日本人は芸術においてすぐれた美的感覚を示しているばかりでなく、実生活においてもすぐれた文化的感覚を示しています。縁側だとか障子とかいうものが、日本の湿度や温度や光線にとってどんなに適切な建築技術であるかは、縁側や障子のない所謂る文化住宅に住んだ人が痛感するところです。日本の気候風土にとっては、西洋直訳の文化住宅なるものが却って非文化的なものであることがわかります。（後略）

この本は英米文化を批判し、同盟国ドイツの精神文化を称賛している。大政翼賛会としても、有名独文学者を利用することが都合がよかったのであろう。

　ちなみにこの『戦争生活と文化』、その目次は以下のようである。

・文化運動の基調について
・文化界の決戦態勢
・米英文化に対する戦い
・戦争生活と文化
・生活の味わい
・地方文化運動について
・郷土と文化
・婦道について
・若き女性と文化
・朗読文学について
・あとがき

ブルーノ・タウトは来日し、桂離宮、京都御所など皇室文化を絶賛し、伊勢神宮を頂点に神道を褒めた。このようなことから大政翼賛会にとっては都合のよい人物であった。反戦論者・平和主義者であったブルーノ・タウトにとっては不本意なことであったに違いない。戦争推進者にうまく使われた例として、『戦争生活と文化』を紹介した。高橋健二はヘルマン・ヘッセ、エーリッヒ・ケストナー、さらにゲーテの研究で名高い。しかし戦時中は戦争文学、ナチス文学の専門家、理解者として有名であった。ドイツでは、ナチスに加担した文学者は追放されたが、高橋健二は戦後も活発にドイツ文学の研究を続けた。そして一九四八年

1　高橋健二著：戦争生活と文化

に『ゲーテと女性』を都文堂書店から、同年『ゲーテ』を新潮社(生ける思想叢書)から、四九年に『ヘッセとゲーテ』を青磁社から出版するなど、精力的に活動した。日本では、ドイツと異なり戦争責任を徹底的に追及しなかったのは、宗教の相違によるものかもしれない。仏教は包容力が大きいところがあるし、神道に至っては「捨てる神あれば、拾う神あり」の精神である。戦争を煽った文学者の影響により戦場に散った戦士、遺族はたまったものではない。しかし、独文学者の蹉跌を許し、戦後わが国における独文学研究発展に寄与したということも、わが国の長所かもしれない。

自由学園とブルーノ・タウト

東京の郊外、西武新宿線のひばりが丘駅と東久留米駅の間にある南沢に、自由学園という幼稚園から大学までを擁する私立学校がある。大学といっても文部科学省の認可を得ていないので、最高学部と称している。筆者は小学校(初等部と呼ぶ)一～四年(昭和二十二～二十五年)まで通ったので、懐かしい学校である。一九二一年に、羽仁もと子、羽仁吉一により創立された。羽仁もと子は、明治六年九月八日に青森県三戸郡八戸町で、藩士の家に生を受けている。上京し、キリスト教会で洗礼を受け、現在の明治学院大学で学んでいる。職業婦人が珍しかったころ、苦労して新聞社に入社、校正係から記者に昇格している。そして腕を振るい、ついに自分の雑誌社「婦人之友」社を興している。衣食住についての記事を掲載して販売数を伸ばした。そして、古いしきたりにとらわれていた女性たちに、自分の才覚で家を切り盛りする勇気と知恵を与えた。さらに家計簿を作り、これを発売、全国の家庭で使用されるようになった。これらの利益金と寄付金をもとに、自由学園を創立した。知識の詰め込みでない、新しい教育の実現をめざした。生徒に自ら昼食を調理させるなど、生活と結びついた教育は、大正デモクラシー期における自由教育運動の象徴であった。常に一流を求め、

2

3

4

2 自由学園南沢校舎

3 自由学園目白校舎：現在明日館、ライト設計

4 明日館内部、ライト設計の校舎、現在は明日館と呼ばれ、卒業生が社会に働きかける拠点として使用されている

一九二二(大正十一)年にはフランク・ロイド・ライトとその弟子遠藤新に設計を依頼し、校舎を東京の目白に造っている。一九二五(大正十四)年に久留米村南沢に一〇万坪の土地を購入、三万坪を校地として使用し、残りを分譲した。このような資金で小人数制学校の運営が可能になったのであろう。羽仁もと子は手許が器用ではなく、かつ音痴であった。つねに自分の欠点を克服する努力の人で、生徒に音楽教育、美術工芸教育を行うことにも心がけた。昭和六(一九三一)年には卒業生を、自由学園の美術教育のためにドイツのバウハウスに送り込み、最新の美術工芸教育を受けさせた。バウハウスの教授ヨハネス・イッテンがデザインの基礎を教えたという。その卒業生が帰国し、自由学園の工芸研究所を創設し、今日に至っている。羽仁もと子園長は、筆者が自由学園初等部に学んだときもきつい東北弁訛りで、何を言われているのかわからなかった。後で、担任の先生が「よく聞く、よく見る、よくする」と仰しゃっているのですよと通訳をしてくださった。このような方がよく財界を説得し、自由学園を発足させたものと感心をしている。一九三五(昭和十年)年九月三日の日記にタウトは次のように記している。

上京。自由学園(女学校)に招かれ、ここの創立者であり、園長でもある羽仁もと子氏と、近頃の婦人の服装その他について対談した。今和次郎教授も同席されたが、同氏はいつもながら気持ちの良い人である。校舎は遠藤新氏の設計でやや堅苦しく、かつこせこせしたところがあるが、最近のモダン建築に比すれば遥かにましである。それにこの学園は都心からかなり離れた郊外にあるので、辺りがいかにも広々として気持ちが良い。生徒は三〇〇名ばかりで、基督教的な学校だが近代日本にとっては適切な施設である。羽仁園長は、顔かたちはどちらかといえば醜いほうだが、頗る有能で、また多くの人達から尊敬されている。銀座の店「テラミス」で帝国美術学校の清水多嘉示教授に会った。同氏から月に二回、二時間ずつ同校に出講して欲しいという申し出があったので取敢えず承諾した。日本の内務省は許可するに違いないと思うから、そうしたら私は多分一〇月からは日本の教授になるだろう。

しかし、ここでも後にタウトが教鞭を執ったということはなく、この話もどこかで頓挫したのであろう。

しかし「婦人之友」はよくブルーノ・タウト、並びにエリカの記事を掲載している。

昭和八（一九三三）年十一月号には「新建築小探検旅行　ブルーノ・タウト氏と東京を行く」のタイトルで、タウトのその当時の日本建築評が記されている。この文章を記述した記者名はない。まず文章はブルーノ・タウトの紹介に始まる。

伯林工大に集合住宅の講座をもたれる同教授は、日本の古美術を観て、日本芸術の真髄を理解するために滞在中である。同氏は一九一〇年代から、現代建築の動きに大きな指導を与えているペーター・ベーレンス、ハンス・ペルチッヒ、ワルター・グロピウス諸氏とともに今日までかなり長い間建築家として有名である。一九二一年から四年間はマクデブルク市技師として、表現主義時代における一方の雄であった。当時から「色彩建築」を唱えて、建築に強烈な色彩をつける点で特色がある。一九二五年以降伯林に定住して多数のジードルング（集合住宅）を設計された。全戸数一万に近い。中でもブリッツやツエーレンドルフのものは広大な地域にわたっており、後者は伯林郊外の新しい住居中色彩の強い一群として特色があり、同氏の近作の一つである。最近できた事務所建築の単純な統一の中にも氏の新建築に対する信条を窺うことができる。日本のものを観察する鋭い眼と批評。それに芸術家らしい豊かな心の持ち主である氏は最近「日本」と題する観察記を出版されるそうである。

一日同教授夫妻と蔵田周忠氏と市内を見て回る事にしていたら偶々そこに来合せた斉藤寅郎、吉田鐵郎両氏も参加されたので、新興日本のよき新建築を発見して小探検旅行だとタウト氏が言われた。

そして建築の写眞にタウト自身の感想評が記されている。残念ながらその内の多くの建物は東京空襲で焼失・破壊されている。

1　丸の内・日本倶楽部：「銀座一帯の建物は博覧会の建築のように見える」と或る知名の日本画家が私に言っていた。もしそれらが永い間、人に快感を与えるべきものなら、静かにまた入念に設計して工作されなくてはなるまい。建築家の仕事は匆忙の事務であってはならない。図の建築は一九一五年ごろの作だそうだが、そういった懇切さを示すものであり、趣味の変化した今日もなおその質を保っている。

2　丸の内・電気倶楽部：まったくペルチッヒ風でいて、印度、シャム、支那を加味した博覧会的特性。

3　**御茶ノ水駅と聖橋**（現存）**：運河と交通路と鉄道とそして風景との協力構成。しかし橋の形態が停車場の建築物と反目する。**

4　**本郷・追分小学校：現代的な小学校の体育室。**

5　**丸の内・蚕糸會館：形態の明快さはその周辺と対照して甚だ感じがいい。**

6　**建築工事現場：美しい絵画的な新建築と、黄色い仮囲い。この囲の中に新建築の秘密が隠されている。**

7　**日本橋小伝馬町の小郵便局：小郵便局**（設計者：山田）**単純で強い表現。**

8　**九段下・不動銀行：銀行**（設計者蔵田）**よき比例による現代性。しかし流行を追うたのではない。それはギリシャ、ローマの列柱前面の常套よりも優れた銀行建築の意味を表現する。**

9　**銀座教文館：銀座では時々建物の上部にいいものがある。**

10　**本郷・鵙喃荘：現代的要素と伝統日本の住宅における雅味豊かな結合**（設計：佐藤武夫）

11　**数寄屋橋：非常に豊かな特性を示す橋梁建築。**

12　**本石町・森五商店：永久の価値を残した優秀な正面を持つ商店の事務所建築**（設計：村野藤吾）**。同じ商店の販宝質を「日本の伝統と現代的理解との驚くべき融合」と称賛。商店の入り口に関し、「建築的細部に於ける材料の注意深き熟達。それが最上の日本である。」**

13　**丸の内・中央郵便局：事務所建築の日本的解決に対する最初の大きな進捗である。明快で、大量で、しかも日本的単純さ。材料の取り扱い方……ここに新東京の高揚がある。内部に関し「最後に単純と節制日本の流儀に加うるに現代的方法、そしてそれらを以ってする力の表現」**（設計：吉田鐵郎）

昭和八（一九三三）年十一月号の婦人之友では、タウトの伴侶エリカが自由学園で教えたドイツ料理の紹介を行っている。当時のことであるから、婦人は男性の付属物のような扱いで、タイトルも『ブルーノ・タウト夫人実地指導「ドイツの家庭料理」』Mrs. Bruno Taut となっていてエリカの名前は出てこない。この文頭に次のような解説が記述されている。

ここに夫人の「ドイツ家庭料理」をご紹介できることを本当にうれしいと思います。夫人のドイツ人らしい、非常に家庭的な、また経済的なお料理の仕方に沢山私たちの学ぶことがあるからです。次のページの写真と献立を見てくださると、皆さんはきっと、毎日作っていらっしゃるお料理とは随分違うことを発見なさるでしょう。それは私たちが多く見聞しているアメリカ風、フランス風のものと違って、純粋のドイツの家庭料理であるからだと思います。……夫人と一緒に、材料の買い物に行ったときも、自分で思った通りでないものは決して買わない。また葱一本でも二本でも、必要なだけしか買わない、ドイツ人らしい夫人の買い物に感心させられたのでしたが、二日間、婦人之友社に来ていただき、私たちと一緒にお料理を作っていただいたときも、林檎の芯の取り方のような小さいところまで、経済的に、科学的に、細かに心を用いる夫人に、また一層教えられることが多うございました。

一週間のお献立の組み合わせにしても、主婦らしい細かな心遣いの上に立てられています。あるときは、前日のスープに使ったスープ肉を利用して美味しい夕飯ができたり、玉子と馬鈴薯だけで温かいおいしいお食事になったりするように、ごく家庭的で、そして簡単なものばかりです。

昭和九（一九三四）年十月号の婦人之友には「近代的住宅」をブルーノ・タウトが寄稿している。ベルリンから南へ約五〇キロメートル、ブランデンブルグ州にダーレヴィッツという村がある。ここにブルーノ・タウトは一九二六〜二七年にかけて自邸を建設している。タウトは住宅とはこういうものであるという自信作であったに違いない。一九三三年に日本へ向けて脱出するまで、この住宅に伴侶エリカ、エリカとタウトの娘、クラリッサ、エリカと前夫の娘エミーとともに住んでいた。この住宅に関しタウトは『ある住宅 Ein Wohnhaus』という本を出版している。婦人之友十月号ではこの本を中心に旧宅の説明を行い、住宅とはこうあるべきを解説している。「玄関階段のプリズムガラス窓」と題した写真が紹介されているが、これはタウトの出世作となったドイツ・ヴェルクブンドのケルンの博覧会に提出したガラスの家を髣髴させる。ガラスブロックの前に腰かけて写っているのは、タウトとエリカの娘「クラリッサ」である。クラリッサをドイツに残して来日したタウトも、娘のことは気になっていたのであろう。タウトはこの文で

日本のひとびとの間にはおよそ近代的なものに対する熱中の傾向があるようだ。だが問題は何を近代的（モダン）なりとするかだ。日本に住んでいる欧米人から近代的住宅の模範を

得ようとすることはまず間違いだ。それらの欧米人諸君は日本住宅に住んでいるとしても、その際、彼らは日本住宅に対する完全な無理解を示している。日本住宅の本質・美はその単純性にある。このことが正しく理解されていないのだ。

また、欧米人が室内に絵画や不必要な調度品を並べすぎることを非難している。

キョウトあたりの骨董品店よりなお悪い

とし、日本住宅の何も置かない床の間を褒めている。

昭和十(一九三五)年十月号の婦人之友では、ブルーノ・タウト、エリカ・タウト、今和次郎、深澤紅子、羽仁もと子とともに、「日本人の洋服をどうするか」というテーマで座談会を行っている。ここには、自由学園卒業生でバウハウスの末期、ベルリンのヨハネス・イッテンシューレに留学し、帰国した山室光子、笹川(旧姓今井)和子が加わった。この二名は自由学園工芸研究所を興した人たちである。今和次郎は早稲田大学建築学科教授であったが、服装にも造詣が深く、『服飾研究』『服装史』などの著書をドメス出版から上梓している。羽仁もと子は、当時女性は和装がほとんどであったのだが、女性が働くには洋服がよいと早くから唱えていた。この対談でタウトは、「欧米のスタイルブックをそのままにとらえないで、そこに何かオリジナリティを加えないと、日本人は洋服を着たために体が小さく、狭く、貧弱に見えておかしいのです。和服はそれと反対で、大きな袖がついていたり、派手な模様があったりして、体を大きく見せます。同じ娘さんが洋服を着ると、毛をむしられた鶏のように見えることがあります」。としてスケッチを見せている。また、日本人と欧州人の人体寸法などもスケッチで見せている。

タウト・エリカ長期滞在の謎

タウトがナチス政権を逃れ来日したのは、上野伊三郎が代表を務めたインターナショナル建築会からの招きによるものである。上野伊三郎は一八九二年に京都の宮大工の家に生まれた。早稲田大学建築学科に学び、卒業後ベルリンのシャロッテンブルグ工科大学(ベルリン工科大学)に留学さらにウイーンで学んだ。ここでウイーン工房のデザイナー、フェリス・リチを見初め、結婚した。その後、京都に事務所を構え、建築家として活躍した。一九二七年に早稲田大学建築学科の仲間であった中尾保、中西六郎らと「インターナショナル建築会」を立ち上げ、一九二七〜三三年にわたり会誌「インターナショナル建築」を発行し、モダニズム建築の普及を目指した。この会にはグロピウス、ベーレンス、タウト、ニトラなど海外の有名建築家も会員となり、一八〇名程度の当時日本最大の建築運動団体であった。インターナショナル建築会は機能性や合理性に基づいたモダニズム建築の普及を目指す一方、日本の風土や気候を考慮するという姿勢を見せた。上野伊三郎はブルーノ・タウト来日中あちこちで通訳を務めたり、献身的にタウトの世話を行った。日本で軍部が勢いを増してくると、上野もタウトをサポートする万策は尽き、「貴方の本領は設計です。設計のできない日本を去ることを勧めます」と出国を促し、タウトは招聘のあったイスタンブールへ旅立ったのである。ブルーノ・タウトの滞日は当初とりあえず二〜三カ月と予想していたものが、思いがけず長期にわたってしまった。当初は日本から米国へ出国することを望んでいた。しかし米国側からのビザが発給されず、日本滞在が延び延びになってしまった。これにはブルーノ・タウトとエリカが正式な夫婦でないからビザが発給されなかったという説がある。しかしビザ発給は個人、個人で申請すればよいもので、この説もおかしい。ブルーノ・タウトは個人で申請すれば米国のビザは取得できたはずであるが、それをしなかったのはエリカが米国のビザを取得できなかったからとする説がある。エリカは来日以前から国際共産党組織コミンテルンのメンバーであったという説である。その理由として、一九四〇年にタウトの遺品、デスマスクなどを持参し、来日する。その後、上海などに滞在し、一九四五年ごろドイツへ戻っている。しかし帰国した先は旧東ドイツである。そして東ドイツ政府より年金を得ていた。これは旧東ドイツ政府が戦前、戦中コミンテルンのために貢献していたことを認めたことによる。したがって、共産主義に警戒的であった当時の米国政府がビザを発給しなかったというものである。

ブルーノ・タウトと富士山

ブルーノ・タウトは滞日中富士山に大きな興味を持った。富士山を仰ぐ最初の機会は、来日して初めて京都から上京した一九三三年五月十八日であった。日記に、

> **富士山は見えない。突然、平野が展ける。目立つ樹はほとんど松ばかり、森と雑木林がどこまでも続く……**

と期待を裏切られた状況を淡々と記している。

一九三三年六月十日箱根に遊び、京都への帰路沼津から急行「富士」に乗車している。ここで日記に

> 富士山は初め山裾の緑を見せているだけであったがやがて雲の上の青空の一角に突然その頂きを現した。すると山頂は次第に大きくなっていく、いかにも趣のある現れ方だ

と感動している。しかしその日にドイツからの手紙で、タウトに影響を与えた社会主義者エーリッヒ・バロンの死を知り、落胆している。一九三三年七月二十一日の京都から葉山へ向かう車窓でも

> 富士山は山裾をすぎた後でやっと私の眼前に仄かな輪郭を現した

と記している。一九三三年十一月四日、京都から上京する車窓で再び富士山を仰いでいる。

> 列車は明るい晩秋の陽にてらされた風景の中を通りすぎる。太平洋……これはもう私達にとって親しいものになった。それから白雪を帯びた富士山の頂、円錐形の山頂はすっかり雪に蔽われている。紺碧の海、山々、田圃は稲刈りである、刈りとられた稲は束ねて架にかけてある。丸太や竿にさげてある柿と大きな大根、干柿や千大根にするのである。畑には艶やかな唐辛子が眞赤にかがやいている。海と山々、富士山は静岡沼津間ではとりわけ偉大である。左方には広大な裾野から、なだらかな曲線がくっきりと空を限りつつ上昇している。逆に言えば三五〇〇米の高さを山頂から麓へ向かって、えも言われぬ美しい曲線が大らかに弧を描いているのである。
> ところが右方の曲線は、下から三分の一のところで傍らの山々に連なっている。裾野の線が極めてゆるやかな勾配で上向し始めているあたりには森林があり村落がある。その上方は遠く霞んだ一面の森林でそれから上は、やや凹凸のある山頂まで雪に蔽われている。白雪は陽にてらされてあざやかな輪郭を劃しているので、山頂はあたかも青空からぬけ出て前方へ動いてくるかのような感を与える。こうして列車は、三時間も富士山に沿うて走るのである、それにつれて山頂の形と明暗とが少しずつ変化する。富士の前方には連山、浮雲が頂上をちょっとの間かくすこともあるが、やがてまたくっきりした姿を現わす。この山は遠ざかるにしたがってますます地上のものでなくなり、明るくかがやいた大気の中に雲を帯びて浮かんでいる。神々の山だ。ここに日本、神道及びその文化の起源がある。世界でもっとも純雅なこの山の姿は天と地と

をつなぐものである。

いちばん詳しく富士山を観察した状況を書いている。

一九三三年十二月二十四日に東京から京都へ向かう。

クリスマスの前夜、京都に発つ、昼間は好天気であった。富士山！　山頂から中腹の森林地帯まで白雪に蔽われてまことに偉大である、優美な雪菓子さながらだ、山麓から中腹にかけて、明澄細緻な趣。やがて全山は夕陽のなかに紅く輝きそめる、すると富士に連なる山々もまたその森林も、赤褐色を帯びてくる、美しい光景だ。太洋は紺碧。山野、村落の美しさ。富士とみれば、茜色に輝きつつ清澄な天空に浮んでいる、大地のものではなくて天から地への贈り物だ、遂に山頂の一角に紅の一点をとどめ、やがてその全容は開いた扇さながらに、迫りくる夕闇のなかへ沈んでいく。日本よ！　私が日本を去ったらどんなにか君に憧れることだろう。

と記している。

タウトは日本を去るにあたり、関釜連絡船に乗船のため、東京からいったん京都へ向かい、下村邸に宿泊する。その一九三六年十月十二日に車窓から最後の富士山を観察している。

空は曇っていた、富士山は頂こそ綿雲に包まれていたが、山腹から裾野へ引く線は、この上もなく美しかった

と記し、十月十五日に関釜連絡船に乗船し

さようなら、日本よ！

と日本に別れを告げている。このようなことで、タウトはたくさんの富士山のスケッチを残している。

1

1　タウトが描いた富士山［45］

BRUNO TAUT
4 V 1880
24 XII 1938

X

トルコでの生活

THE LIFE OF BRUNO TAUT IN TURKEY

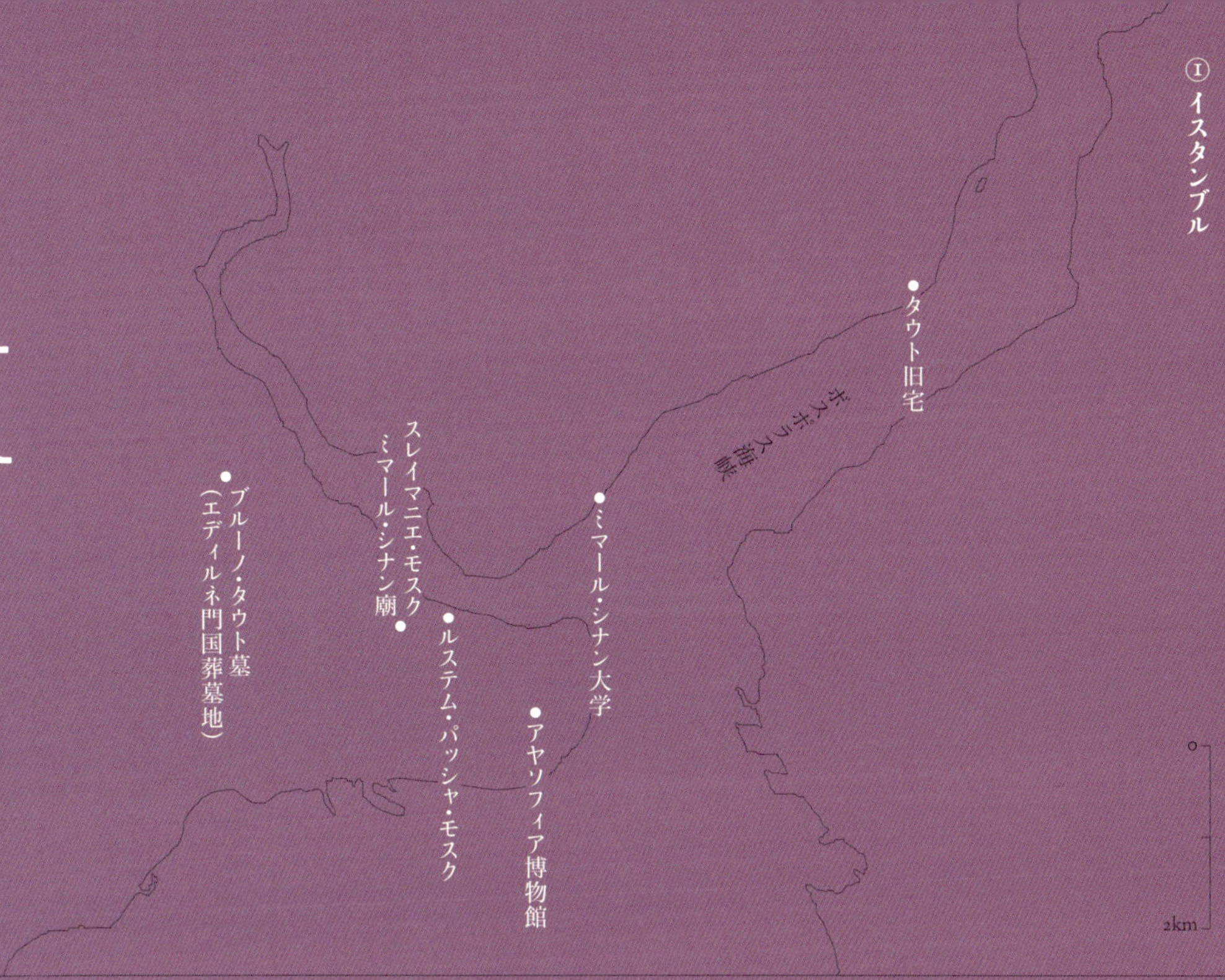

宮廷建築家ミマール・シナンの影響
（タウトが尊敬した十六世紀の宮廷建築家）

一九三六年七月十七日の日記にタウトは「ペルチッヒの死」を書いている。

建築世界（Bauwelt）がペルチッヒの訃を報じている。この建築家の意義は、理論にこだわらずに、極めて実用的な建築を成就したところにある。だが当今のドイツは、「精神的なもの」を要求しているのだ。私は彼の事を考えると、どうしても彼が死んだとは思えない。だから彼は私にとっては死んでいない。

と記している。ナチスによる殺害を予想した書きぶりである。トルコ政府はトルコにおける近代的建築指導にペルチッヒに白羽の矢を向けていた。ところがペルチッヒの急死により候補にあがったのが在日中のブルーノ・タウトであった。タウトはこれ以上の滞日には魅力がなく、招聘を喜んで受け入れた。これはタウトにとってトルコとはすでに深い縁があったからである。一九一六年、第一次世界大戦中であったが、タウトはドイツ・トルコ友好会館建設のためにトルコに渡っている。その後も数回トルコを訪問している。そもそも一九三三年に伴侶エリカと来日した際も、三月一日にベルリンを出、スイス、フランス、ギリシャを経由した後、イスタンブールに立ち寄っている。その後黒海を渡り、ソビエトに入っている。さらにシベリア鉄道でウラジオストックに到着後、海路日本海を渡り、五月三日に敦賀に到着している。

　タウトと伴侶エリカは一九三六（昭和十一）年十月八日に少林山達磨寺の洗心亭を発ち、同年十月十五日に下関を最後に関釜連絡船で日本を離れた。北京に十日ほど滞在し、十一月十一日にシベリア鉄道でソビエトを経由してトルコ・イスタンブールに到着している。この日は、日独防共協定が調印された日でもある。そして招聘を受けていたイスタンブール芸術アカデミー教授に就任、さらにトルコ共和国建国の父といわれるケマル・アタチュルク大統領の信認を得て、アンカラの文部省建設局主席建築家を任された。日本滞在中は「建築家の休日」と自嘲するほど自由な時間がたくさんあったが、トルコではそうはいかなかった。

　ケマル・アタチュルク大統領はギリシャ、英国などとの軍事的衝突で成果を上げ、独裁的な指導力を発揮し、大胆な欧化政策を断行した。一九二八年、憲法からイスラムを国教と定める条文を削除し、トルコ語の表記についてもトルコ語と相性のよくないアラビア文字を廃止してラテン文字に改める文字改革を断行している。政治、社会、文化の改革を押し進めた。経済面では世界恐慌後、ケマルに好意を抱いていたソビエト連邦（ブラザーフッド条約でトルコ独立戦争の同盟国であった）のヨシフ・スターリンが一九三二年に巨額の融資と経済顧問団を派遣、一九三四年五月からトルコも五カ年計画を導入する。また、男性の帽子で宗教的とみなされていたターバンやトルコ帽（フェズ）の着用を禁止（女性のヴェール着用は禁じられなかったが、きわめて好ましくないものとされた）した。スイス民法をほとんど直訳した新民法を採用するなど、国民の私生活の西欧化も進めた。一九三四年には創姓法が施行されて、西欧諸国にならって国民全員が姓を持つよう義務づけられた。「父なるトルコ人」を意味するアタチュルクは、このときケマルに対して大国民議会から贈られた姓である。トルコの首都はイスタンブールからアンカラに移り、アンカラ大学初め多くのプロジェクトが発生した。そしてブルーノ・タウトがこれを担当した。したがってタウトには余暇というものがなく、働きに働いた。滞日中はほとんど毎日つけていた日記も止めてしまった。したがって滞日中のタウトの行動、対日観などはこの記録からはっきり理解できるが、トルコではそれができない。

第一次世界大戦でトルコはドイツ側に立って戦った。トルコはイスラム教の国であるから、イスラム教寺院であるモスクがあちこちに存在する。

モスクとはイスラム教の礼拝を行う場所である。「ひざまずく場所」の意味がある。タウトの作品には明らかにこのモスクの影響を受けたとみられる作品が多い。たとえば一九一三年発表のライプチッヒで開催された国際建築見本市での作品「鉄のモニュメント」は、金色のドームを頂部に抱いている。一九一四年にケルンで開催されたドイツヴェルクブンドの展覧会に出展した「ガラスの家」（Glashaus）もドームの屋根を持ち、モスクの影響をうかがわせる。ブレーメンとブレーマースハーフェンの間にあるヴォルフスベーデという芸術家が集まった村がある。ここにケーゼグロッケ（チーズカバー）という愛称で呼ばれる山小屋風の住宅が建っている。これは文筆家エドヴィン・ケンネマンが一九二六年に建設したものであるが、タウトが一九二一年に設計し、マクデブルクの展示会に出品したものである。これはタウトが発行していた建築雑誌「フリーリヒト（曙光）」にも掲載されている。この図をもとにエドヴィン・ケンネマンが建設したものであるが、窓の位置などに変更が加えられ、設計図面と一致したものではない。しかし地元ではブルーノ・タウトの設計であるとしている。この住宅もドームの屋根をかぶっている。タウトが一九一九年に出版し、日本を含め世界に多くの読者を得た「アルプス建築」は恒久平和、非戦論的な思想を建築表現として表したものである。ここにもシナンを思わせる尖塔（ミナレット）やモスクを思わせるドームが描かれている。アルプス建築については二〇一一年春にスペインのマドリッドで展覧会が開かれた。ここでの展示並びにカタログにも同様の絵が示されている。

　モスクはしばしばイスラム寺院と訳されるが、モスクの中には寺院と異なり崇拝の対象物はない。あくまで礼拝を行うための場である。七世紀初頭、東地中海沿岸地域はビザンチン帝国が支配していた。アラブ・イスラム教が勢力を拡張しようとし、キリスト教の教会をモスクへとする建て替えが行われた。こうしてモスクができると、イスラム教徒が都市に流れ込み、イスラム教徒は増え、さらにモスクも増えた。一つの都市に複数のモスクが建設された。

　ミナレットは一つのモスクに一本立っている場合や、規模が大きいモスクでは二本の場合もある。また四本の場合もある。イスタンブールの「ブ

1

ルーモスク」の愛称で知られるスルタン・アフメット・モスクは小ドームが幾重にも重なり、六本ものミナレットが立っている。天高くそびえるミナレットからは、古都に礼拝を告げる抑揚のあるアザーンの声が広がる。このようにモスクの象徴であるミナレットは、キリスト教会の鐘楼の鐘の役割を果たしている。また遠方からモスクの所在地を示す役割も果たしていた。これは東洋の大仏教寺院における五重塔と同じ役目であった。ミナレットはモスクの象徴性を示し威光を示した。海岸に建つモスクではミナレットが灯台の役目も果たしていた。

　タウトはその中でも十六世紀の宮廷建築家であったミマール・シナンの設計したモスクに心酔していた。イスタンブールの市内にもミマール・シナンが設計したモスクに、スレイマニエ・モスク、シェプザーデ・モスク、ルステム・パッシャ・モスクなどの名作がある。

　とくにスレイマニエ・モスクはオスマントルコの最盛期に、もっとも偉大なスルタン、スレイマン一世により建設されたもので、オスマントルコ繁栄の象徴であった。建設は一五五〇年に始まり、五七年に完成した。施設全体の完成にはさらに歳月を要しているアヤソフィアの構造に学び、高さ五三メートルの大ドームを左右の半ドームで支えることにより、広大な内部空間を実現した。また、モスク周辺の数多くの付属施設もシナンの作品で、そこには彼自身の墓も含まれている。ミマール・シナン設計のルステム・パッシャ・モスク（手前）とスレイマニエ・モスク（後方）はどこまでも青いボスポラス海峡にかかるガラタ橋から見ると、イスタンブールの町のシルエットを魅力的に形成している。多くの港町は海岸から丘が隆起していたり、山が迫っている場合が多い。そこに印象的な建物が建てば、美しく、印象的な景観を繰り広げることになる。わが国においても港町をテーマにした歌謡曲が多く、愛され、歌い継がれてきた。印象的な建物がなくても、最低限、夜景だけはすばらしいものになる。イスタンブールはもっとも美しい景観を持つ港町の一つといえよう。イスタンブールは、キリスト教を国教として、ローマ帝国を引き継ぎ、一四五三年まで存続したビザンツ帝国の首都であった。当時はコンスタンチノープルと呼ばれた。初期ビザンツはコンスタンティヌス帝（三二四〜三三七在位）とともに始まる。ビザンツの特徴はキリスト教、帝国、ヘレニズム文化との関係といわれる。

　トプカプ宮殿に隣接して建つアヤソフィアは

2

1 ミマール・シナン設計のルステム・パッシャ・モスク（前方）とスレイマニエ・モスク（後方）

2 アヤソフィア博物館

ビザンチンのギリシャ正教の教会であったが、これに四本の尖塔、ミナレットを建て、イスラムのモスクに代えてしまったのもシナンである。このモスクの内部には今もキリストの像が壁面に残っている。

シェフザーデ・モスクは一五四五年に建設された。スレイマン一世とロクセラーナ（ヒュッレム）の間の長男で、一五四二年に二十一歳の若さで早世したメフメド王子のために建設されたモスクである。シナン最初の大作とされ、後に建設される大型モスクの習作となった。

ルステム・パシャ・モスクは一五六三年に建設された。スレイマンとヒュッレムの娘ミフリマーの婿ルステム・パシャのために建てられたモスクである。イズニク製のタイルをふんだんに使用した美しい内装で名高い。

シナンはその他橋梁の設計者としても素晴らしい仕事を残している。

・ブユックチェクメジェ橋

（一五六七年、ブユックチェクメジェ）

イスタンブール郊外の湖に一五六七年にかけられたブユックチェクメジェ橋は六三五メートルの長大な石造りの橋である。

・ソコルル・メフメト・パシャ橋

（一五七六年、ヴィシェグラード）

ボスニア・ヘルツェゴヴィナのドリナ川のヴィシェグラードに一五七六年に架けられたソコルル・メフメト・パシャ橋は、同地出身の大宰相、ソコルル・メフメト・パシャの注文により建設された。

タウトの言葉に、「建築は調和の芸術である」というものがある。これはベルリン市オンケルトムズヒュッテのジードルングに建つタウトの顕彰碑にも書かれている。この調和の芸術とはタウトがトルコで学んだことで、イスラムのモスクはどれも矩形の上に円形ドームを載せて周囲に尖塔を添え、調和が非常によいものである。モスクはドーム状に建設されるが、これは必ずしも宗教的な理由によるものではなく、建設技術的理由が優先していると考えられる。地震国トルコでこのような巨大モスクが耐えてこられたのもドーム状にすることにより、耐震的構造になったものである。

イスタンブール芸術アカデミーで
（現在、ミマール・シナン大学）

ベルリン市ブリッツの馬蹄形集合住宅は、建築家マルチン・ヴァーグナーとタウトとの共同設計である。ヴァーグナーはベルリン市のゲハーグという住宅公社に属し、社会住宅を建設してベルリンの都市計画も行っている。ドイツ社会党に所属していたことから台頭してきたナチス政権に睨まれ、一九三三年にトルコに亡命している。そのヴァーグナーが、イスタンブール芸術アカデミーの建築の教授としてタウトが候補に挙がっていることを少林山達磨寺に籠っていたタウトに電報で伝え、呼んだのである。当時のトルコはアタチュルク大統領の指揮下で近代化に努めていた。建築教育にもドイツのモダニズムを取り入れるべく当初はハンス・ペルチッヒが候補者であった。しかし同氏が急死し、タウトに白羽の矢が立ったのである。ヴァーグナーの誘いに、日本で建築の仕事がほとんどできない状態であったこと、日増しに軍事色を増していくことに不安を抱いていたタウトは直ちに応じた。筆者は二〇一一年六月二十三日に同大学を訪問することができた。これは京都大学でブルーノ・タウトを題材に博士論文を完成させ、イスタンブールのバフチェシェヒル大学建築学科の、ムラツ・ドンダル准教授に案内をしていただいた。そして同大学の歴史を綴った記録書からブルーノ・タウトのページの写しをいただいた。一九三六年から三八年に至る記録であるが、三三ページに及ぶものである。ただしこれはトルコ語で書かれている。帰国後、知人の在日トルコ人の手を煩わせ、内容を説明していただいた。タウトが招聘を受けた大学は現在ミマール・シナン大学と呼ばれている。ミマールはシナンのファーストネームかと思った。かつ、この大学の記録では「ミマール・ブルーノ・タウト教授」という表現がたくさん出てくる。ブルーノ・タウトはイスタンブールでシナンの作品に魅了され、尊敬の念からシナンのファーストネームを自らの名前に冠したのでないかと考えた次第である。ムラツ・ドンダル准教授にうかがうと、そうではなく、ミマールとはトルコ語で「建築家」という意味であるとのことであった。シナンは、トルコのアナトリア中部カイセリの近郊で、キリスト教徒の子として生まれた。生年については諸説あり、一四八九年とも、九四年とも、九七年とも、九九年ともいわれる。カイセリという町は富士山にもたとえられる、万年雪を頂くエルジェス山のすそ野に広がった美しい街である。古くから交通の要所であり、現在もアナトリア地方の商業都市として知られている。この町には空港もあり、日本人観光客の訪問も多く、奇岩群と迫害を逃れた初期キリスト教徒の教会と地下都市で有名なカッパドキアへはここから行くのが便利である。シナンは一五一二年

1

2

1 ミマール・シナン大学正門
2 ミマール・シナン大学授業風景

ごろ、デヴシルメ制度によりオスマン帝国政府に徴用され、キリスト教からイスラム教に改宗してイェニチェリに入隊した。彼はイェニチェリの工兵隊に所属し、スレイマン一世(在位一五二〇〜六六年)治世に行われた諸遠征に従軍し、遠征軍のための橋梁の建設に従事した。ビザンツからオスマントルコへの変革期、キリスト教からイスラム教への変革期に大帝の信頼を受けて、新しい国つくりに貢献した建築家といってよいであろう。

　一五三八年、スレイマンによって帝室造営局長(ハッサ・ミーマーリ・バシュ)に抜擢され、その後一五八八年にイスタンブールで没するまでの五十年間、スレイマン一世、セリム二世からムラト三世までの三代にわたり、宮廷建築家として仕えた。イタリアのルネッサンス期の偉大な建築家・彫刻家・詩人・画家であったミケランジェロ(一四七五〜一五六四)とほぼ同時代の人であった。タウトは時代こそ異なれ、大改革を行ったトルコ共和国初代大統領アタチュルクに信任を得、新生トルコの地に新しい建築を展開した人である。オスマントルコで同じような立場であったシナンを意識していたのは当然である。

自宅と墓地を訪ねる

ムラツ・ドンダル准教授に案内をしていただき、イスタンブールのエディルネ門国葬墓地を訪ねた。ここでタウトは永遠の眠りについている。この墓地はトルコのために戦った戦死者が英雄として多く葬られているそうである。私たちが訪問した日にも正装した軍人の葬列に送られ、ちょうど埋葬される棺があった。「今もトルコはどこかで戦争をしているのですか？」不用意な質問であった。「少し前まではトルコ東部でクルト人との争いがありましたが、今は融和策がとられ、争いはありません。軍事訓練中に亡くなる軍人もいるのですよ。きっとそうでないかな？」というのが

1

2

ドンダル准教授の答えだった。エディルネ門からそう遠くないところにタウトの墓はあった。この墓地の多くの墓は垂直に立ち、埋葬者の名前が刻まれている。タウトの墓は畳一畳を少し大きくした程度のトルコ産大理石で土に接し、水平に置かれていた。実際にメジャーで測定してみると、一七一センチメートル×一一〇センチメートルであった。大理石の周辺は夏草が茂り、ところどころ、土が出ていた。墓石の前には途中植え替えられたのか比較的若い、細い糸杉が二本植えられ、墓石に影を落としていた。墓石もBruno Taut 1880–1958とだけ記された、簡素なものであった。大理石の墓の右の下に、人間の右足の形を刻み込んだ模様がある。コンクリート製の墓石なら職人が間違えて足を踏んでしまったということも考えられよう。ドンダル准教授は「ブルーノ・タウトがドイツ・ロシア、日本、トルコと世界を股に掛けて仕事をした人ということでこのような足型が付いたという説もあります。でも本当のことはわかりません」とのことであった。以前ローマ時代に建造されたというトルコのエフェス遺跡を訪ねたことがある。競技場、体育館、大劇場、教会などの古代遺跡が残る大理石だらけの街であるが、ここにも人間の左足の刻みのある大理石があった。かつてはエーゲ海がすぐそばまで迫っており、港があったそうである。この足型は世界を股にかけ航海をしてきた船乗りを相手にした売春宿の広告だそうで、世界一古い広告といわれている。この足型とタウトの墓標の足型はまったく関係がないであろう。

筆者が帰国し、再度ブルーノ・タウトの一九三四年二月十八日の日記を読み返した。ここに、

児島氏は親切な人だ。昨日(十七日)早速指導所へ来てくれる。また夜は夫妻でわざわざ私の宿を訪れ、自刻の石印を贈物にしてくれた。足のうらの形をした印に変体ガナで私の名が刻んであり、これは私が日本の諸方を巡り歩いた足跡を意味するものだという。……色紙

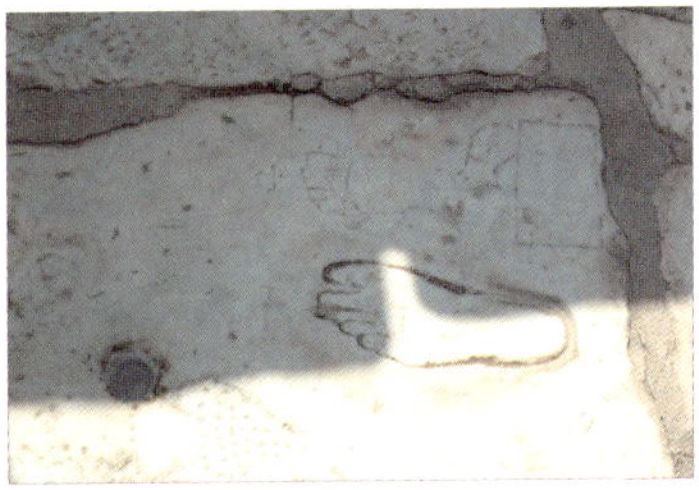
3

4

5

1〜2 ブルーノ・タウト墓
3 エフェス遺跡の足跡：売春宿の広告
4 足うら印（タウトが在日中使用していた印鑑）
5 実弟マックス・タウトが兄ブルーノの死を悼みデザインした墓標。しかし採用されなかった。

を描いて児島氏に差上げる。同氏の下さった足うら形の石印を捺し、これにいかものを踏みにじる左足を描き添えたもの。

とある。

その註に「多宇登」と変体ガナで記した足うらの形をした印が掲載されている。これこそ、イスタンブールのタウトの墓に使用された足裏である。この印章は本書九章で述べた「画帳・桂離宮」のスケッチにも使用されている。おそらく、エリカがこれをタウトの墓石に使用したかったのであろう。ブルーノ・タウトの墓石はマックス・タウトが兄ブルーノのためにスケッチを行っている。しかしエリカがこれを好まず、簡素な形の墓石となったのである。児島氏とは東北帝国大学教授の児島喜久雄のことである。

ブルーノ・タウトが眠るエディルネ門国葬墓地はイスラム教徒の墓地である。タウトはこの墓地に眠るただ一人の例外であるキリスト教徒であった。筆者は二〇一一年十月に再度イスタンブールを訪問し、ミマール・シナン大学でタウトの研究をしているアタマン・デミール教授を訪問した。「タウトはトルコでは多忙すぎて自ら記述した記録がほとんどない」とドンダル准教授と同じ説明を受けた。しかもタウトの所有物はすべてタウトの伴侶エリカが日本に持ち出し、トルコに残っていないとのことであった。日本ではエリカはタウトのデスマスク、日本の著名人との交換書簡、日記、文章としての著作を高崎の少林山達磨寺に届けたことにはなっているが、設計図まで持ってきたという話はない。しかし大学にはタウトとの契約書などは残っているそうで、それをもとに説明していただいた。タウトと大学の契約書にタウトの仕事が記述されていた。これもトルコ語で記述されていたが、デミール教授が英語で説明してくださった。デミール教授は筆者よりも年長で、七十五歳くらいにお見受けした。しかし現役の教授として張り切って仕事をされておられる。タウトの契約上の仕事は①建築デザインの教授②文部省建築部主席建築家、③建築学科主任教授となっていた。タウトはこの大学で二年一カ月と七日間勤務したという記録もあった。タウトの講義やT定規を使用しての実習の寫眞、建築の展覧会をこの大学で行ったことなど写真で説明を受けた。地球論を展開している図面、明らかに秋田地方の「かまくら」の生活の図面も見せていただけた。おそらくこの大学で桂離宮や小堀遠州のことなどを講義したのであろう。またシナンのモスクから影響を受けたと思われるドーム建築のスケッチがあった。タウトの病による欠勤届もあり、これも「一九三六年十二月八日～十八日、一九三七年二月十六日～二十日、一九三八年二月二十五日～三月九日、一九三八年九月二十九日～十月八日、一九三八年十月九日～」と記されていた。結局最後の病欠からタウトが亡くなるまで出勤はしていなかったことになる。医師によるタウトの死亡診断書も残されていた。これによると心臓の疾患となっている。一九三八年十二月二十四日に死亡しているが、翌二十五日の十三時三十分に告別式が行われている。その記録も残っており、文部省を代表し、クトゥシ・ベイ(Kutsi Bey)氏が最初の弔辞を述べている。その後同僚の大学教授の弔辞が続き、バイオリンコンサートが行われた後、エディルネ門国葬墓地に埋葬されている。亡くなった翌日に埋葬とは早すぎるのでないかと疑問に思ったのであるが、これがイスラムのやり方であるとのことであった。タウトに信頼を寄せてくれたアタチュルク大統領が、一九三八年十一月十日にイスタンブールのドルマバフチェ宮殿で執務中に倒れ、そのまま帰らぬ人になってしまった。タウトの驚きと失望ぶりが目に浮かぶ。大統領の葬儀はトルコの町を巡回して行われたが、その移動葬儀場の演出をタウトが任された。中央に巨大な柱が二本建てられ、真ん中に大きなトルコ国旗が下がっている。真っ赤に燃え盛るかがり火の前を群衆が長蛇の列を作って一列に歩きつつ弔意を表しているものである。そして大統領の墓石の設計も任されたが、今度はタウト自体が敬愛するアタチュルク大統領を追うように十二月二十四日、自宅で息を引き取ってしまう。まさに大統領の死後2カ月のことであった。筆者がトルコでブルーノ・タウトのことを話してもタウトのことを知らない人も多かった。タウトがトルコで建築家として思う存分腕を振るい活躍したのはわずか二年であった。しかも五十八歳という若さで天国に召されてしまった。もう少し命が与えられ活躍ができたらトルコで名前を知らない人がいないタウトになったであろうと思うと残念なことである。

　二〇一一年六月にドンダル准教授に案内をしていただき、タウトが自邸として建設した住宅を見学した。これはタウトによって設計されたものではあるが、竣工前にタウトが亡くなったので、実際に住むことはなかったそうである。イスタンブールで東洋側と西洋側を分けるボスポラス海峡の西洋側のフンドクルという所にイスタンブール芸術アカデミー(現在、ミマール・シナン大学)は建っている。まさに紺碧の水のボスポラス海峡に面して建てられている。大学から海岸に沿った道を北東に三キロメートルほど車を走らせると、オルタキョイ地区に到達する。ここの海からせり上がった丘の中腹にエミン・バーフィーの森があり、そこにタウトの家があるそうである。しかしその付近一帯は私有地で、金持ちの家ばかりが建っているそうである。車でタウトの家のすぐそばまでは入ることができたが、道はふさがれており、タウトの家にアプローチすることはできなかった。タウトの家のすぐ傍にボスポラス海峡に掛けられた第一ボスポラス大橋という自動車用の橋があり、ここから邸宅が見られるそうである。

ドンダル准教授は車を第一ボスポラス大橋に入れ、西洋側から東洋側へ走らせ、東洋側に着くとそこでUターンし、西洋側へ向かってくれた。西洋側に着く直前、車の進行方向右側にタウト邸は建っているそうである。トルコは右側通行であるので、右側の席に座り窓を開けてズームレンズを望遠に設定し、タウト邸が迫ってくるのを待った。イスタンブールは交通量が多く、筆者のためにとくに徐行するのは無理であった。他の通行車両に挟まれて一定のスピードで走らざるを得ない。ドンダル准教授の「これです！」という合図をもとに、五枚ほど写真撮影に成功した。タウ

1

トの日本における唯一の作品、熱海の日向別邸はまさにイスタンブールの自邸と同じように、相模湾から切り立った絶壁の中腹に建っている。日向別邸も洋間には相模湾を見下ろして腰かけられるように段が設けられている。イスタンブールの自邸にもそのような仕掛けがあったのであろうか？　この住宅は八角形をしており、法隆寺の夢殿に似ている。夢殿は七三九年高僧の行信僧都が聖徳太子の遺徳を偲んで斑鳩宮跡に建立した上宮王院の中の一つであり、聖徳太子の供養塔である。このような形の住宅を設計したということは、タウトがすでに喘息の病が進み、死を覚悟していたのでないかという説もある。八角形の形をした霊廟にはシナンが設計したスレイマン大帝とその妻の霊廟をはじめイスタンブールにいくつか見ることができる。それどころかタウトが私淑していたシナンの霊廟はシナンが設計したスレイマニエ・モスクのすぐそばにあり、これも八角形であった。タウトが自邸として設計したといわれる住宅も諸説があり、タウトがトルコ人医師に依頼されて設計し、建設したものという説もある。トルコ人でタウト研究家であるドンダル准教授もわからないそうであるから、真相を究明するのは無理であろう。ともかくタウトはトルコでケマル・アタチュルク大統領の信任を得て働きに働き、日記や記録をとどめる時間さえなかったのであるから。しかしこの住宅が竣工する以前、タウトはエリカとともにこの近くの住宅に住み、ボスポラス海峡に沿って三キロメートルほど離れた大学に通い、講義を行っていたそうである。大学自体が海岸に沿って建っているので、大学の窓から自宅を見ることができたのかもしれないとの説もある。しかし筆者が再度二〇一一年十月にこの住宅を訪問したが、この住宅と大学の間の海岸には半島が飛び出し、直接住宅から大学を眺望することはできなかった。この地からは遠くイスタンブールの旧市街地の立ち並ぶたくさんのモスクのシルエットを見ることができる。そのいくつかはシナンの設計によるものである。タウトはトルコに渡ってからも日本の友人、上野伊三郎には手紙を出しているし、唯一の弟子と言われた水原徳言にも手紙を寄こしている。水原徳言への手紙はミマール・シナン大学に残る、タウトの記録にも残っている。ブルーノ・タウトはきわめてきれいな字で文字を書いた。またそのサインは美しい。Ｔの字で始まるタウトのサインをしっかり学習した水原徳言はトクゲンと発音したほうがタウトのＴをいただけるとしてトクゲンの名を好んだだと、令嬢の水原

2

3

1　タウト旧宅
2　アジアと欧州を分けるボスポラス海峡
3　ミマール・シナン廟

冬美さんからうかがった。そして水原徳言はタウトと似たサインを残している。ミマール・シナン大学のタウトの記録では、水原徳言にイスタンブールに来るように誘いの手紙を送っている。このとき水原徳言はタウトの申し出を丁重に断っている。おそらく、日本滞在中の建築の仕事のほとんどないタウトの生活から、トルコで国民に尊敬されるアタチュルク大統領にそれ程信頼を受け大活躍するタウトの姿を想像もできなかったのではないだろうか。水原徳言がこの申し出を受け、トルコに渡っていたら、タウトの仕事は軽減され、五十八歳という若さでこの世を去ることもなかったのではなかろうか？　これはアタマン・デミール教授の説である。タウトが水原徳言に宛てた手紙は和紙で書かれ、トルコのモスクのミナレットと呼ばれる尖塔の絵が添えられている。ミナレットにもいろいろな形式があり、このミナレットにはトルコを象徴する三日月が載っている。この誘いの手紙は、水原徳言が亡くなった後、丁寧に仏壇に添えられていた。タウトに仕え、タウトをいつも「先生」と呼んでいた水原徳言は、二〇〇九年十二月に九十八歳という天寿をまっとうし、高崎のご自宅で入浴中に突然亡くなった。筆者は亡くなる直前にベルリンを訪問し、タウト設計のジードルングの調査をしたことがある。水原徳言翁は綿密にタウトに関する資料をまとめ上げ、これを提供していただいたことを思い出し、軽いお土産を持って帰ろうと思った。そして思いついたのがベルリン市内で販売されている、タウトの生誕地ケーニヒスベルクのマルチパンと呼ばれる日本の干菓子とよく似たお菓子である。徳言翁はお酒を嗜まず、甘いものを好まれた。この店は「森のケーニヒスベルク・マルチパン」といい、ケーニヒスベルクから引き揚げてきた方が一九四七年以来ベルリンで家族経営の形で経営をしている。昔ながらのケーニヒスベルクの伝統菓子を製造し、店頭で販売を行っている。店にはケーニヒスベルク市の紋章を飾り、当時のケーニヒスベルク城の写真を大きく引き伸ばして飾ってある。ここでマルチパンを購入、贈呈用に綺麗に包装をしていただいた。これを大切に持ち抱え帰国、直ちにお届けしようとし、水原家へ電話を入れた。令嬢の水原冬美さんが電話に出られ、「父は少し容態がすぐれないので、今の訪問は遠慮したい」とのことであった。仕方がなく、これを郵送したのだが、まもなく令嬢から訃報が入った。お悔みに駆けつけると、「タウトの出身地ケーニヒスベルクの……」ということはわからなかったかもしれないが、亡くなる前日に美味しそうに召し上がっていただけたとのことであった。安堵した次第である。ちなみに水原徳言翁は入浴中に寝てしまったことによる水死であって、このマルチパンは死因とは一切関係がない。おそらくタウトとともに仕事をしていたころの夢でもご覧になりつつ、タウトを追って行ったものと考えられる。

　さてブルーノ・タウトはわずか五十八歳で旅立ってしまった。タウトの評論で、「建築家としてル・コルビジェやフランク・ロイド・ライト、ミース・ファン・デル・ローエと比べれば、今一つ……」ということがいわれる。しかしル・コルビジェは七十八歳、フランク・ロイド・ライトは九十二歳、ミース・ファン・デル・ローエは八十三歳で亡くなっている。これに比べるとタウトの五十八歳は余りにも若い。タウトが尊敬したトルコの建築家シナンの代表作は七十歳をすぎてからのもので、百まで生きたということをアタマン・デミール教授からうかがった。タウトがもっと長生きしていればもっと素晴らしい建築が残せたはずである。これは何とも残念である。「ブルーノ・タウトは政治とうまく行かなかった」という評論もある。タウトは幼少のころ恒久平和を唱えるイマニュエル・カントの影響を受け、やはり恒久平和を唱えるシェーアバルトの作品「小遊星物語」の影響を受けている。そして恒久平和を訴える『アルプス建築』を出版している。タウト来日中は少林山達磨寺から激しく噴煙をあげる浅間山が見えたそうである。タウトはこれを見て「故国ドイツが戦争に突き進んで行こうとすること、日本も軍事色を強めていることに対する地球の怒りである」と称し、色紙に噴煙をあげる浅間山の絵を残している。恒久平和の考えはタウトの生涯を通じて変わらなかった。したがって、台頭してきたナチス政権とはまったく合わなかったし、来日しても、当時の日本政府はナチスと組んで行こうという姿勢を露わにしていたので、日本政府とも折り合いが悪かった。しかしトルコへ渡ってからは、新制トルコ共和国初代大統領の異常なる信頼を受けている。新たに首都となったアンカラはじめ各地に多くのプロジェクトを受けた。筆者は二〇一一年の十月にトルコの首都アンカラを訪問した。タウトの晩年の作品アンカラ大学、アタチュルク高等学校、アンカラの中学などが現存している。これらの竣工前にタウトが亡くなってしまうのであるが。親日的な国であるトルコのアンカラ大学には日本学科がある。そこのメルタン・デウンダー教授に予め連絡をしておき、アンカラ大学

1

2

9

6

3

10

7

4

11

8

5

1 アンカラ大学文学部
2 アンカラ大学入り口
3 アンカラ大学講堂
4 アンカラ大学の階段
5 アンカラ大学内シナンの像
6 アンカラ大学展示ロビー
7 アンカラ大学階段
8 階段と窓
9 アンカラ大学文学部校舎玄関
10 アタチュルク高校
11 中学校

の案内をしていただいた。日本学科の教授だけあって、流ちょうな日本語を話される。アタチュルク大統領が首都をイスタンブールからアンカラに移し、新しい国つくりを始めただけに立派な大学である。この大学校舎は何回かトルコの郵便切手にもなっている。内部の施設もすばらしい。階段にも余裕を持たせ、手すりなどにも装飾が施されている。高等学校、中学校も案内していただいた。高等学校はタウト設計の当時と同じ状態で維持されている。訪問したのが十月二十二日という土曜日であったせいか、授業は行われておらず、校庭で男女の高校生が楽しそうにバスケットボールに興じていた。ちなみにタウトが設計をした当時はこの高等学校はエリート養成の男子校であったそうである。しかし中学校を訪問すると、様子は異なっていた。従来の薄緑の外壁塗装はほぼ白に近い薄いクリーム色に代えられていた。また外壁の上窓には木の板が取りつけられ、設計当時とは異なっていた。何らかの理由はあるのであろうが、タウト設計時のほうが調和はよかったように思われる。塗装も当初はタウトがベルリンでもよく集合住宅に使用した薄緑色であったが、まったく違う色に代えられていた。ちなみにこの高等学校と中学は、フランツ・ヒリンガーという、タウトが懇意にしていた建築家が手伝いをしている。ヒリンガーはハンガリー出身であるが、ベルリンのシャロッテンブルグ工科大学(現在のベルリン工科大学)で建築学を学び、タウトがシャロッテンブルグ工科大学で教授を務めたときに助手をしている。さらに、ベルリンのモダニズムとしてユネスコの世界文化遺産となったベルリン市カール・レギエンの集合住宅群をブルーノ・タウトと共同で設計している。ヒリンガーはユダヤ人でかつ社会主義者であったためにベルリンで仕事ができなくなり、イスタンブールに亡命してくる。ヒリンガーの兄弟はナチにより逮捕され、アウシュビッツで処刑されている。イスタンブールは亡命者を受け入れるのに優しい街であった。トロツキーもイスタンブールに亡命している。ヒリンガーは一九三七年から三九年の間、イスタンブール芸術アカデミーの建築学教授を務めている。ある時期はタウトの同僚でもあったのである。ここでタウトの引きがあったのか、否かは不明である。おそらく引きがあったのであろう。デウンダー教授の説明によると、タウトはアンカラの国会議事堂の設計も依頼されていたそうであるが、設計中に亡くなり、オーストリア出身の建築家クレメンス・ホルツマイスターの設計となったそうである。タウトはアタチュルク大統領死去に伴い、大統領記念堂の建設も依頼されていたそうであるが、これもタウトはアタチュルク大統領を追うように亡くなってしまったので、実現しなかった。国民的英雄であったアタチュルク大統領の葬儀はトルコの各地を巡回して行われたそうであるが、この葬儀を演出したのもブルーノ・タウトであった。しかしそのとき、タウトはかなり体調がわるかったようである。

　したがって政治と折り合いがわるかったのはドイツ、日本、そしてモスクワのプロジェクトの挫折であって、トルコでは非常にうまくいっていたのである。それゆえにイスタンブールの大学ではトルコ人教授からは嫉妬による反感も持たれていたそうである。

　時代の波に翻弄され、波乱に富んだ生涯を東西文化を分けるイスタンブールの地で閉じたブルーノ・タウト。しかし彼の一生は一貫して良い建築を大衆のために作るということに向けられていた。享年58歳と言うのは決して長いものではないが、ブルーノ・タウトの生きざまには学ぶべき点が多い。

1 トルコ国会議事堂

2 アタチュルク大統領廟記念堂

参考文献

〔1〕ブルーノ・タウト著、森儁郎訳『日本文化私観』、明治書房、一九三六

〔2〕藤島亥治郎著『ブルーノ・タウトの日本観』、日本放送出版協会、一九四〇

〔3〕ブルーノ・タウト著、篠田英雄訳『ブルーノ・タウト 日本の芸術』、春秋社、一九五〇

〔4〕ブルーノ・タウト著、篠田英雄訳『ブルーノ・タウト 日本の建築』、春秋社、一九五〇

〔5〕ブルーノ・タウト著、篠田英雄訳『日本の家屋と生活』、春秋社、一九五〇

〔6〕ブルーノ・タウト著、篠田英雄訳『ブルーノ・タウト 建築・芸術・社会』、春秋社、一九五一

〔7〕ブルーノ・タウト著、篠田英雄訳『日本美の再発見増補改訂版』、岩波書店、一九六二

〔8〕エベネザー・ハワード著、長素連訳『明日の田園都市』、鹿島研究所出版、一九六八

〔9〕ブルーノ・タウト著、吉田鉄郎訳『日本の建築』、育生社、一九四六

〔10〕ブルーノ・タウト著、篠田英雄約『建築芸術論』、岩波書店、一九四八

〔11〕ブルーノ・タウト著、篠田英雄訳『建築とは何か』、鹿島出版会、一九七四

〔12〕ブルーノ・タウト著、篠田英雄訳『日本・タウトの日記一九三三年』、岩波書店、一九七五

〔13〕ブルーノ・タウト著、篠田英雄訳『日本・タウトの日記一九三四年』、岩波書店、一九七五

〔14〕ブルーノ・タウト著、篠田英雄訳『日本・タウトの日記一九三五〜三六年』、岩波書店、一九七五

〔15〕ブルーノ・タウト著、篠田英雄訳『タウト全集第一巻桂離宮』、育成社弘道閣、一九四二

〔16〕ブルーノ・タウト著、篠田英雄訳『タウト全集第三巻美術と工芸』、育成社弘道閣、一九四三

〔17〕ブルーノ・タウト著、藤島亥治郎訳『タウト全集第五巻建築論集』、育成社弘道閣、一九四三

〔18〕Bruno Taut: Bruno Taut（1880–1938）. Ausstellung der Akademie der Künste von 29. Juni bis 3. August 1980, Ausstellungskatalog, 128, 1980.

〔19〕ブルーノ・タウト著、森儁郎訳『ニッポン』、講談社、一九九一

〔20〕朝雲久児臣著『帰ってきたブルーノ・タウト—発見と出発の叙事詩』、風土出版委員会、一九九三

〔21〕マンフレッド・シュパイデル、セゾン美術館編著『ブルーノ・タウト一八八〇—一九三八』、トレヴィル、一九九四

〔22〕宮元建次著『桂離宮 ブルーノ・タウトは証言する』、鹿島出版会、一九九五

〔23〕Bruno Taut, Frühlicht 1921–1922, Gebrüder Mann Verlag

〔24〕井上章一著『作られた桂離宮神話』、講談社、一九九七

〔25〕Bettina Zöller Stock Bruno Taut, Die Innenraumentwürfe des Berliner Architekten, Deutsche Verlag Anstalt, 1993.

〔26〕Winfried Nerdinger, Kristiana Hartmann, Manfred Speidel, Matthias Schirren:
Bruno Taut 1880–1938 Architekt zwischen Tradition und Avantgarde, Deutsche Verlags-Anstalt DVA, 2001.

[27] 朝雲久兒臣著『もうひとりのブルーノ・タウト』、群馬日独協会、一九九〇
[28] 鈴木久雄著『ブルーノ・タウトへの旅』、新樹社、二〇〇二
[29] Bruno Taut, edited, Manfred Speidel：Ich liebe die japanische Kultur! Kleine Schriften über Japan, Gebr. Mann Verlag Berlin, 2003.
[30] Annette Menting: Max Taut Das Gesamtwerk, Deutsche Verlags-Anstalt, 2003.
[31] 土肥 美夫著『タウト芸術の旅　アルプス建築への道』、岩波書店、一九八六
[32] 水原徳言著『Bruno Taut 年表』、群馬県工業試験場、一九八七
[33] ブルーノ・タウト著、斉藤 理訳『新しい住居―作り手としての女性』、中央公論美術出版、二〇〇四
[34] ブルーノ・タウト生誕一〇〇年記念ヨーロッパ・日本巡回展カタログ「日本美の再発見者建築家ブルーノ・タウトのすべて」、一九八四
[35] 大木紀元著『ドイツ・日本・トルコ波濤を超えて』、ブルーノ・タウトの会、二〇一〇
[36] Winfried Brenne: Bruno Taut. Meister des farbigen Bauens, Verlagshaus Braun; Auflage1, 2005.
[37] 高橋英夫著『ブルーノ・タウト』、筑摩書房、二〇〇五
[38] Manfred Speidel, Bruno Taut, Ich liebe die japanische Kultur, gebr. Mann Verlag, 2004.
[39] AngelikaThielkölter u.a, Kristalliesationen, Splitterungen, Bruno Tauts Glashaus, Birkhäuse Verlag, 1993.
[40] 川添 登著『伊勢神宮―森と平和の神殿』、筑摩書房、二〇〇七
[41] 酒井 道夫、沢 良子編『タウトが撮ったニッポン』、武蔵野美術大学出版局、二〇〇七
[42] Manfred Speidel, Bruno Taut NIPPON mit europäischen Augen gesehen, Gebr. Mann Verlag Berlin, 2009.
[43] ワタリウム美術館編纂『ブルーノ・タウト―桂離宮とユートピア建築』、オクターブ、二〇〇七
[44] Winfried Brenne: Siedlungen der Berliner Moderne, Verlagshaus Braun, 2007.
[45] Bruno Taut, Das japanische Haus und sein Leben Gebr. Mann Verlag Berlin 4, Auflage, 2005.
[46] Manfred Speidel: Bruno Taut. Ex oriente Lux Die Wirklichkeit einer Idee, Mann（Gebr.）Berlin, 2007.
[47] 田中 辰明・平山 禎久・柚本 玲著『ブルーノ・タウト（BrunoTaut）の作品と建築設備の変遷』、空気調和・衛生会論文集、136: 1-5, 2008
[48] Symposium Bruno Taut in Magdeburg Dokumentation, Bruno Taut Natur und Fantasie 1880–1938, Landhauptstadt Magdeburg, 1995.
[49] マンフレッド・シュパイデル著『ブルーノ・タウト 1880–1938』、セゾン美術館、一九九四
[50] ブルーノ・タウト著、篠田 英雄訳『日本雑記』、中央公論社、二〇〇八
[51] 田中 辰明・柚本 玲「ユネスコの世界文化遺産に指定されたベルリンのブルーノ・タウト設計による住宅団地」、建築仕上技術、34(401): 49-54, 2008.
[52] ブルーノ・タウト著、篠田英雄編訳『忘れられた日本』、中公文庫、二〇〇七
[53] 田中 辰明・柚本 玲「ブルーノ・タウト設計によるオンケル・トムズ・ヒュッテの住宅団地」、建築仕上技術、34(404): 63-66, 2009.
[54] 宮元健次著『桂離宮、ブルーノ・タウトは証言する』、鹿島出版会、一九九五
[55] 田中辰明・柚本玲著『建築家ブルーノ・タウト―人とその時代、建築、工芸』、オーム社、二〇一〇
[56] 松本晃著『国際交流物語、父松本寅一の生涯』、丸善、二〇〇三

[57] 田中辰明著『ブルーノ・タウト』、中央公論新社、二〇一二

[58] 婦人之友、「新建築小探検旅行、ブルーノ・タウト氏と東京を行く」昭和八年（一九九三年）十一月号

[59] 婦人之友、座談会「日本人の洋服をどうするか」昭和十年（一九三五年）十月号

[60] 婦人之友、「近代的建築」昭和九年（一九三四年）十月号

[61] 婦人之友「ドイツ家庭料理」昭和八年（一九三三年）十一月号

[62] Das neue Zille Buch, Fachkelträger VerlagSchmidt-Küster GmbH, 1969.

[63] Michael Schied, Bruno Taut, Weltsicht, Erbe und Visionen, Trafo Verlagsgruppe, 2009.

[64] Prof. Ataman Demir, Günzel Sanatler, Akademisi NDE, Yabanci Hocalar, Minar Sinan Güzel Sanatlar Üniversitesi

[65] Consorcio Del Circulo de Bellas Artes, Bruno Taut Alpina Arquitectura, 2011.

[66] 高橋健二著『戦争生活と文化』、大政翼賛会、一九四三

[67] Leo Ikelaar, Paul Scheerbarts Briefe von 1913–1914 an Gottfried Heinersdorff, Bruno Taut und Herwarth Walden, Igel Verrlag, 1996.

[68] Iain Boyd Whyte, Bruno Taut and the Architecture of Activism, Cambridge Urban & Architectural Studies, 1982.

[69] Arch + Bruno Taut Architekturlehre, Zeitschrift für Architektur und Städtebau Oktober, 2009.

[70] Leo Ikelaar, Paul Scheerbarts Briefe von 1931–1914 an Gottfried Heinersdorff, Bruno Taut und Herwarth Walden, Igel Verlag, 1966.

[71] Unda Hörner,Die Architekten Bruno Taut und Max Taut, Zwei Brüder-Zwei Lebenswege, Gebr.Mann Verlag Berlin, 2012.

[72] Max Taut 1884–1967, Zeichnungen-Bauten, Akademie der Künste, 1884.

[73] Matthias Donath, Archtecture in Berlin 1933–1945, A Guide Through Nazi Berlin, Lukas Verlag, 2006.

[74] 田中辰明著『ブルーノ・タウト、日本美を再発見した建築家』、中央公論新社、二〇一二

[75] R.Ahnert, K.H.Krause, Typische Baukonstruktionen von 1860 bis 1960, Band 16. Auflage, 2000.

[76] Bruno Taut, Ein Wohnhaus Frankh'sche Verlagshandlung W.Keller & Co. Stuttgart

[77] ブルーノ・タウト著『画帳桂離宮』、岩波書店、一九八一

[78] Manfred Speidel, Bruno Taut in Japan "Das Tagebuch Erster Band 1933" Gebr. Mann Verlag, Berlin, 2013.

おわりに

筆者が一九七二年以来タウトの残した建築の写真を撮って四十年の歳月が流れた。ただ手許に保管しておくのも惜しいと考え、写真を多く掲載した本を著し写真を残しておきたいと常々考えていた。ブルーノ・タウトもドイツ語で書かれた文章が翻訳者によってどのように日本人に伝わるのかを心配していた。そこで著作に写真を多く用いる方法を採った。タウトは写真を「視覚言語」と称しているくらいである。写真を使用して出版をして下さる出版社を探していたところ、お誘いを受けたのが東海大学出版会であった。

本書は、本来建築家ブルーノ・タウトの作品と生涯を解説すれば良かったはずである。

ブルーノ・タウトは戦争と言う時代の波に翻弄され、波乱万丈の人生を送った人であった。筆者の悪い癖で、つい脱線的に同じ第二次世界大戦の敗戦国である日本とドイツの戦後処理の相違などに言及してしまった。幼児期に「敵機来襲！　警戒警報発令！」という合図に逃げ回った筆者の経験から、戦争絶対反対ということを後世に言い残しておきたいという希望が強かった。

本書の執筆にあたり、アーヘン大学元教授のマンフレッド・シュパイデル(Prof. Manfred Speidel)博士、ベルリンで建築設計事務所を主宰し、タウト研究に余念のない建築家ヴィンフリード・ブレンネ(Herr Winfried Brenne)さん、ブルーノ・タウトの唯一の弟子と言われる故水原徳言さんからは多くのことをご教示いただき、また資料を頂いた。深甚なる謝意を表したい。現地ではアクセル・ヤーン博士(Dr. Axel Jahn)、マンフレッド・ボヤシェブスキー氏(Manfred Bojaschewsky)、ゲルト・ゾビツカート氏(Gerd Sowitzkat)に現地の取材でお世話になった。

ややもすれば執筆が遅れがちになる筆者を東海大学出版会の稲英史さんはつねに励まして下さった。また実際の編集作業に携わってくださった中野豪雄さん、川瀬亜美さん、港北出版印刷の熊谷雅さんには無理難題を申し出ても快く引き受けて下さり、本書を完成することができた。記して謝意を表す。

二〇一四年一月二十五日

著者

マンフレッド・シュパイデル教授（Prof. Dr. Manfred Speidel）。タウト研究の第一人者で、日独の関連書籍を多数執筆。アーヘン工科大学建築史学研究室にて

ベルリンの建築家ヴィンフリード・ブレンネ（Winfried Brenne）さん。タウト建築の保存、修復に努力された。ベルリンのタウト建築のユネスコ世界文化遺産登録に尽力。本書制作に当たり、図面を提供して頂いた。

ブルーノ・タウトの唯一の弟子と言われた水原徳言翁。タウトの年表作成や多くの記録を残した。二〇〇九年十二月に九十八歳で急逝された。（二〇〇八年十一月二十八日撮影）

著者紹介

田中辰明《たなかたつあき》

工学博士

一九四〇年十一月三日生まれ

一九六五年三月早稲田大学大学院理工学研究科建設工学専修修士課程修了

一九六五年四月〜九三年三月(株)大林組技術研究所

一九九三年四月〜二〇〇六年三月お茶の水女子大学生活科学部教授、お茶の水女子大学名誉教授

著書

田中辰明、柚本玲「これからの外断熱住宅」工文社、二〇〇七

田中辰明「防寒構造と暖房」、理工図書、一九九三

田中辰明編著「住居学概論」、丸善、一九九四

日本建築学会編「建築設計資料集成」分担執筆

田中辰明、柚本玲「建築家ブルーノ・タウト—人とその時代、建築、工芸」オーム社、二〇一〇

田中辰明、柚本玲「事例に学ぶ断熱計画・施工の考え方と進め方」オーム社、二〇一一

田中辰明、「ブルーノ・タウト・日本美を再発見した建築家」中央公論新社、二〇一二

ブルーノ・タウトと
建築・芸術・社会

二〇一四年二月二十日　第一版第一刷発行

著者　田中辰明
発行者　安達建夫
発行所　東海大学出版会
〒二五七-〇〇〇三　神奈川県秦野市南矢名三-一〇-三五　東海大学同窓会館内
ＴＥＬ　〇四六三-七九-三九二一　ＦＡＸ　〇四六三-六九-五〇八七
URL http://www.press.tokai.ac.jp/
振替　00100-5-46614

ブックデザイン　中野豪雄・川瀬亜美（株式会社中野デザイン事務所）
印刷所　港北出版印刷株式会社
製本所　誠製本株式会社

ISBN978-4-486-02017-2